Der Slawen-Mythos

Der Slawen-Mythos

Wie aus Ostgermanen ein Volk der „Slawen"
mit fremder Sprache und Mythologie wurde

Baron Árpád von Nahodyl Neményi

Books on Demand GmbH, Norderstedt

Bibliografische Information der Deutschen Nationalbibliothek
Die Deutsche Nationalbibliothek verzeichnet diese Publikation in der Deutschen Natio-
nalbibliografie; detaillierte bibliografische Daten sind im Internet über www.dnb.de
abrufbar.

© 2015 Baron Árpád von Nahodyl Neményi

Herstellung und Verlag: BoD – Books on Demand, Norderstedt
ISBN 978-3-7386-3786-1

Inhaltsverzeichnis

Vorwort	7
1. Der Begriff „Slawe"	13
2. Primärquellen	27
3. Sprache	43
4. Namen	57
5. Der Gott Svantevit	81
6. Die Gottheit Triglav	95
7. Die Göttin Siva	105
8. Die Göttin Liuba	115
9. Weitere Götter	123
10. Rethra	133
11. Arkona	141
12. Missionierung	151
13. Bodenfunde	177
14. Fälschungen	187
15. Schlußfolgerungen	195
Anmerkungen	203
Abbildungsnachweis, Literatur	209

Vorwort

Wenn man sich, wie ich es tat, über 30 Jahre mit der Mythologie der Germanen intensiv beschäftigt und sie erforscht, dann steht man immer wieder vor der Frage, wie man die mythologischen Vorstellungen der Wenden bewerten und einordnen soll. Kann man wendische Quellen auch zur Erhellung der germanischen Religion heranziehen oder behandeln sie ein völlig anderes, mit den Germanen nicht verwandtes, fremdes Volk mit entsprechend fremder Mythologie?

Bei Betrachtung dieser Quellen fiel mir dann auf, daß hier eigentlich nur Dinge beschrieben wurden, die ich genauso auch von den Nord- oder Westgermanen her kannte, und ich stieß auf zeitgenössische Primärquellen, die die Wenden als Nachfahren der germanischen Wandalen erklärten. Natürlich sind mir auch die Einwände der Wissenschaft zu diesem Phänomen bekannt: Die damaligen Menschen hatten einfach die ähnlichklingenden Namen in laienhafter volksetymologischer Unkenntnis gleichgesetzt. Nur: Ausnahmslos alle Quellen der Zeit machten das, nirgends findet sich eine andere Darstellung. Kann man also alle Zeitchronisten handstreichartig als falsch hinstellen, oder wäre es nicht angebracht, einmal nachzusehen, ob nicht doch eine Wahrheit dahinter steckt?

Dann entdeckte ich zwei Textquellen von englischen Klerikern, die vom Kult Odins und anderer germanischer Gottheiten bei den Wenden berichteten. Das ist eigentlich nicht mehr zu widerlegen, denke ich. Aber nein, auch dazu gibt es eine Deutung: Die englischen Chronisten beschrieben „slawische" Götter in einer „Interpretatio Germanica", verwendeten also germanische Götternamen um vorgefundene, nichtgenannte „slawische" Götter zu beschreiben. Nur: Warum sie nun ausgerechnet die skandinavischen Namen verwendeten, statt der ihnen sicher bekannteren englischen (also Odin statt Voden) oder lateinischen (Merkur), das kann nicht erklärt werden. Warum haben sie nicht auch gleich die „slawischen" Namen verwendet?

Und wenn man sich ein wenig mit den Sagen aus dem Gebiet, wo die

Wenden gelebt haben, befaßt, dann finden wir hier zahllose Sagen von „Frau Holle" (die germanische Göttin Frick) genauso, wie von Wodan und seiner „Wilden Jagd". Wie aber hätten sich derartige Sagen erhalten können, wenn das Land von Germanen fast menschenleer gewesen war (man geht – wenn überhaupt - nur von max. 20 % germanischer Restbevölkerung aus), und dann durch einsickernde „Slawen" neu besiedelt wurde? Diese werden wohl kaum Sagen von germanischen Gottheiten erfunden haben. Später kamen dann die christlichen Deutschen dazu, die nun natürlich erst recht keine Sagen von heidnischen Gottheiten erzählt haben dürften – überdies kamen die Neusiedler meist aus Flandern und hätten die Gottheiten dann eher mit flämischen Namensformen bezeichnen müssen.

Zu denken gibt auch, daß der russische Anarchist Michael Alexander Bakunin (1814-1876) schrieb, daß Rußland in Wahrheit nichts anderes ist, als ein unter der Knute lebendes Germanenvolk.

Die „Slawentheorie" findet sich kurz dargestellt bei Willy Jäger[1]:

>*Während der Zeit der Völkerwanderung (400 bis 700 n. Chr.) verließen unsere Vorfahren ihre Wohnsitze zwischen Elbe und Oder. Die Semnonen zogen an den Rhein und Main. Andere Stämme der Sweben folgten. Heute heißt nach ihnen das Land im Südwesten Deutschlands das Schwabenland.*
In die verlassenen Gebiete wanderte ein fremdes Volk ein: die Wenden. Die einzelnen Stämme der Wenden ließen sich in verschiedenen Gegenden der Mark nieder, so die Heveller an der Havel und im Havelland. Auf der Havelinsel in Brandenburg erbauten sie eine feste Burg. Von der hochragenden Kuppe des nahe gelegenen Harlunger Berges (Marienberg) blickte das dreiköpfige Standbild des wendischen Gottes Triglav auf den Ort „Brendanburg" und in die Landschaft des Havellandes.
Jahrhunderte vergingen. Häufig kam es zwischen den bereits christlich gewordenen Deutschen und den heidnischen Wenden zu Streitigkeiten. Die deutschen Fürsten mußten wiederholt gegen die Wenden kämpfen, um ihr deutsches Land zu schützen.<

Je länger man sich also mit der Geschichte der Wenden befaßt, desto mehr Widersprüchliches findet man, das mir die Vermutung zur Gewißheit werden ließ, daß es ein fremdes Volk der „Slawen" nie gegeben hat und bis heute nicht gibt, sondern daß es sich in Wahrheit um ostgermanische Stämme handelt, die man uns als fremdes Volk verkaufen will. Das führt dann auch zu der Frage, wer ein Interesse daran hat und warum er das tut. Hier kann man natürlich nur spekulieren: Die Kirche bzw. beide Kirchen (Romkirche und Ostkirche) versuchten schon in der Missionierungszeit mit einem „Teile und Herrsche" eine pangermanische Einheit zu verhindern; vereinigte Stämme hätten den missionierenden Christen sehr gefährlich werden können. Vor 150 Jahren gab es erste Bestrebungen, mit einem „Panslawismus" die vermeintlich zusammengehörenden „slawischen" Stämme zu vereinen. Dazu brauchte man eine neue, „slawische" Identität und Geschichte und diese wurde nun krampfhaft in den Quellen gesucht und leider auch hineingefälscht.

Auch zahllose Deutsche lehnen heute ihre germanischen Wurzeln ab und wollen damit nichts mehr zu tun haben. Das Schmälern und Kleinreden großer Leistungen der Germanen wird in solchen Kreisen systematisch betrieben, schließlich war es doch die Nationalsozialisten, die sich angeblich auf die Germanen beriefen und ein „großgermanisches Reich" mit der Stadt Berlin – „Germania" genannt – als Mittelpunkt gründen wollten. Den Germanen besondere Leistungen auf kulturellem Gebiet zuzuschreiben bedeutet doch zugleich, Germanen irgendwie als etwas Besseres anzusehen und ist bereits ein Schritt in Richtung eines rassistisch-chauvinistischen Nationalismus, der im Zeitalter der Globalisierung unangebracht ist.

So gibt es also eine ganze Reihe von Personen unterschiedlichster Interessen, die sich einig darin sind, daß Germanen schlecht und „Slawen" gut wären und die alles tun, um möglichst wenig Germanisches, aber viel „Slawisches" zu finden. Ich nenne sie der Einfachheit halber in diesem Buch „Slawomanen".

Ich habe in Berlin im Verein für deutsche Vor- und Frühgeschichte auch anerkannte Wissenschaftler kennengelernt und mit ihnen über die Frage der „Slawen" diskutiert und erntete – zu meinem Erstaunen – Zustimmung. Aber mir wurde von einem Wissenschaftler auch gleich dazu gesagt, daß er diese Meinung niemals öffentlich äußern könnte, wenn er seinen Stellung behalten wolle. Obwohl er also wie ich davon überzeugt war, daß es „Slawen" gar nicht gibt, hat er diese Ansicht niemals in der Öffentlichkeit vertreten, sondern dort weiterhin von „Slawen" oder „slawischen Funden" gesprochen. Seitdem weiß ich, daß die Wissenschaft in unserem Lande durchaus nicht frei und unabhängig ist, daß immer noch gilt „Wes' Brot ich eß', des' Lied ich sing'", daß also die Erwartungen bestimmter gesellschaftlicher Kreise gefälligst erfüllt werden müssen. Die Politik will keine Revanche bezüglich der deutschen Ostgebiete und hat

„Frieden mit Polen" angeordnet, daher muß der Wissenschaftler im Staatsdienst eben überall „slawische" Siedlungsspuren finden, die beweisen, daß Polen nur zurückerhalten hatte, was ihm schon immer gehörte, da die Gebiete jenseits der Oder-Neiße-Demarkationslinie vor der christlichen deutschen Ostkolonisation ja eindeutig „slawisch" gewesen waren.

Seit etwa 200 Jahren wird uns eingeredet, daß unser Land vom 4. bis 7. Jh. menschenleer geworden sei und in die freien Regionen ein fremdes Volk der „Slawen" einsickerte, das ursprünglich aus dem Gebiet der Pripjet-Sümpfe gekommen sein soll. Da es also in Germanien nun auch Bodenfunde und Siedlungsreste dieses Volkes gibt und sogar „slawische" Gottheiten bekannt geworden sind, ist für unser eigenes Selbstverständnis die Frage, ob das alles denn so stimmt, von entscheidender Bedeutung.

Ich habe mich dazu schon früher geäußert und die Primärquellen dazu studiert. Ich kam zu dem Ergebnis:

o Es gibt keine „Slawen" sondern höchstens die Bezeichnung „Sclaveni" = „Sklaven".
o Der Begriff „Sclaveni" findet sich zuerst bei Procop (um 550) und in der lateinisch verfaßten Gotengeschichte des Jordanis (um 551 u. Zt.) nicht früher.
o Sich selbst haben diese Menschen niemals „Sclaveni" oder gar „Slawen" genannt, sondern sie verwendeten Bezeichnungen wie Wenden, Veneder usw.
o Daß man sie heute als ein von den Germanen zu unterscheidendes Volk ansieht, liegt einzig daran, daß man sie von ihrer Sprache her betrachtet. Diese Sprache ist aber eine künstlich veränderte Sprache der Missionierungszeit. Genauso, wie die Gallier und Franken in Frankreich nicht wegen des Lateinischen zu „Römern" umgedeutet werden können, dürfen auch die Sclaveni nicht zu einem fremden Volk umdefiniert werden.
o Sclaveni (lat.) oder Wenden (dt.) sind Bezeichnungen für ostgermanische Stämme (Wenden = Wandalen), kein fremdes Volk.
o „Slawen" gibt es nicht, es sind und bleiben Ostgermanen.

Man wird nun einwenden: Was haben Vorgänge vor 800 bis 1400 Jahren für eine Relevanz für heutige Menschen? Es kann uns doch eigentlich ganz egal sein, wie man damals die Stämme bezeichnet hatte und um wen es sich dabei handelte. Das mag man so sehen, aber die sog. „Slawentheorie" verschuldete u. a. den 1. Weltkrieg. Österreich hätte Serbien nie den Krieg erklärt, wenn sich die Österreicher bewußt gewesen wären, daß die Serben eigentlich Goten und damit Germanen wie sie selbst sind. Und Rußland hätte nicht einer falschverstandenen „slawischen" Solidarität folgen müssen, wenn sich die Russen als Ostgermanen gefühlt hätten, statt als „Slawen"; sie hätten dann ebensoviel Gemeinsamkeiten mit den Serben wie den Österreichern oder den Preußen gesehen.

Der 1. Weltkrieg ist also eine Folge der unsinnigen „Slawentheorie" und wäre ohne diese gar nicht möglich gewesen. Und auch der 2. Weltkrieg, der ja teils wegen der ungerechten Behandlung Deutschlands nach dem 1. Weltkrieg ermöglicht wurde, wäre nicht geschehen, wenn die NS-Regierung gewußt hätte, daß die angeblichen „slawischen Untermenschen" nichts anderes als Ostgermanen, Goten, Wandalen und Wikinger sind. So verdanken wir also einer falschen Deutung der Quellen die zwei schlimmsten Kriege unserer Zeit, und daher scheint es notwendig, nun endlich diese unheilvolle „Slawentheorie" als das zu entlarven, was sie in Wahrheit ist: Ein riesengroßer Betrug, eine Geschichtsfälschung.

Wer glaubt, die Weltkriege sind seit 70 Jahren vorbei, mit neuen Weltkriegen ist nicht zu rechnen, also ist das Wissen über die Slawentheorie nicht mehr so wichtig, der irrt sich. Wir erleben ja gegenwärtig, wie die EU mit Rußland Streit um den Einfluß im künstlichen Staatskonstrukt der Ukraine beginnt und versucht, den russischen Präsidenten Putin zu isolieren. Die alte Teilung, die es schon im Mittelalter gab, in eine westliche Welt und „Slawen" im Osten wirkt bis in unsere Tage fort und verhindert immer noch, daß wir Germanen in „Germany" uns mit unseren Brüdern und Schwestern, den Germanen in Rußland, friedlich zusammentun können.

Ich selbst habe Vorfahren aus Böhmen/Mähren und fühle mich persönlich beleidigt, wenn man die Menschen dort als „Slawen", was doch eigentlich „Sklaven" bedeutet, bezeichnet, und das tapfere russische Volk hat es nicht verdient, als „Slawen", also „Sklavenvolk" diffamiert zu werden, es sind Germanen, wie wir auch.

Mir ist aufgefallen, daß die Bezeichnung „Deutsch" auch erst aufkam, als das Christentum verbreitet wurde. Es ist möglich, daß „Deutsch" statt von „diot" = Volk, von „deus" = Gott, abzuleiten ist, während die „Slawen" als „Sklaven (der Götter)" also „Heiden" angesehen wurden. Die Germanen wurden also im Zuge der Missionierung getrennt in „Deus-Verehrer" (Deutsche) und „Heiden" (Slawen) und auf diese Weise von den Kirchen geteilt und gezähmt. Über den Missionsbegriff „deutsch" müßte man also ein eigenes Buch schreiben, hier kann ich diese Fragestellung nur am Rande aufwerfen.

Die Diskussion über die Frage der „Slawen" ist leider emotional und politisch überlagert und die Fronten beider Seiten sind verhärtet. Mein Buch wird daran sicher rein gar nichts ändern, dieser Illusion hänge ich nicht an. Ich hoffe vielmehr auf die Zukunft, daß also zukünftige Generationen den Widersinn dieser „Slawentheorie" erkennen und davon wegkommen werden.

Und ich bin mir außerdem bewußt, daß noch längst nicht alles dazu erforscht ist und viele Fragen immer noch einer überzeugenden Antwort harren. Insofern kann ich hier kein perfektes und unangreifbares Bild zeichnen, sondern lediglich Teilbereiche, Mosaiksteinchen zusammenfügen, die einiges klären, aber bei weitem nicht alles. Auch werden sich hier bei mir sicher einige Fehler finden, die spätere Forschungen vielleicht richtigstellen werden. Es wird Widersprüche geben, da sich unterschiedliche Theorien zu den Fragen gebildet haben. Vielleicht werden andere dadurch angeregt, sich um Klärung der weiteren offenen Fragen zu bemühen, dann wäre ein Ziel meines Buches erreicht.

Ich wünsche mir, daß die heute noch als „slawisch" diffamierten Völker und Stämme sich wieder ihrer germanischen Wurzeln bewußt werden, auf die sie genauso stolz sein können, wie wir Deutsche. Dann sollte einer engeren politischen Zusammenarbeit nichts mehr im Wege stehen.

1.
Der Begriff „Slawe"

Das deutsche Wort Sklave bzw. der angebliche Volksname „Slawe" bedeuten „Leibeigner, Unfreier, entrechteter Mensch". Der Begriff ist aus mittellateinisch (500-1500) „sclavus" entlehnt und geht zurück auf mittelgriechisch „sklábos" und „sklábenos", was wiederum von griechisch „skyleuo", „skylaO" =„ich mache Kriegsbeute" (wörtlich: „ich nehme dem getöteten Feind die Waffen ab"), „skylaein" =„Raub, Kriegsbeute machen" stammt. Einfach ausgedrückt: Das Wort bedeutet „Sklave, Unfreier". Mit irgendeinem Stammesnamen hat das Wort also nichts zu tun. Das griechische „Skylaein" wurde zum lateinischen „Scylavus" und verkürzt zu „Sclavus"[2]. Slawomanen behaupten nun, das Wort habe ursprünglich nicht „Sclaveni", sondern „Slaveni" gelautet, die Griechen hätten aus einem ursprünglichen „sl" ein „skl" gemacht. Denn im Griechischen und Lateinischen wird der Anlaut „sl-" zu „skl-" oder „scl-", davon entstanden die Formen „sklabenoi" und „sclaveni". Diese Veränderung soll im 6. Jh. geschehen sein. Das gesprochene „skl" statt „sl" ist danach eine lateinische und griechische Schöpfung, da der ursprüngliche Anlaut „sl" nicht zu den beiden Sprachen paßte. Klingt zunächst plausibel, doch darf man dann die Frage stellen: Warum gibt es nirgends in den hunderten von zeitgenössischen Textquellen irgendwo wenigstens einmal die Wiedergabe des ursprünglichen Wortes „Slaveni"? Ja, das Wort – in welcher Schreibweise auch immer – kommt in Texten vor dem 6. Jh. rein gar nicht vor. Sollten hunderte von Chronisten allesamt die Existenz eines derartigen Volkes übersehen haben? Das ist doch gar nicht denkbar!

Der Begriff „sclavus" kommt auch im französischen „esclave", spanischen „esclavo" und italienischen „schiavo" vor. Man versucht, beide Bedeutungen (angeblicher Stammesname und Sklavenbezeichnung) dadurch zusammenzubringen, indem man das Volk der „Slawen" als hauptsächlichstes Ziel des mittelalterlichen Sklavenhandels bezeichnet. Weil also laufend Angehörige des Volkes der „Slawen" gefangen wurden, konnte ihr Stammesname zu einer allgemeinen Bezeichnung für derartig Gefangene im Römischen Reich (oder seinem jeweiligen Nachfolgestaat) werden. Zuvor gab es die Bezeichnung nicht, sondern „Sklaven" wurden „Captivi" (= Gefangene), „Servi" (= Diener, vgl. „servieren" = bedienen) oder „Mancipii" (= Kaufrecht) genannt.

Wir halten also fest: Überliefert ab dem 6. Jh. ist allein die Wortform „Sclaveni" bzw. „sklabenoi". Vor dem 6. Jh. gab es derartige Bezeichnungen nicht und bis etwa zum 12. Jh. gab es die Schreibweisen ohne das „c" oder „k" auch noch nicht. Wenn also irgendwo in Büchern „Sclaveni" in der Zeit vor dem 6. Jh. erwähnt werden, dann ist das eine Interpretation, letztendlich eine Fälschung. Und wenn irgendwo gar „Slawen" vor dem 12. Jh. erwähnt werden, dann hat der Betreffende wiederum eine Fälschung begangen, wie das heute viele Übersetzer mittelalterlicher Chroniken tun (siehe Abb. 1). Diese Fälschungen kann also jeder leicht entlarven.

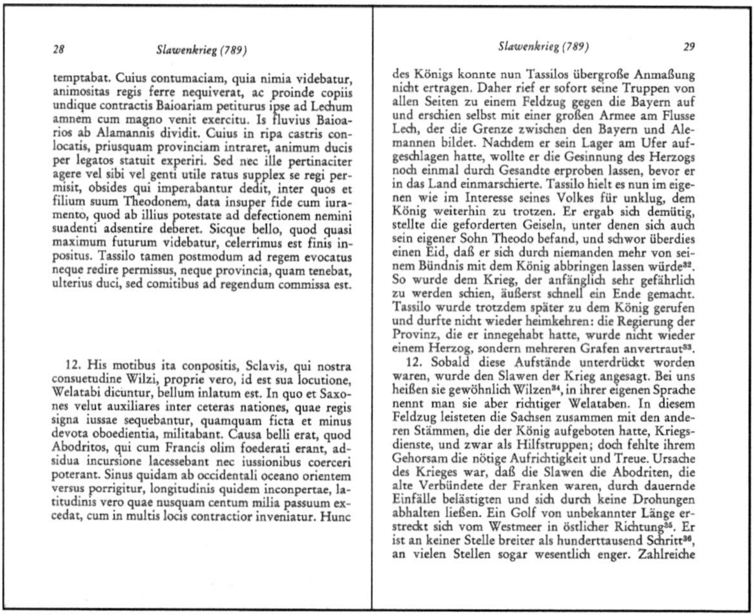
28 Slawenkrieg (789)

temptabat. Cuius contumaciam, quia nimia videbatur, animositas regis ferre nequiverat, ac proinde copiis undique contractis Baioariam petiturus ipse ad Lechum amnem cum magno venit exercitu. Is fluvius Baioarios ab Alamannis dividit. Cuius in ripa castris conlocatis, priusquam provinciam intraret, animum ducis per legatos statuit experiri. Sed nec ille pertinaciter agere vel sibi vel genti utile ratus supplex se regi permisit, obsides qui imperabantur dedit, inter quos et filium suum Theodonem, data insuper fide cum iuramento, quod ab illius potestate ad defectionem nemini suadenti adsentire deberet. Sicque bello, quod quasi maximum futurum videbatur, celerrimus est finis inpositus. Tassilo tamen postmodum ad regem evocatus neque redire permissus, neque provincia, quam tenebat, ulterius duci, sed comitibus ad regendum commissa est.

12. His motibus ita conpositis, Sclavis, qui nostra consuetudine Wilzi, proprie vero, id est sua locutione, Welatabi dicuntur, bellum inlatum est. In quo et Saxones velut auxiliares inter ceteras nationes, quae regis signa iussae sequebantur, quamquam ficta et minus devota oboedientia, militabant. Causa belli erat, quod Abodritos, qui cum Francis olim foederati erant, adsidua incursione lacessebant nec iussionibus coerceri poterant. Sinus quidam ab occidentali oceano orientem versus porrigitur, longitudinis quidem inconpertae, latitudinis vero quae nusquam centum milia passuum excedat, cum in multis locis contractior inveniatur. Hunc

Slawenkrieg (789) 29

des Königs konnte nun Tassilos übergroße Anmaßung nicht ertragen. Daher rief er sofort seine Truppen von allen Seiten zu einem Feldzug gegen die Bayern auf und erschien selbst mit einer großen Armee am Flusse Lech, der die Grenze zwischen den Bayern und Alemannen bildet. Nachdem er sein Lager am Ufer aufgeschlagen hatte, wollte er die Gesinnung des Herzogs noch einmal durch Gesandte erproben lassen, bevor er in das Land einmarschierte. Tassilo hielt es nun im eigenen wie im Interesse seines Volkes für unklug, dem König weiterhin zu trotzen. Er ergab sich demütig, stellte die geforderten Geiseln, unter denen sich auch sein eigener Sohn Theodo befand, und schwor überdies einen Eid, daß er sich durch niemanden mehr von seinem Bündnis mit dem König abbringen lassen würde[32]. So wurde dem Krieg, der anfänglich sehr gefährlich zu werden schien, äußerst schnell ein Ende gemacht. Tassilo wurde trotzdem später zu dem König gerufen und durfte nicht wieder heimkehren: die Regierung der Provinz, die er innegehabt hatte, wurde nicht wieder einem Herzog, sondern mehreren Grafen anvertraut[33].

12. Sobald diese Aufstände unterdrückt worden waren, wurde den Slawen der Krieg angesagt. Bei uns heißen sie gewöhnlich Wilzen[34], in ihrer eigenen Sprache nennt man sie aber richtiger Welataben. In diesem Feldzug leisteten die Sachsen zusammen mit den anderen Stämmen, die der König aufgeboten hatte, Kriegsdienste, und zwar als Hilfstruppen; doch fehlte ihrem Gehorsam die nötige Aufrichtigkeit und Treue. Ursache des Krieges war, daß die Slawen die Abodriten, die alte Verbündete der Franken waren, durch dauernde Einfälle belästigten und sich durch keine Drohungen abhalten ließen. Ein Golf von unbekannter Länge erstreckt sich vom Westmeer in östlicher Richtung[35]. Er ist an keiner Stelle breiter als hunderttausend Schritt[36], an vielen Stellen sogar wesentlich enger. Zahlreiche

Abb. 1: Die Reclam-Ausgabe von Einhards „Vita Karoli Magni" (Stuttgart 1968). Im Original links steht „Sclavis", in der dt. Fassung rechts aber falsch „Slawen".

In der „Vita Methodii" aus dem 9. Jh. soll allerdings Fürst Ratislav bereits von „my sloveni" reden. Allerdings: Die älteste Handschrift der „Vita Methodii" (die heute verloren ist) stammte aus dem 12. Jh., eine lateinische Fassung wurde gar erst 1854 vom Wiener Slawisten F. Miklosisch plötzlich aus dem Hut gezogen. Der Text liegt also nicht vor dem 12. Jh. vor, ist auch nicht mehr nachprüfbar, außerdem gibt es darin Unstimmigkeiten, die die Vermutung nahelegen, daß jemand „nachgebessert" hat. So berichtet die „Vita Methodii" die Überführung des Missionars Methodius „vu Suvaby" bzw. „ad Suevos" (= Sueben, Swaben). Aber die Deutschen werden von den Balkanvölkern erst seit dem 18. Jh. allgemein als „Schwaben" (Suevos) bezeichnet.

Das Wort „Sclaveni" für „Sklave, Unfreier" ist offenbar von der griechischen Bezeichnung der Kriegsgefangenen (Skylao) zu den Römern gekommen, von dort kam „Sclaveni" auch zu uns in die Sprache, wie wir es noch heute haben: „Sklave" = Unfreier.

Das von den Slawomanen angeführte angebliche Urwort „Slaveni", welches in keiner einzigen Quelle belegt ist, ist eine Erfindung. Das hindert sie aber nicht daran, Spekulationen darüber anzustellen, was dieses von ihnen selbst erfundene Wort bedeuten könnte. Es wird nun übersetzt entweder mit „slaba" (gesprochen „slava"), „sláven", „slâvan" = Ruhm, berühmt, oder „slovo", „slava" = das Wort, „slovane", „slovene" = die Sprechenden, die Beredten, im Unterschied zu den „stummen" Deutschen, „némec". Oder es wird als „sla" = Wasser, gedeutet. Da aber schon die Schreibweise des Grundwortes als „slaveni" falsch ist, können natürlich die Übersetzungen dieses Wortes auch nicht stimmen.

Tatsache ist: Die alten Quellen (bis etwa 12. Jh.) kennen nur und ausschließlich die Schreibweise „Sclaveni". Die Schreibweise „Slaven" kam also erst später in Niederdeutschland auf. Es ist daher unzulässig, diese jüngere Schreibweise als die ursprüngliche Bezeichnung anzusehen, vielmehr muß man die ältere Schreibweise „Sclaveni" als die ursprüngliche ansehen. Damit entfallen Ableitungen wie „slaba", „sla" oder „slovo", wobei letzteres übrigens auch nicht „slawisch" ist, sondern dem dänischen „lov" = Gesetz, Wort, entspricht. Und „slaba" oder „slava" (= ruhmvoll, ehrenvoll, angesehen) scheint mit unserm Wortstamm von „Lob" etymologisch verwandt zu sein, vgl. schwedisch „lova" = Lob. Das erste A hat sich in ein O gewandelt, was ja häufig geschah. Und in „sla" steckt auch nur das germanische „lagu" (= Wasser) in Verkürzung, also selbst wenn man diese fiktiven Deutungen bevorzugt, so sind es doch sämtlich nur germanischstämmige Wörter. Es war offenbar im Osten üblich, diese germanischen Wörter mit einem S beginnen zu lassen, das nicht zum alten Wortstamm gehört.

Auch für den Wegfall des C im Namen gibt es eine Erklärung. Im Niederdeutschen und Englischen ist es ausgefallen; der Nordfriese sagt: „Leever duad üs Slaav" (lieber tot als Sklave) und meint damit nicht irgendeinen Stamm. Schon Detlev v. Liliencron verwendete diesen Spruch in seiner Ballade „Pidder Lüng", deren Strophen jeweils mit diesem Spruch des heidnischen und freibleibenwollenden Germanen auf Sylt enden. Der Heide Pidder Lüng wollte nicht getauft und zehentpflichtig und damit „Sklave" der Kirche werden. Die Engländer nennen Sklaven immer noch „Slaves".

Die Ostgermanen selbst haben das C irgendwann nicht mehr wie ein K, sondern wie ein Z gesprochen, so daß aus „Sclaveni", gesprochen „Sklaveni", ein gesprochenes „Szlaveni" oder „Slaveni" wurde. So eine Wandlung der C-Aussprache ist nicht unwahrscheinlich, wie das Beispiel Frankreich zeigt. Es ist nach dem Stamm der Franken und der Frankenkönige benannt, dennoch spricht heute jeder Franzose von „La France" (C wie Z ausgesprochen) und wir sagen „französisch" statt „frankisch".

Der Chronist Thietmar von Merseburg erwähnt im Zusammenhang mit der Rettung Kaiser Ottos II. einen Ritter Heinrich, der mit „slawischem" Namen „Zolunta" (Colunta, Golunta = Godlund, „Götter-Hain" – das ist eine Entsprechung von „Hein-rich" = Hain-Rig, Hain-Gott) geheißen habe. Hier aber verwendet Thietmar im lateinischen Original seiner Chronik nicht die Bezeichnung „sclavonice" sondern er schreibt „qui Szlavonice vocatur" also die Schreibweise mit dem Z statt C. Offenbar fing man damals schon vereinzelt an, das ursprüngliche C zuweilen wie ein Z zu sprechen, was es unhörbar machte und zu seinem späteren Ausfall geführt hat. Thietmars Chronik entstand nach 1009.

Von heutigen Bezeichnungen (Slovenen, Jugo-Slaven, Slovaken) auf einen alten Stammesnamen zu schließen, ist gleichfalls falsch. Richtig ist, daß sich auch in diesen Namen das C verloren hatte und sie ursprünglich mit C geschrieben wurden. Z. B. der lateinische Titel des schwedischen Königs „Dux Sclavorum" („Herzog der Sclavenen") macht dies deutlich. Die genannten Länder sehen sich also als Überreste des großen Gebietes, daß man „Sklavenlande" nannte.

Wie kommt nun ein Name, der „Sklave" (Unfreier, Kriegsgefangener) bedeutet, in die Geschichtsquellen ab dem 6. Jh.? Die Christen hatten solch einen Haß auf die noch heidnischen Ostgermanen, daß sie sie einfach abwertend bezeichneten. Und später, seit das 2. Lateranconcil (1215) Christen offiziell verbot, andere Christen als Sklaven zu nehmen, mußten die Sklavenhändler Roms weit in den heidnischen Osten reisen, um Sklaven zu fangen und den Bedarf an Sklaven zu decken. In ihrer Weltsicht wurde dieser ganze Osten mit seinen vielen Stämmen nun einfach zum „Sklavenland". Man hat also in Ostgermanien Menschen als Sklaven gefangen und daher die ganze Gegend „Sklavenland" genannt. Noch heute erinnern Alpenstädte an der römischen Grenze wie „Klagenfurt" und „Völkermarkt" an den dort einst stattfindenden Sklavenhandel. Das Fangen von Sklaven wird auch durch Primärquellen bestätigt. So schrieb der Chronist Paulus Diaconus in seiner nach 774 verfaßten Historia Langobardorum[3]:

>*Daher kommt es, daß so große Völkermassen im Norden geboren werden, und nicht mit Unrecht wird jener ganze Landstrich vom Tanais [der russische Fluß Don] bis zum Sonnenuntergang mit dem allgemeinen Namen Germania bezeichnet, wenn auch einzelne Gegenden wieder ihre besonderen Benennungen haben (...) Aus diesem volkreichen Germanien nun werden oftmals zahllose Scharen Gefangener fortgeführt und an die südlichen Völker verkauft.*<

Sich selbst haben die Ostgermanen nie „Slawen" oder „Sklaven" genannt, sondern sie nannten sich immer Wenden/Wandalen, Veneder, Goten, Waräger usw. und auch in den älteren Textquellen (Tacitus, Plinius) tauchen „Sclaveni" nie unter den Namen der Stämme auf.

Daß die alten Chronisten nirgends „Slawen" erwähnten, führte dazu, daß Slawomanen die indogermanischen Sarmaten mit den „Slawen" identifizierten um so den „Slawen" zu einer Vergangenheit auch vor dem 6. Jh. zu verhelfen (zuvor hatten sie es bereits mit den Winedern versucht). Die unzutreffende Gleichsetzung der „Slawen" mit dem scythischen Stamm der Sarmaten finden wir zuerst in Ernst Joachim von Westphalens „Monumentis ineditis" von 1739, von wo es dann alle späteren Forscher übernommen haben[4]:

>Die Sclaven aber, welche Pohlen besitzen, werden insgemein Sarmaten genennet, weil von der Weichsel an die Sarmathen angehen.<

Daß es etwas anderes als ein Stammesname sein muß, macht auch ein Ausspruch des Adalbert von Prag (956-997) deutlich, denn er sagte, als er christlich geworden war: „Sclavus eram" („Ich war Sclave"). Damit hat er sicher keine Stammeszugehörigkeit gemeint, die man ja nicht einfach wechseln kann, sondern es ist in dem Sinne „ich war Heide" zu verstehen. Und diese Verwendung des Begriffs „Sclaveni" im Sinne von „Heide" belegt uns auch Thietmar von Merseburg. Er schreibt[5]:

>Den Unwissenden und besonders den Sclavis, die glauben, daß mit dem zeitlichen Tode alles vorbei sei, verkündige ich die Gewißheit der Auferstehung und die zukünftige Wiedervergeltung nach dem Verdienst als sicher, zugleich mit allen Gläubigen.<

Hier geht es doch offensichtlich nicht um einen bestimmten Glauben eines Stammes, sondern allgemein um heidnischen Glauben oder – wie im Beispiel – Nichtglauben.

Deutlicher ist vielleicht noch ein Bericht, der Einhard zugeschrieben wird, vom Reichstag im Jahre 822. Hier mußte Ludwig der Fromme Unstimmigkeiten zwischen verschiedenen Stämmen schlichten[6]:

>In dieser Zusammenkunft [hat der Kaiser] Gesandschaften aller östlichen sclaven [sclavorum], nämlich der Abodriten, Sorben (...), Böhmen [Beheimorum], Mährer [Marvanorum] (...) und in Pannonien wohnenden Avaren [Abarum] angehört.<

Der Begriff „sclavorum" ist kleingeschrieben, die Stammesnamen nicht. Mit Sicherheit waren die Avaren keine Germanen oder „Slawen", sondern ein heidnisches nomadisierendes Reitervolk in Ungarn. Dennoch werden sie hier unter dem Begriff „Sclaven" zusammen mit den germanischen Stämmen aufgeführt. Offenbar bezeichnete „Sclaven" keinen bestimmten Stamm, sondern allgemein „Heiden", also Anhänger der Naturreligionen, Nicht-Christen. So konnte die ursprünglich für Kriegsgefangene aufgekommene Bezeichnung als neue Bezeichnung der „Nichtchristen" schnell weit verbreitet werden, zumal das lateinische „paganus" (= bäuerisch, heidnisch) gerade erst in der 2. Hälfte des 4. Jh. aufgekommen und damit noch relativ unbekannt war, und auch abweichende Bedeutung (lat. „pagus" = Ort) hatte, ähnlich wie das lat. „gentiles" (= Völkerstamm). Es fällt jedenfalls auf, daß das Wort „sclaveni" erst seit der Ausbreitung des Christentums in den Quellen erscheint. Erst viel später werden dann auch zuweilen christliche Sclaveni erwähnt; die Bedeutung als „Heiden" war also nicht einheitlich und das „paganus" konnte nach seiner Einführung für die Bezeichnung der Heiden verwendet werden. Allgemein war „Sklavenlande" das Land, wo noch Heiden lebten und man Sklaven fangen durfte. Gleichzeitig kam, wie erwähnt, der Begriff „deutsch" auf, und ersetzte das bis dahin verwendete „germanisch". „Deutsch" kommt von „diot" = Volk, aber stimmt das wirklich? Gerade auch die lateinische Schreibweise, seit dem 8. Jh. bezeugt, „theodiscus", enthält den Begriff „Theos" (= Gott), wie „deutsch" (diutisch, tiutsch, seit dem 10. Jh. bezeugt) eben „Deut" oder „Deus" (= Gott) enthält; vielleicht war „deutsch" einfach eine Bezeichnung für die schon an „Deus" (den christlichen Gott) glaubenden, missionierten Germanenstämme, so daß die beiden Begriffe „deutsch" und „sklave" als bewußte Gegensätze aufgebracht wurden. Die noch heidnischen Ostraumgermanen wurden „Sklaven (der Götzen)" genannt, die schon christlichen Westgermanen wurden als „Deus-Verehrer" oder „Deutsche" bezeichnet. So konnte das Spiel der Kirche, „teile und herrsche", gespielt werden und waren die Germanen in zwei Lager geteilt und gegeneinander gehetzt worden.

„Sclaveni" oder „Slawe" ist also ein künstlich eingeführter Begriff von Sklavenhändlern, ein regelrechtes Schimpfwort.

Der richtige und zutreffende Begriff ist „Wenden" und Wenden hießen früher „Wandalen". Nach einer Theorie ist der Begriff „Vandalii" nur die lateinische Übersetzung des Stammesnamens der Wenden in den antiken, lateinischen Quellen, während die mittelalterlichen Chronisten in ihren gleichfalls lateinisch verfaßten Texten neben der lateinischen Bezeichnung auch die germanische Namensform „Wenden" verwendeten. Man deutet den Namen „Wandalen" auch von nord. „vand" = Wasser, weil die Wandalen über das Meer von Norwegen nach Dänemark gekommen sind.

Über die Herkunft der Wenden erzählt uns nur die Sage. Danach befand sich in Wandlitz im Norden der Mark Brandenburg ein Heiligtum der wendischen Göttin Vanda. Daselbst lag einst auch ein schon lange verschwundener Steinkreis und bis ins 19. Jh. ein Riesenstein, den ein Riese dorthin geworfen haben sollte und der mittlerweile zersprengt wurde.

Nördlich dieses Ortes liegt der Wandlitzsee, der ein heiliger See der Göttin Vanda war.

Nach einer alten Version der Sage aus dem 12. Jh. von Vinzenz Kadlubek (der Name „Kadlubek" ist Schreibvariante von „Godlobus" = Gottlob), Bischof von Krakau (1160-1223) war Vanda eine jungfräuliche Prinzessin und die mutterlose Tochter des Fürsten Krok (Krakus) und hatte ein langes Leben. In den neueren Versionen verliebt sich der alemannische Ritter Rüdiger in sie, aber sie weist ihn ab, worauf er ihr mit Krieg droht. Sie besiegt ihn und stürzt sich, mit einem weißen Gewand bekleidet und einem Blumenkranz im Haar in die Weichsel, um sich den Göttern zu opfern und ihnen auf diese Weise für den Sieg zu danken. Vandas Gedenktag ist der 23. Juni, die Zeit von Mittsommer. Nach weitverbreitetem Glauben fordern die Gewässer zur Mittsommerzeit ein Opfer. Es scheint, als habe man in dieser Zeit der Göttin Vanda geopfert, indem man für sie Gaben und Blumenkränze in die Flüsse warf. In einer anderen Version der Sage stürzt sich Rüdiger nach seiner Niederlage in sein Schwert, worauf Vanda aus Kummer darüber in den Fluß springt. Sie soll im Vanda-Hügel bei Krakau bestattet sein, auf dem heute ein steinernes Denkmal steht, zuvor stand dort ein alter Turm aus Stein.

Vanda gilt als Hauptgöttin und Stammherrin der Wandalen (Vandalen), die sich nach ihr benannten. Vanda wird als strahlendschöne junge Frau geschildert, mit Augen so blau wie die Wellen der Weichsel und mit Haaren so blond wie die Flachsfelder. Richard Roepell schreibt 1840[7]:

>*Von dieser Vanda soll der Fluß Vandalus seinen Namen erhalten haben, weil er in der Mitte des Reiches fließt; daher wurden alle, welcher ihrer Herrschaft unterworfen waren, Vandalen genannt.*<

Mit Vandalus ist die Weichsel gemeint. Noch heute versammeln sich junge Frauen am Abend des 23. Juni (Johannisnacht) an der Weichsel, flechten Blumenkränze und lassen diese beim Schein der Fackeln zum Gedenken an Vanda ins Wasser gleiten. Der schönste Blumenkranz erhält einen Preis, danach folgt ein großes Feuerwerk als Abschluß der Feierlichkeiten. Wieso ehrt man in Polen die mythische Ahnherrin der Wandalen, Vanda, wenn man gar nicht zum Stamme der Wandalen gehört? Ist dieser Brauch nicht der Beweis, daß Wandalen und die Wenden in Polen identisch sind?

Alle Bräuche und Überlieferungen zeigen deutlich, daß sich hinter der wendischen Vanda die germanische Göttin Freyja verbirgt. Der Name Vanda ist verwandt mit altnordisch „Vanadis" („Vanengöttin", d. i. Freyja) und röm. „Venus" oder nord. „vand" = Wasser. Die Liebesgöttin Freyja ist Tochter des Meeresgottes Njörd und wurde also von den Wenden auch unter dem Namen Vanda verehrt. In der böhmischen Version hieß die Tochter des Fürsten Krok „Libussa", was „Liebe" bedeutet und die Göttin Liuba (Lioba) meint, die gleichfalls mit Freyja-Vanadis identisch ist. Forscher haben Vanda und Libussa sogar gleichgesetzt.

In der „Großen Polnischen Chronik" (14. Jh.) heißt es, Vanda stürzte sich in den Fluß, um zum

Abb. 2: Ein Wende mit Krummschwert. Helmold-Ausgabe, 17. Jh.

Meeresgotte Poseidon zurückzukehren. Auch hier haben wir wieder einen deutlichen Hinweis auf die Göttin Freyja und ihren Vater Njörd (= Poseidon), der als Gott „Pizamar" noch bis 1171 auf Rügen verehrt wurde.
Eine weitere Sage liefert wieder eine andere Version; danach heiratete Prinzessin Vanda als Tochter des gotischen Fürsten Krakus einen Schuster namens Dratewka (= Draht), der durch eine List einen riesigen Drachen besiegt, der Krakau bedrohte und Jungfrauen verschlang.

Und wie sieht es mit den Czechen und Böhmen aus? Die ursprünglichen Einwohner Böhmens (Bojohaemum), die ihm auch den heutigen Namen gaben, waren die keltischen Bojer, von deren Einwanderung bereits Tacitus vor fast 2000 Jahren berichtete[8]:

>So haben sich zwischen dem hercynischen Walde, dem Rhein und Main die Helvetier, weiter ostwärts die Bojer niedergelassen, beides gallische Völker. Noch ist der Name

Bohemen vorhanden und erinnert an die alte Geschichte des Landes, obgleich die Bewohner gewechselt haben.<

Nach einer von Titus Livius überlieferten Sage der Druiden[9] soll die Einwanderung der Bojer etwa im Jahre 600 v. u. Zt., als Galliens Oberkönig Ambigat wegen der drohenden Überbevölkerung seine Neffen Sigoves und Belloves nach Osten und Süden wies, geschehen sein. Nach Cosmas von Prag hatten der Stamm der Bojer und das Land Böhmen ihren Namen von dem Urvater Boemus[10]:

>Welchen geeigneteren und besseren Namen als Böhmen könnten wir finden, da du, unser Vater, Boemus heißt. Darauf küßte der Älteste, bewegt und erfreut über die Worte der Seinen, den Boden, der nach seinem Namen benannt werden sollte.<

Vor der Einwanderung der keltischen Bojer soll das Land menschenleer gewesen sein. Die Bojer in Böhmen widerstanden den Cimbern, wichen aber um 60 v. u. Zt. den Sueben; ein Teil der Bojer schloß sich nun den Helvetiern an und wurde von Caesar in Gallien (zwischen Loire und Allier) angesiedelt, der andere Teil saß östlich von Noricum und wurde um 40 v. u. Zt. von den Goten vernichtet. Ab dem Jahre 12 v. u. Zt. drangen von Norden unter König Marbod die germanischen Markomannen (= Grenzland-, Waldbewohner) vor, die zum Stammesverband der Sueben gehörten.

Es gibt nun eine Legende von drei Brüdern, Czech, Lech und Rus als Stammväter von Böhmen, Polen (Lechia) und Rußland. Diese Legende finden wir in jüngeren Chroniken, z. B. Vaclav Hajeks „Chronik Böhmens", der „Chronica Poloniae Maioris" oder der „Chronicorum Regni Poloniae" (siehe Abb. 3). Auch in Dalimils „Böhmischer Reimchronik" (1310), Kap. 2, wird der aus Kroatien oder eher Chrowatien (im Norden der Karpaten) stammende Kriegsfürst „Czech", der wegen eines Mordes aus seiner Heimat fliehen mußte, erwähnt. Er habe die Reste der Bojer und Markomannen unterworfen und der ursprünglich von ihm und seinem Gefolge geführte Name „Czechen" ging dann (allerdings viel später) auf das ganze Volk und Land über, ähnlich wie bei Lech und Rus. Doch nennt Widukind von Corvey das später „Polen" genannte Land nicht „Lechia", sondern „Livicaviki".

Abb. 3: Die Brüder Lech und Czech aus der Chronicorum Regni Poloniae.

Diese Sage hat einen wahren Kern und diesen mit der germanischen Ab-Abstammungssage verbunden. Der Kriegsfürst Czech war sehr wahrscheinlich ein Hunnenfürst, der Name deutet darauf hin, da er an einen hunnischen Stamm erinnert, auch die Herkunft aus dem Südosten (die Karpaten) bezieht sich sicher auf den Einfall der Hunnen aus dieser Richtung. In der Darstellung trägt er ein hunnisches Krummschwert. Czech soll zuerst auf dem Berg Rip (St. Georgsberg, 30 km nördlich von Prag) Rast gehalten haben. Von den beiden Brüdern Lech und Rus sollen die Stämme der Polen und Russen stammen.

Drei Brüder als Stammväter der „Slawen" sind natürlich nur eine jüngere Übernahme des germanischen Abstammungsmythos, der bei Tacitus zu finden ist[11]:

>*In alten Liedern, der einzigen Art ihrer geschichtlichen Überlieferung, feiern die Germanen Tvisco, einen erdentsprossenen Gott. Ihm schreiben sie einen Sohn Mannus als Urvater und Gründer ihres Volkes zu, dem Mannus wiederum drei Söhne; nach deren Namen heißt es, nennen sich die Stämme an der Meeresküste Ingävonen, die in der Mitte Herminonen und die übrigen Istävonen.*<

Die Söhne des Mannus müßten demnach Ingvio, Irmino und Iscio geheißen haben, daraus haben die Sagenerfinder wie z. B. Vaclav Hajek dann Czech, Lech und Rus gemacht. In Wahrheit ist z. B. der Name „Russen" entweder von einer norwegischen Landschaft abgeleitet, oder ein Fluß im Memelland, und durch die skandinavischen Einwanderer auf ganz Rußland übertragen worden, das sie aber auch Groß- oder Kaltschweden nannten.

Eine andere mythische Herkunftsgeschichte findet sich im Doberaner Anthyrlied. Dieses Lied ist in Runenschrift aufgeschrieben und fand sich während einer Plünderung der Abtei Doberan im Dreißigjährigen Krieg. Es erzählt in 30 Strophen von Anthyr, dem ältesten mythischen König der Vandalen und Heruler. Von ihm bekam auch Mecklenburg sein Wappen. Nach diesem Liede war Anthyr der Sohn einer scythischen Amazone und ein berühmter Krieger in Alexander des Großen Heeres. Nach dem Tode Alexanders verließ Anthyr Kleinasien auf einem Schiffe, welches Bucephalus (griechisch „Ochsenkopf") genannt war, und welches einen Ochsenkopf in der Flagge, am Vorderteil aber einen Greifen führte. In das atlantische Meer, und von dort in die Nord- und Ostsee verschlagen, landete

Anthyr in Mecklenburg und gründete daselbst mehrere Städte, vermählte sich darauf mit einer gotischen Prinzessin, Symbulla, und zeugte mit ihr einen Sohn, Anana, der sein Nachfolger wurde, worauf er selbst aus der Geschichte verschwindet. Anana beginnt den Stammbaum der mecklenburgischen Herzöge.

In dieser Geschichte kommen Skythen, Goten und Amazonen vor, aber bezeichnenderweise keine „Slawen" und auch noch keine Wenden, die saßen als Wandalen noch in Schlesien. Der Name Anthyr erinnert an den Namen Angantyr in der Edda. Der Stierkopf, meist mit einem Ring im Maul oder in der Nase, ist seit langem Stammeszeichen der Wenden/Wandalen und kommt in den Wappen vieler wendischstämmiger Adelsfamilien vor (siehe hierzu mein Buch „Der Adel im Fläming"). Er rührt wohl von den ursprünglich in Jütland sitzenden germanischen Cimbern, die im 8. Jh. v. u. Zt. übersiedelten und bei der Odermündung ankamen. Sie zogen weiter über Schlesien bis Böhmen und von dort fort. Ihr Stammeszeichen war ein Stier und auf einen Stier legten sie auch ihre Eide ab. Der griechische Historiker und Philosoph Plutarch (50-125 u. Zt.) erwähnt bei den Cimbern auf ihrem Zug durch Gallien einen „ehernen Stier", der bei Vertragsabschlüssen zugegen war. Das gleiche Stammeszeichen bei den Wenden beweist erneut die nahe Verwandtschaft dieser germanischen Stämme. In Berlin fand man in einem Tongefäß auf einem Herd eine 4,5 cm lange broncene Rinder- oder Stierfigur aus dem 3. Jh. u. Zt, vor einer angeblichen „slawischen" Einwanderung.

2.
Primärquellen

Wenn der Begriff „Slawe" oder „Sclaveni" kein Name für Stämme ist, dann fragt sich, wie die Stämme im Osten denn ansonsten hießen und welcher Ethnie sie sonst entstammten. Die älteren Quellen vor dem 6. Jh. kennen weder „Sclaveni", noch „Slawen", sondern nur Germanen. Der Römer Cornelius Tacitus schreibt in seiner nach 98 u. Zt. verfaßten „Germania"[12]:

>*Germanien insgesamt ist von den Galliern, von den Rätern und Pannoniern durch Rhein und Donau, von Sarmaten und Dacern durch wechselseitiges Mißtrauen oder Gebirgszüge geschieden (...) Die Germanen selbst möchte ich für Ureinwohner halten (...) Marser, Gambrivier, Sueben und Vandalen, und das seien die wahren alten Namen (...)*
Ob ich die Stämme der Peukiner, Venether und Fennen den Germanen zurechnen soll oder den Sarmaten, weiß ich nicht recht (...) Die Venether machten sich auch in reichem Maße sarmatische Sitten zu eigen; denn was sich an Wäldern und Bergen zwischen den Peukinern und Fennen hinzieht, durchstreifen sie auf ihren Raubzügen. Gleichwohl wird man sie eher zu den Germanen rechnen, weil sie feste Häuser bauen, Schilde führen und gern und behende zu Fuß gehen, ganz im Gegensatz zu den Sarmaten, die auf Pferd und Wagen zu Hause sind.<

Sarmaten sind Skythen und Indogermanen. Tacitus weiß nicht, ob er die Veneder (Venether), deren genaue Herkunft unbekannt ist, mit den Germanen oder Sarmaten identifizieren soll, er tendiert eher zu den Germanen. Tacitus hat seine Informationen teils von Germanen in Rom, teils vom Augenzeugen Plinius, ist also absolut glaubwürdig. Hierzu muß ein wenig zur oft angezweifelten Glaubwürdigkeit des Tacitus gesagt werden. Tacitus wurde geboren, als Kaiser Nero herrschte, absolvierte seine Ausbildung zur Zeit von Kaiser Vespasian und wurde unter Kaiser Titus (80-81 u. Zt.) Quästor, unter Kaiser Domitian wurde er Tribun und Ädil, dann im Jahre 88 wurde er Konsul und Prätor. Tacitus war durch Heirat mit der

Familie von Gajus Julius Agricola verwandt und ihm waren die Annalen der Cornelier aus der 1. Republik zugänglich. Er war innerlich Republikaner, diente aber insgesamt 8 Kaisern. Wenn sich Tacitus geirrt hätte, hätte ihn das wahrscheinlich das Leben gekostet, wie vor ihm Brutus, Marc Anton, Cicero, Varus, Seneca oder Domitella, der Cousine des Kaisers Domitian, deren Gatte (Mitglied des Senats von Rom) mit ihr zusammen getötet wurde. Auch Calixtus I. wurde getötet. Wer sich damals irrte, den tötete man. Tacitus irrte sich also eindeutig nicht.

Slawomanen versuchen nun die Veneder als „slawisch" hinzustellen und behaupten, der Name „Venethi" würde sich zu „Wenden" entwickelt haben. Das ist allerdings etymologisch nicht möglich, wie der Sprachprofessor Georg Korth feststellte, da der Begriff „Venethi" auf der zweiten Silbe betont wird, „Wenden" aber auf der ersten. Somit hätte „Venethi" sich nur zu „Vneden" entwickeln können, nicht zu „Wenden". Die Veneder hängen allerdings mit den Wandalen zusammen, wie etwa die Geten mit den Goten, es sind also nahverwandte Stämme, die einen ähnlichen Namen benutzten, wie der ihres ursprünglichen Stammes.

Zwar erwähnen neben Tacitus auch Plinius der Ältere und Ptolemäus von Alexandria ab dem 1. Jahrhundert in unterschiedlicher Schreibweise das Volk der Venedi, Venethi, Venadi oder Ouenedai, das östlich der Weichsel beziehungsweise an der Danziger Bucht siedelte, doch beziehen sich diese Angaben zweifellos auf die den Germanen zuzurechnenden Wandalen. Genau dort, wo Tacitus die Veneder beschreibt, siedelten zu dieser Zeit die Wandalen, welche aus Skandinavien ausgewandert waren. Die Veneder sind identisch mit den Wandalen, sind ein Unterstamm. Die östlichen Nachbarn der Germanen waren die Sarmathen (Skythen), so beschreiben es auch die Historiker. Dazwischen gab es keine „Slawen". Da, wo die angeblich hergekommen sein sollen, war Sarmatien. Tacitus zählt übrigens sogar die Aisten (Esten, heute als Balten bezeichnet) zu den Germanen. Die Bezeichnung „Skythen" war eine Sammelbezeichnung für unterschiedlichste Stämme, u. a. auch Goten.

Bei Plinius (Naturalis historia) leben die Sarmaten, Venetae, Skiren und Hirren in dem Land Aengina (östlich der Ostsee) bis an die Weichsel. Bei Claudius Ptolemaios (2. Jh.) wohnen an der Küste der Venedischen Bucht die großen Völker der Venedai, an der Weichsel die kleineren Völker derselben. Wenn man diese Veneder zu „Slawen" machen will, dann stimmt die Einwanderungstheorie überhaupt nicht, wonach die „Slawen" ab dem 6. Jh. aus der Gegend der Pripjet-Sümpfe gekommen sein sollen, mithin hier nicht schon im 1. Jh. ansässig gewesen sein können. Östlich der Weichsel bis zu den Pripjet-Sümpfen saßen die Goten, „Slawen" hätten da zusätzlich nicht sitzen können.

Ab der Mitte des 6. Jh. erscheint dann erst der Name „Sclaveni", aber meist als zusätzlicher Name für Stämme, die sonst anders genannt wurden. So schrieb Procop um das Jahr 550[13]:

>*Diese beiden Stämme, die Sclaveni und Anten, stehen nicht unter der Herrschaft eines Mannes, sondern sie leben von alters her als Volksstaat, so daß Glück und Unglück alle gemeinschaftlich tragen. Auch in bezug auf alles andere, Gesetze und Bräuche, sind diese Barbaren völlig gleich. Denn sie kennen nur einen Gott, den Blitzeschleuderer, und glauben, daß er allein der Herr sei über alles. Sie opfern ihm Stiere und allerlei andere Opfertiere (...) Sie sprechen einunddieselbe, furchtbar barbarische Sprache und unterscheiden sich auch im Äußeren nicht voneinander. Alle sind sie sehr groß und stark; ihre Haut- und ihre Haarfarbe ist weder weiß noch blond, auch nicht gerade schwarz, sondern sie sind ganz und gar rötlich (...) Von alters her nannten sich die Sclaveni und Anten auch mit demselben Namen, nämlich Spori, meiner Meinung, weil sie so zerstreut in Zelten wohnen. Deshalb ist auch ihr Gebiet sehr groß: Sie bewohnen nämlich fast das ganze jenseitige Donauufer.*<

Hier hießen die Sclaveni also früher anders (nämlich Spori) und werden mit den germanischen Anten zusammen genannt. Die „Spori" wurden von Slawomanen als mißverstandenes „Srbi" (Serben) gedeutet, obwohl Procop eine andere, griechische Deutung angibt.
Die „barbarische" Sprache war also die ostgermanische Sprache der germanischen Anten. Daß die Anten irgendeine nichtgermanische Sprache gesprochen haben sollten, ist undenkbar. Auch die Verehrung des Donnergottes (Donar-Thor) spricht für die Identität als Germanen. Procop unterscheidet hier wahrscheinlich bewußt heidnische und christliche Anten, wobei er die heidnischen wie einen eigenen Stamm behandelt, als „Sclaveni" benennt und von den christlichen Anten unterscheidet. So sollten heidnische Ostgermanen zu ausgegrenzten Menschen zweiter Klasse gemacht werden. Die Anten waren ja schon 545 Verbündete Ostroms geworden und standen damit im Einflußbereich des Christentums.

Der Gote Jordanis schrieb in seiner um das Jahr 551 verfaßten Getica[14]:

>*Nach der Besiegung der Heruler rückte der nämliche Hermanarich gegen die Veneter [Winidi] (...) Diese, die wir am Anfang unserer Darstellung auseinandergesetzt haben, von einem Stamm entsprossen, haben jetzt drei Namen: Veneter, Anten und Sclavenen.*<

Die germanischen Veneter oder Winidi sowie die germanischen Anten und „Sclaveni" werden hier zusammen als von einem Stamme kommenderwähnt. Die noch heidnischen Stammesangehörigen wurden also in der Berichterstattung von den christlichen Stammesangehörigen unterschieden. Die Slawomanen behaupten nun, daß sich die aus dem Gebiet der Pripjet-Sümpfe (der Pripjet ist ein Nebenfluß des Dnjepr) gekommenen „Slawen" in drei Gruppen geteilt hätten. Ein Zweig kam über die untere Donau und griff von dort auch das byzantinische Reich an. Das waren die „Sclaveni". Die im Osten verbliebenen „Slawen" wären die Nachkommen der Anten und die nach Westen bis zur Elbe gewanderten „Slawen" seien die Veneder, aus denen später die „Wenden" wurden. Dem widerspricht aber bereits Procop, der belegt, daß Anten und Sclaveni das byzantinische Reich angriffen, somit erfolgte eine Teilung der Stämme gar nicht. Und die Anten kurzerhand zu „Slawen" zu machen, geht auch nicht, zumal die Anten im 6. Jh. mehrfach gegen Sclaveni (nämlich „Heiden") kämpften. Auch wäre das ein weiterer Versuch, den „Slawen" eine Vergangenheit anzudichten; nachdem es mit den Venedern und Sarmathen nicht funktionierte, versuchte man es mit den Anten.

Wo auch immer der Begriff „Sclaveni" (Sklaven) herkommt, er taucht erst in christlicher Zeit und nach dem Hunneneinfall auf und immer für Stämme, die noch einen weiteren, älteren und germanischen Namen haben. Vermutlich sind es die Christen in römischer Tradition stehend gewesen, die die noch heidnischen Gebiete zu „Sklavenländern" erklärten, also den Sklavenhandel mit Nichtchristen erlaubten. Dadurch, daß es von der Kirche verboten war, Christen als Sklaven zu nehmen, waren die Sklavenhändler gezwungen, sich Menschen in den heidnischen Ländern zu fangen, die sie dann verkaufen konnten. So entstand für den gesamten ostgermanischen heidnischen Raum, bei den Römern die Bezeichnung „Sklavenland". Dies bestätigt auch Paulus Diaconus in der nach 774 entstandenen Langobardengeschichte[15]:

>*In jener Zeit geschah es, daß mehrere venetianische Kaufleute in die Stadt Rom kamen und, Handelsgeschäfte vorgebend, eine große Anzahl von Sklaven männlichen*

und weiblichen Geschlechts aufkauften, um sie nach Afrika zu dem Volk der Heiden zu führen. Als das der heilige Vater hörte, tat er dem Einhalt, denn er hielt es für unrecht, daß die, welche auf Christum getauft waren, heidnischem Volk dienten: Er erstattete also jenen Venetianern den Kaufpreis zurück und erlöste alle aus dem Joch der Sklaverei und gab ihnen die Freiheit.<

Aber auch viel früher schon hatten sich die Hunnen Sklaven in den eroberten Gebieten genommen. Sie nahmen bekanntlich diejenigen Germanen, die nicht geflüchtet waren, als unfreiwillige Vorkämpfer, wie Fredegar (vor 660) belegt[16]:

>*Schon von alten Zeiten her wurden die Wenden von den Chunen [Hunnen] als sogenannte Befulci gebraucht, so daß, wenn die Chunen gegen irgend ein Volk ins Feld zogen, sie selbst sich vor dem Lager aufstellten, die Wenden aber kämpfen mußten. Siegten nun diese, so rückten die Chunen vor, um Beute zu machen; unterlagen jedoch die Wenden, so sammelten sie auf der Chunen Hilfe gestützt neue Kräfte. Darum wurden sie Befulci von den Chunen genannt, weil sie vor ihnen einherzogen und im Treffen einen doppelten Kampf bestanden. Jedes Jahr kamen die Chunen zu den Sklaven, um bei ihnen zu überwintern; dann nahmen sie die Weiber und Töchter der Sklaven und schliefen bei ihnen, und zu den übrigen Mißhandlungen mußten die Sklaven den Chunen noch Abgaben zahlen.<*

Hier werden die Wenden direkt als Sklaven (Sclaveni) bezeichnet und es wird erklärt, warum das so war. „Sclaveni" wurde dann in späteren Jahren zu einem Begriff für „Heiden".

Der Name der Czechen (Tschechen) ist hunnischen Ursprungs und stammt wahrscheinlich von dem hunnischen Unterstamm der Tscherkessen, die am östlichen Ufer des Schwarzen Meeres saßen. Diese werden bei den griechischen Autoren „Zichi", „Cichi" oder „Cichen" genannt. Sie mischten sich mit den einheimischen Wandalen-Wenden, darum konnte die „Chronic Moissiac" aus dem 9. Jh. die Bezeichnung „Cichu-Windones", also „Czechen-Wenden" für die Einwohner Böhmens und Mährens verwenden. Doch wurde dieser Stammesname erst in der Zeit von J. Hus auf Böhmen und Mähren übertragen.

In den folgenden Quellen werden „sclavische" Stämme genannt. Der Mönch Ionae verfaßte nach 642 eine Lebensbeschreibung von St. Columban, wo es heißt[17]:

>*Einmal kam es ihm auch in den Sinn, nach dem Lande der Wenden, die man auch Sclaven nennt, zu ziehen.*<

Und ganz ähnlich wiederum Fredegar Scholasticus in seiner bis 660 verfaßten Historia francorum[18]:

>*Im 40. Jahr verband sich ein gewisser Samo, ein geborener Franke aus dem senonagischen Gau, mit mehreren Kaufleuten und zog in Handelsgeschäften zu den Sclaven, die man Wineder nennt.*<

Danach zählen zu den „Sclaveni" die Wineder (Veneder) und die Wenden. Aber wer sind diese Wenden?

Aus dem 8. Jh. stammt die „Fränkische Völkertafel" (erhalten in 7 Handschriften sowie der „Historia Brittonum" aus dem 9. Jh.) in der wir die Gleichsetzung der Wenden mit den Wandalen finden. Die Datierung der Handschriften ist umstritten, die früheste geht vom Jahr 520 u. Zt. aus, die späteste bezeitet auf den Anfang des 8. Jh. Den Schreibern dürfte Tacitus' Werk bekannt gewesen sein.

Die verschiedenen Fassungen dieser Völkertafel nennen 13 bzw. 12 Völker, neben germanischen Stämmen auch die Römer und die Britonen, aber keine „Slawen". Die Völker sind in drei Gruppen geordnet, von denen jede einen Stammvater, ähnlich wie bei Tacitus, hat.

In den Quellen seit dem 8. Jh. werden die Wandalen mit den Wenden oder Venedern völlig gleichgesetzt. Weitere Belege sind für das Frühmittelalter die Wessobrunner Glossen und das Salomoglossar (Ende des 9. Jh.), in denen der Völkername Vandalus mit „id est Vinid" („das ist ein Wende") erklärt wird. Nach dem achten Jahrhundert kann man diese Gleichsetzung bzw. ihre Erklärung von Wenden und Wandalen in einer Reihe von Annalen, Enzyklopädien und Geschichtswerken feststellen.

Slawomanen behaupten nun, die Angabe dieser „Fränkischen Völkertafel", wonach Wenden die alten Wandalen wären, sei falsch. Aber die anderen Chronisten hätten diese Völkertafel gekannt und die falschen Angaben dann selbst übernommen. Ich finde das sehr unglaubwürdig, weder ist es wahrscheinlich, daß alle Chronisten die Völkertafel gekannt haben, noch ist anzunehmen, daß ausnahmslos alle dann die fehlerhafte Gleichsetzung Wenden-Wandalen selbst übernommen haben sollten.

Der Chronist von Karl dem Großen, Einhard (770-840), schrieb in seinen vor 840 verfaßten Alemannischen Annalen:

>*Kaiser Karl unternahm einen Kriegszug gegen die Sclavi in das Land der Vandalen.*<

Die germanischen Wandalen also auch ein Stamm der „Slawen"? Man hat eingewendet, daß hier gemeint sei, daß die „Slawen" in das menschenleere und einst von den Wandalen bewohnte Gebiet gezogen waren und so diese „Slawen" von den Chronisten als „Wandalen" mißverstanden wurden. Das paßt aber nicht, da doch in Mitteldeutschland angeblich nie Wandalen gesessen hatten (sondern nur in Schlesien und der unteren Weichsel). In seiner „Vita Karoli Magni" schreibt Einhard über die „Sclavis"[19]:

>*Sobald diese Aufstände unterdrückt worden waren, wurde den „Sclavis" der Krieg angesagt. Bei uns heißen sie gewöhnlich Wilzen, in ihrer eigenen Sprache nennt man sie aber richtiger Welataben.*<

Die Wilzen („Wolfsleute" bzw. „die Wilden") waren ein wendischer Stammesverband, der sich später „Liutizen-Bund" nannte. An anderer Stelle seiner „Vita Karoli Magni" schreibt Einhard[20]:

>*Karl eroberte (...) schließlich alle wilden Barbarenstämme, die in Germanien zwischen dem Rhein und der Weichsel, dem Ozean und der Donau wohnen und die fast alle dieselbe Sprache sprechen, die sich aber durch verschiedene Bräuche und Sitten voneinander unterscheiden – diese alle bändigte er so, daß sie zinspflichtig wurden. Die wichtigsten von ihnen sind die Welataben, Soraben, Abodriten und Boemanen; mit diesen mußte er Kriege führen. Die viel zahlreicheren anderen Stämme jedoch unterwarfen sich ihm freiwillig.*<

Hier werden doch angeblich „slawische" Stämme als Germanen bezeichnet und auf deren gemeinsame Sprache hingewiesen, die mit Sicherheit keine „slawische" Sprache war, da es diese in Germanien zu dieser Zeit noch gar nicht gab. Aber man könnte Einhard auch so deuten, daß fremde Stämme in Germanien lebten.

Der Chronist Adam von Bremen widerspricht in seiner um 1070 geschriebenen Gesta hammaburgensis eccl. (Hamburgischen Kirchengeschichte) der Deutung, daß nur der Name der Wandalen auf einen ganz anderen Stamm der „Slawen" übertragen wurde[21]:

>*Sclavanien also, eine sehr ausgedehnte Landschaft Germaniens, wird von den Winulern bewohnt, welche einst Wandalen hießen. Es soll zehnmal so groß sein wie unser Sachsen, zumal wenn man Böhmen und die jenseits der Oddara wohnenden Polanen, da sie weder im Äußern, noch in der Sprache von jenen sich unterscheiden, mit zu Sclavanien rechnet.*<

Und an anderer Stelle:

>*Sclavi qui olim dicti sunt Vandali.*<
(*„Die Sklaven, die früher Vandalen genannt wurden"*).

Adam von Bremen schrieb es auch ganz ähnlich in seinen 1075 erschienenen „Hildesheimer Annalen"[22]:

>*Sclavaniam amplissima provincia Germaniae liberae.*<
(*"Sklavanien ist die räumlich weitest ausgedehnte Provinz des freien Germaniens"*)

Sollte auch er sich geirrt haben? Er konnte doch jeden Wenden, der Bremen besuchte, direkt fragen. Adam schrieb die Geschichte der Hamburger Kirche, kannte sich also in der Region aus. Nur etwa 10 km östlich von Hamburg begann ja schon das Stammesgebiet der Wenden (Obodriten), und Adam starb im Jahre 1085, als Obodriten und Rugier noch heidnisch waren. Er hätte also einfach einen Wenden, die auch nach Hamburg kamen um Handel zu treiben, fragen können, woher sein Stamm kommt. Es ist wohl anzunehmen, daß die Wenden selbst das noch gewußt haben. Somit ist Adams Angabe, daß es Wandalen sind, sehr glaubwürdig. Bleibt also die Frage, wo die Wandalen, die wahrscheinlich einst aus Skandinavien gekommen waren, verblieben sind. Sie siedelten ja in Schlesien (der Wandalenunterstamm der Silesier gab Schlesien den Namen) und der unteren Weichsel, dem Fluß, der nach ihnen auch Vandalus genannt wurde. Sie sollen dann weit herumgezogen sein und schließlich in Nordafrika bei Karthago ein wandalisches Königreich gegründet haben. Ihre Heimat soll nach ihrem Wegzug menschenleer geworden sein und „slawische" Stämme wanderten ein und siedelten sich hier an. Man fragt sich, warum die Wandalen denn weggezogen sind, wenn andere dort ohne Probleme siedeln konnten. In Wahrheit ist es so gewesen, daß nur der Überschuß an

Menschen in eine ungewisse Zukunft fortzog, der Großteil des Stammes blieb natürlich zu Hause. So war es ja auch bei den Goten, als diese vom schwedischen Gotland aufbrachen – mit drei Schiffen, wie die Sage erzählt – und in der Danziger Bucht das Festland erreichten. Niemand gibt sein Haus und seine Heimat ohne Grund auf und zieht in eine ungewisse Fremde. Das belegt der Chronist Ammianus Marcellinus, und Procop schreibt im „Wandalenkrieg" sogar von einer Gesandtschaft der Wandalen aus ihren alten Sitzen zu den Wandalen nach Nordafrika[23]:

>*Als die Wandalen einst, von Hunger getrieben, ihr Heimatland verlassen wollten, blieb ein Teil von ihnen, der Godegisel nicht folgen wollte, in den alten Sitzen. Mit der Zeit hatten die Zurückgebliebenen reiche Ernten (...) Jene schickten daher Gesandte dorthin [nach Karthago], die bei Geiserich erklärten, sie freuten sich herzlich über die günstige Lage ihrer Brüder, seien aber nicht im Stande, das Land, das jene aufgegeben hätten, ihnen länger aufzuheben. Sie sprachen daher die Bitte aus, man möge ihnen diese Ländereien, wenn sie nun weiter keinen Wert darauf legten, umsonst überlassen, damit sie als unbestrittene Herren das Ganze als ihr Vaterland gegen jeden Angriff verteidigen könnten.*<

Diese zu Hause gebliebenen Wandalen wurden später von den von Osten vordringenden Hunnen bis nach Mitteldeutschland getrieben und sind hier bis heute geblieben. Der Name „Wandalen" wurde (über „Wendelen") zu „Wenden". Der Wechsel A zu E ist auch in der nordischen Runenreihe zu finden, wo die ar-Rune mit dem Laut A später den Laut E übernahm. Vielleicht ist „Vandalii" der lateinisch geschriebenen Primärquellen auch nur die lateinische Übersetzung des Stammesnamens der Wenden, wie im Salomonglossar. Die Wenden sind jedenfalls eindeutig keine „Slawen".

Daß das Gebiet der „Sclaveni" eigentlich Germanien ist, belegen auch die zeitgenössischen Chronisten, so der 1125 schreibende Cosmas von Prag in seiner Chronica Boemorum[24]:

>*Wenn auch in jenem nördlichen Gebiet zwischen Don und Occident allenthalben einzelne Gegenden einen besonderen Namen tragen, wird diese Region in ihrer Gesamtheit dennoch Germanien genannt.*<

Oder der 1171 schreibende Pfarrer Helmold von Bosau in seiner „Chronica Venedorum" (Chronik der Wenden, der Name wurde in späteren

Druckausgaben gefälscht in „Chronica Venedorum et Sclavorum" oder „Slawenchronik", die Originalhandschrift ist verschwunden)[25]:

>*Wo also Polen endet, kommt man zu einem sehr ausgedehnten sclavischen Lande, nämlich zu denen, die vor alters Vandalen, jetzt aber Wenden oder Winuler genannt werden. Die ersten derselben sind die Pommern.*<

Die Chronik des Helmold ist nicht in der Originalhandschrift von 1210 erhalten, sondern nur in viel jüngeren (und ergänzten) Abschriften[26]. Eine der ersten Nennungen des Wortes „Slawen" ohne das „c" finden wir in einer der Helmold-Abschriften aus der Zeit um 1520/21, wo gegenreformatorische Zielsetzungen Roms nun den kirchenlateinischen Schimpfwortsbegriff für die Heiden (Sclavi) in einen ethnologischen nationalen Scheinbegriff ummodelten. Die „Handschrift" Helmolds (Add. 50 fol.) der Königlichen Bibilothek Kopenhagens ist also kein Original[27] (siehe dazu das Kapitel 14 „Fälschungen").

Auch die russische Nestor-Chronik aus dem 12. Jh. hat „Sclauonier", die Schreibung mit dem C.

Die alten Wandalen als Germanen waren übrigens auch Wikinger; es ist falsch, nur Dänen, Norweger, Isländer und Schweden als Wikinger zu betrachten. In der Hákonar Saga góda in der Heimskringla (nach 1220 verfaßt, aber ältere Vorlagen) gibt es folgendes Zitat[28]:

>*Darauf fuhr König Hákon an der Küste von Schonen entlang und heerte überall. Er ließ sich überall Strafgelder und Abgaben aus dem Lande zahlen und schlug alle Wikinger tot, die er fand, Dänen wie Wenden. Dann fuhr er ostwärts weiter vor Götland und heerte auch dort (...)*<

Hier sind doch eindeutig Wenden als Wikinger bezeichnet.

Im Dom zu Posen befindet sich der Sarkophag des Miseko oder Mesiko („mischen", weil er viele Geschlechter vereinigte). Dieser Herzog von Kujawien (dux Cujavi) trägt in den nordischen Sagen den Namen Dagome oder Burisleif, unterschrieb seine Urkunden mit „Dago" und lebte von 922-992. Beim Chronisten Ibrahim ibn Ya'qub wird er erstmalig auch „Mieszko" genannt. Der Sarkophag trägt die Inschrift[29]:

>*Regnum Sclavorum, Gothorum sive Polonorum.*<
(„Königreich der Sclavenen, Goten oder Polanen").

Hier werden die Polen also mit den Goten gleichgesetzt und als Sklaven (Heiden) bezeichnet. Demgegenüber trugen schwedische Könige Titel, die auf die Wandalen hinweisen. 1654 wird Carolus Gustav als „Suecorum, Gothorum, Vandalorumque reges" (= König der Schweden, Goten und Vandalen) bezeichnet, in Reval wurden Münzen mit demselben Titel geprägt[30]. Die mecklenburgischen Herzöge führten den Titel „Princeps Vandalorum" oder „Fürsten der Wenden", die Pommernherzöge waren „Slavie dux" oder „de Wende hertoge". Als der dänische König Knut Laward 1128 vom deutschen König Lothar von Supplinburg zum König der Wenden gekrönt wurde, lautete der Titel in lateinisch „rex Vandalorum". Und selbst Wallenstein nannte sich „Princeps Wandalorum". Diese Herrschertitel waren rechtlich wirksame Titel und sind keine Hirngespinste unwissender Chronisten.

Die polnischen Geschichtswerke, wie etwa die Chronica Polonorum des Vincentius Kadlubek, bieten Varianten der Erzählung, die die Polen von den Wandalen abstammen läßt. Noch im Geschichtswerk des Jan Dlugosz aus dem 15. Jahrhundert findet sich der Satz:

>*Vandali, qui nunc Poloni dicuntur.*<
(„Die Vandalen, die nun Polen genannt werden").

Ähnlich lautet das niederländische Chronicon Vedastinum aus dem zehnten Jahrhundert:

>*Vandalos, quos nunc appellant Guénedos.*<
(„Die Vandalen, die man jetzt Wenden nennt").

Auch der Verfasser einer hochmittelalterlichen Enzyklopädie, Gottfried von Viterbo, erwähnte die Wandalen in seiner Erzählung von den gotischen Königen des fünften und sechsten Jahrhunderts:

>*Guandali dicuntur Sclavi in Latino, in lingua vero Theotonica vocantur Guinidi.*<
(„Die Vandalen, die man Sklaven im Lateinischen nennt, werden in deutscher Sprache Wenden geheißen.")

Alle diese Chronisten setzen Wenden und Winuler mit den germanischen Wandalen gleich, und auch in den jüngeren Quellen ist das nicht anders gewesen, z. B. bei Sebastian Münzer[31] (1544), wobei seine Quelle Nicolaus Marschalk (um 1460-1525) gewesen ist:

>*Vandalen, wo man jetzt Wenden nennt, haben vorzeitig gewohnt bei dem Mittnächtigen Meer und sind ganz mächtig gewesen, aber nachmals sind sie von den Sachsen gedempt worden und zu einem guten Teil hinder sich vom Meer getrieben, wie sie dann noch ein Ländlein innehaben - und die Wenden genannt werden.*<

Und in der Ausgabe der „Cosmographia Universalis" aus dem Jahr 1588:

>*Sclaui und Sclauini sind die Böhmen/ Wenden, Lausitzer – sie haben auch Wilzi geheißen – Vuini sind die Pommern, Vinuli sind die Preußen, Obotriti die Mecklenburger, Vuagri die Holsteiner, Sorabi die Wenden an der Elbe oder Thüringen.*<

Und Albert Crantz nennt sein 1519 entstandenes Werk gleich „Wandaliae Crantzii oder Wendischer Geschichte Beschreibung" (siehe Titelabbildung) und setzt an so prominenter Stelle im Titel die Wenden und Wandalen gleich, aber auch im Text schreibt er entsprechendes[32]:

>*Warum wolte man sich aber des Wendischen ursprungs schemen / da doch dieser völcker vorfahren so mechtige thaten in Franckreich / Hispanien un Africa verrichtet (...) Auch hieraus fühlen wir uns berechtigt, daß wir von Polen, Böhmen, Dalmatinern und Istrien als einem Volke lehren, welches unsere Vorfahren Sclavones, die Alten mit dem eigentlichen Namen Wandalen genannt haben (...) Sclavi werden von Saxo genannt, die vorher Wandalen hießen (...) / ihr nahmen Hebraisch.*<

Und in der Vorrede kann man bei ihm lesen:

>*Diß habe ich zur anzeig, daß die Böhmen, Polen, Dalmatier und Histrier ein Volck seyen, welche die unsrigen Sclaven, die alten aber Wandalos geheissen.*<

Und an anderer Stelle, nämlich im Vorwort, schreibt Crantz[33]:

>*Wandalen sind, welche wir jetzt aufzählen werden: Russi, Poloni, Bohoemi, Dalmatae, Croaci [Kroaten], ein Volk, wie ich lehren werde.*<

Im 17. Jh. schrieb Johann Adolfi (Neocorus) seine Chronik des Landes

Des Fürtrefflichen Hochgelahrten Herrn

WANDALIA
Oder:
Beschreibung Wendischer Geschicht/
Darinnen der Wenden eigentlicher
Ursprung/ mancherley Völcker/ vnd vielfaltige Verwandlungen/ sampt dero vollbrachten großmechtigen Thaten/ vnd was sie
entweder vor Reiche angerichtet/ oder auch zerstöret,

Darauß/ was so wol in diesen Nächst: als auch Weitabgelegenen
Königreichen / Fürstenthumben vnd Herrschafftten/ Wendischer vnd anderer
Nationen in Dennemarcken/ Schweden/ Polen/ Ungarn/ Böhenien/ Oesterreich/ Mähren/
Schlesien/Brandenburg/ Preussen/Reussen/Liefland/ Pommern/ Mecklenburg/
Holstein/ rc. vber die tausent vnd mehr Jahr hero gedenckwirdiges
sich zugetragen vnd verlauffen

Was auch für Regenten/ Keyser/Könige/Chur: vnd Fürsten/jederzeit
gelebet/ vnd was jeglicher lobwirdiges gehandelt:

Welcher gestalt auch sonderlich/ die dieser Orthes belegene Österlichen
vnd Wendischen Städte/ Lübeck/ Hamburg/ Rostock/ Wißmar/ Stralsund vnd Lüneburg/zu gedeyen vnd auffnemen gestiegen/vnd was sie dagegen für Ungefälle vnd
Anstöß erstanden/ vberflüssig zuersehen/ gründlich vnd vmbständig
gemeldet wird.

Allen der Historischen Warheit beyhaben/ erhjus vom Authore
in Latein vorfertiget:

Nun aber denen/ so derselben Sprach vnerfahren/in Hochteutsch
transferiret vnd vbersetzet/
Durch
M. STEPHANUM MACROPUM
vom Andreaßberge.

Lübeck /
In verlegung Johan Junge Buchhendler daselbst.
Im Jahr Christi 1656.

Abb. 4: Titel der „Wandalia Oder Beschreibung Wendischer Geschicht" von 1656.

Dithmarschen und erklärte darin, daß die norddänische Region „Vendsyssel" mit den Wandalen in Zusammenhang steht. Nach einer Theorie waren die Wandalen aus Südnorwegen gekommen und nach Dänemark übergesetzt, wo sie sich in dieser Provinz niederließen und ihr den Namen gaben, der sich – genau wie ihr Stammesname – mit der Zeit zu „Vendsyssel" (statt „Vandalensitz") entwickelte:

>*Den unlochbar, dat dat Norderdeel Juttlandes in negen Provintzen edder Vogdien underscheiden, unde gedehlet, als Wendesißel Vandalia, Himmersißel Cimmeria, dar Wiburg in ligt, Obesißel Obetria, dar Ahrhusen in, Heersißel Herulia, Umbricia, Salingia, Varinia Avarinia, Lorinia, Istalia, nemlich darumme, sintemall de Wandalen, Cimmeren, Obotriten, Herulen (...)*<

Die Wandalen sollen also aus Skandinavien gekommen sein und dann nach Dänemark übergesetzt, wo es noch heute „Vendsyssel" und nicht „Vandalensyssel" heißt (obwohl der Stamm damals wohl noch „Wandalen" hieß). Jan De Vries schreibt[34]:

>*Auf die Streitfrage, ob die Wandalen aus Nordjütland (Vendsyssel) oder aus der schwedischen Landschaft Vendel fortgezogen sind, dürfte das Runenlied auch Antwort geben können. Die Ostdänen kommen selbst aus Südschweden her und werden also diese Ing-Überlieferung von ihren schwedischen Nachbarn kennen gelernt haben.*<

Der Wandalenzug ging dann weiter nach Westpreußen, Schlesien, von dort zogen nur Teile nach Pannonien, über die Alpen und nach Gallien und Spanien (daher Andalusien = Wandalusien) bis nach Nordafrika.

Zuletzt sei die sog. „Lauremburgsche Karte", Amsterdam, 17. Jh. erwähnt:

>*Es ist vor alten Zeiten ein Teil des Königreichs der Wenden gewesen und erstreckt sich längs dem Mare Balthico, oder dem Balthischen Meer, gränzet gegen Orient mit Pommern, gegen Occident beschleust es die Elbe, gegen Mittag liegt es an der Marck Brandenburg und gegen Mitternacht am Balthischen Meer. Die ersten Inwohner dieses Landes werden in den Historien Herili, Obotritae und mit einem Namen Vandali oder Wenden gennenet. Das Land ist mit schönen wohlbebauten und voelckreichen Stätten gezieret.*<

Mecklenburg und Pommern wurden im Mittelalter „Slawien" oder „Wenden", in lateinischen Quellen aber „Vandalorum ducatus" oder „ducatus

Vandaliae" genannt, die älteste Pommernkarte hat „Vandalia" als Bezeichnung des Landes.

Diese verschiedenen Quellen, die man noch um einge ähnliche erweitern könnte, kann man nicht alle handstreichartig für „falsch" erklären, es sind eindeutige Fakten. Die Wahrscheinlichkeit, daß alle diese verschiedenen Zeitgenossen und Chronisten sich ausgerechnet an der selben Stelle geirrt haben sollten, ist mathematisch betrachtet gleich Null.

Als ich vor über 30 Jahren die Theorie, daß es keine „Slawen" gibt, einer Untermieterin aus Kroatien (damals noch Jugoslavien) erzählte, war sie in keiner Weise erstaunt, sondern sagte mir, daß sie in der Schule gelernt hat, daß die Kroaten von den Goten abstammen. 1941 sagte der Staatschef des damals unabhängig gewordenen Kroatiens Ante Pavelic dem deutschen Feldmarschall von Weichs, „daß die Kroaten keine Slawen, sondern Ostgoten seien, die sich durch Zufall eine slawische Sprache zugelegt hätten". In deutschen Schulen werden die Kroaten als „Slawen", in kroatischen Schulen aber als „Goten" bezeichnet. Dieser Widerspruch ist offenbar auch noch niemandem aufgefallen.

3.
Sprache

Der einzige Grund, warum die Identität der „Slawen" mit den Wandalen und anderen germ. Stämmen in der Neuzeit überhaupt bezweifelt wurde und wird, ist die Sprache. Und daß diese Sprache baltische, germanische, persische und griechische Bestandteile hat, dazu Veränderungen späterer Zeit hinzukamen ist Tatsache. Je nachdem, welche Bestandteile man für alt und welche für später adaptiert hält, hält man die „Sclaveni" für ein eigenes Volk oder für Ostgermanen bzw. Ostwandalen.

Die Wissenschaft spricht von „Centum-" und „Satem"-Sprachen und unterscheidet damit germanische und „slawische" Sprachen. Diese Einteilung war willkürlich und ist heute überholt.

Welche Sprache haben die Wenden gesprochen? Otto Krause schreibt[35]:

>*Im großen Weichselbogen von der Ostsee bis zu den Quellen der Oder und Weichsel lebten germanische Volksstämme, bei denen die gotische Sprachform vorherrschte.*<

Im Jahre 863 hatte der byzantinische Kaiser Michael die Söhne eines seiner Beamten in Thessaloniki (Macedonien) beauftragt, eine „Missionssprache" zu schaffen. Damit wollte der Kaiser, der zugleich Herr der griechisch-orthodoxen Kirche war, seinen Einflußbereich von dem der römisch-katholischen Gemeinden durch Schaffung einer künstlichen Sprachgrenze abtrennen. Cyrill, der eigentlich Constantin hieß, und Metod hatten zuvor im Reich der Chasaren, die den jüdischen Glauben hatten, missioniert, nun kamen sie in das großmährische Reich unter dem christlichen Fürsten Ratislav.
Cyrill und Metod begründeten einen Ritus für die Sclaveni, der noch 867 bei einem Besuch der beiden in Rom vom Papst gebilligt wurde. Sie schufen um 860 die glagolitische Schrift und die kirchenslawische Sprache für ihre Mission in Mähren und Pannonien. In Bulgarien wurde schließlich im

9. Jh. aus der glagolitischen Schrift und den griechischen Zeichen das kyrillische Alphabet geschaffen.

Otto Krause schreibt weiter[36]:

>*Griechische Mönche wurden beauftragt, für die Böhmen oder Tschechen und Polanen-Polen eine gemeinsame Kirchensprache zu schaffen. Nach 1200 setzte sich langsam diese neue Sprache erst im Gottesdienst, dann allgemein fort.*<

Nun gab es aber in Mähren und Pannonien auch deutsche Missionare katholischen Glaubens, die diesen Ritus ablehnten. Wegen der kyrillisch-griechischen Buchstaben und dieser nichtlateinischen Kunstsprache, die auch in Böhmen verbreitet werden sollte, trat schließlich der römische Papst Hadrian II. auf den Plan und stellte sich gegen die Missionierungsversuche von Byzanz. Nach dem Tode Cyrills wurde Metod daher vor eine Bayerische Synode geladen, dortselbst beschimpft und für zwei Jahre in ein Kloster gesperrt. In Mähren wurde der Ritus im Jahre 885 unterdrückt, doch die sog. Ost- und Südslawen behielten ihn bei und er wurde zum Fundament ihres Glaubens.

Die Mönche Cyrill und Metod (9. Jh.) blieben zwar in Böhmen und Mähren relativ erfolglos, doch folgten ihnen andere und verbreiteten diese künstlich zusammengestellte Sprache. Kantemir schrieb 1771[37]:

>*Erst Theoctistus, Diakonus des Marcus von Ephesus, von Geburt ein Bulgar, hat (um 1570), um den Sauerteig der Lateiner aus der Moldauischen Kirche auszurotten, und den jungen Leuten die Gelegenheit zu benehmen, die Trugschlüsse der Lateiner zu lesen, Alexander dem Guten gerathen, nicht nur die Leute, welche in der Religion anderer Meinung waren, sondern auch die lateinischen Buchstaben aus seinem Fürstentum zu vertreiben, und die Slavonischen an ihre Stelle zu setzen. Durch diesen allzu großen und unzeitigen Eifer ist er der erste Urheber von der Barbarey geworden, in welcher nun die Moldau steckt. Da aber die slawonischen Buchstaben zu der Aussprache teils aus der lateinischen verdorben, teils aus den Sprachen der benachbarten Völker angenommen hat, nicht hinreichend waren, so mußten noch einige neue Buchstaben erfunden werden; daher ist es gekommen, daß die moldauische Sprache hernach eine so große Anzahl von Buchstaben bekommen, als sonst keine andere europäische hat. Man zählt derselben heutigen Tages (1771) nebst einigen prosodischen und orthographischen Zeichen 47. – Der Moldauer große Buchstaben sind ebenso wie der Griechen und Slavonier ihre.*<

Bulgarische Glagolitenmönche bewegten auch den Wikingerfürsten Waldemar von Känugard (980 – 1015) dazu, im Kiewer Reich die Kunstsprache als Kirchensprache einzuführen, die zu Rußlands neuer Volkssprache werden sollte.

Diese neue Sprache wurde ab 1040 im Kiewer Reich zwangsweise zur Amtssprache erhoben. Die Russen haben noch heute 16 griechische Zeichen unverändert in ihrem nach Constantin Cyrill, dem Schöpfer der glagolitischen Schrift, benannten „cyrillischen" Alphabet. Deswegen kann dieses Sprachgemisch natürlich Unregelmäßigkeiten aufweisen, ja es wäre nachgerade merkwürdig, hätte es diese nicht. Selbst Johann Gottfried Herder schrieb in „Ursprung der Sprache"[38]:

>*Die Kirchensprache der russischen Nation ist meistens Griechisch.*<

Tatsächlich finden sich – bedingt durch die Herkunft der Mission von Byzanz – im „Slawischen" noch heute viele griechischstämmige Wörter.

Im Misekoreich, das ab 1200 Polen genannt wurde, wurde die polnische Version der Kunstsprache um 1340 in Krakau als Amtssprache bestimmt. Sprachdenkmäler in Polnisch gibt es erst seit dieser Zeit. W. Söhngen führt über das Aufkommen der neuen Sprache in Polen aus[39]:

>*Durch Einührung der Kirchensprache, das Glagolitische, welche in den Klöstern und auch in der Kirche gepflegt wurde, entwickelte sich langsam die polnische Umgangssprache.*<

Und Prof. Walter Steller schrieb[40]:

>*Erst nachdem dieses Sprachgebiet (...) womit das früher sclavania genannte Ostelbien gemeint ist, durch das Kirchenslawische beeinflußt wird, entsteht die „slawische" Variante der polnischen Sprache. Ähnliches gilt für die Entstehung des Tschechischen, des Slowakischen, des Sorbischen, wobei eine gegenseitige Beeinflussung und Abhängigkeit voneinander anzumerken ist.*<

Aus Polen gibt es Zeugnisse, daß dort die „slawische" Sprache („sclavica lingua") mit Erlassen und Verboten der bisherigen Sprache eingeführt wurde. Deswegen bleiben die Polen aber Ostgermanen. Die Forscher rühren an diesen Dingen nicht, sondern unterteilen die Völker weiterhin nach ihren Sprachen. Otto Krause schrieb dazu[41]:

>*Die polnische Sprache ist eine von griechischen Mönchen um 1000 künstlich zusammengestellte Kirchensprache, öffentliche Landessprache erst um 1350. Die polnische Sprache wurde von Mönchen geschaffen, und zwar aus vielen germanischen Begriffen.*<

Nach Franz Wolf[42] sind die meisten Grundworte der polnischen Sprache dem Germanischen entstammt, aber wurden später durch Buchstabenumstellung usw. verfremdet.

In Polen wurde aber noch unter König Jagel (Jagiello) weder im amtlichen Verkehr noch in der Literatur die polnische Sprache gebraucht; 1501 bei Johann von Ostrorog heißt es:

>*Wer in Polen leben will, soll polnisch lernen!*<

Im 16. Jh. wird die Bevölkerung mit allen Mitteln der Gewalt, mit Enteignung des Besitzes, Vertreibung und Mord gezwungen, die polnisch-kirchenslawische Sprache anzunehmen. Dennoch lassen viele polnische Worte noch die ursprüngliche germanische Herkunft erkennen. Daß die Polen zuvor eine germanische Sprache gesprochen haben, belegte ja Procop, der von der gleichen Sprache der „Sclaven" und der germ. Anten schrieb. Diese Sprache war wohl ein goto-nordisch. Östlich der Oder erstreckte sich das Misekoreich der Piasten, dessen erster Herrscher der Dogo (richtig wohl: „Dago") aus der Sippe der Daglinger (von Doglingar in Vestmarr, Norwegen) war. Obwohl Dogo Urkunden mit dem Namen „Dogo" unterzeichnete, wird sein Name Miseko (handschriftlich auch „Meschonem") zu Miezko oder Mieczlaw slawisiert. Dieses Reich besaß auch Litauen, was die baltischen Einflüsse in der Sprache erklärt.
Erst Ende des 12. Jh. war die neue Kunstsprache im jetzt Polen genannten Reich stärker verbreitet und das goto-nordische verdrängt.

Im Gebiet der Sorben wurde von zwei Seiten missioniert, so daß wir polnische und czechische Einflüsse finden. Sorbisch ist daher ein Gemisch von Althochdeutsch, Mittelhochdeutsch, Czechisch und Polnisch. Aus diesen Gründen wird die sorbische Sprache von der Sprachwissenschaft und namentlich der Slawistik als von den „slawischen" Neuzeitsprachen ausgeschieden betrachtet. Diese Sprache ist also eine mit Hilfe von Metathesen, Buchstaben- und Silbenumstellungen, Zwielautbildung und Lautzeichensetzung verderbte wendische Sorbensprache (Dialektum Sorabicum), die von den römisch-katholischen Deutschen als absichtlich eingeführte, gegen Rom gerichtete Kunstsprache abgelehnt und durch verschiedene Erlasse verboten wurde:

1293 erließ Graf Bernhard v. Anhalt-Bernburg ein Verbot,
1327 erließ Markgraf Friedrich II. der Ernsthafte ein Verbot in Altenburg, Leipzig und Zwickau,
1329 gab es ein Verbot im Pleißnerland,
1424 ist ein Verbot aus Meißen überliefert.

Es war also bekannt, daß es eine Veränderung der wendischen Sprache war, denn die unveränderten wendischen Dialekte der Pomeranen, Ranen/Rugier, Warnen, Wilzen, Daleminser oder Heveller wurden nie verboten. Dennoch konnten sich im Spreewald mit seinen vielen unzugänglichen Inseln diese Kunstsprache und viele germanische Bräuche bis heute erhalten.

In Österreich wird die Sprache der Slowenen noch heute „windisch", d. h. „wendisch", nicht „slawisch" genannt.

Während Sprachen wie Deutsch, Englisch, Schottisch und Irisch einen noch heute feststellbaren gemeinsamen Ursprung haben, zählt man Czechisch, Polnisch und Russisch sprachwissenschaftlich zu den Kunstsprachen. Diese drei Sprachen gründen sich auf germanische Sprachsubstrate, denen eine neue Sprache aufgepflanzt wurde[43]. Die Brüder Cyrill und Metod schufen unter Verwendung des wendisch-germanisch-gotischen Dialekts und daraus stammender Stamm- und Lehnwörter eine verfremdete Sprachfassung. Zuerst übersetzten die Brüder Bibeltexte, Psalter und Gebete in ihre kirchenslawische Kunstsprache. Der Name „Glagolica" ist altgriechisch und bedeutet „Milch der reinen Denkungsart".

Altkirchenslawisch bzw. Altbulgarisch war die Sprache einer kleinen Gruppe von macedonisch-bulgarischen Handschriften die aus dem 10. und 11. Jh. stammen. Die künstlich geschaffenen Schreibweisen für Altrussisch, Altbulgarisch und Altserbisch fußen auf den Volkssprachen dieser Völker, doch seit der Schaffung der Schriftform spricht man hier von „Kirchenslawisch" und meint den „slawischen" Kult. Die heutigen cyrillischen Zeichen beinhalten griechische Buchstaben und sind somit eine Weiterentwicklung des Griechischen. Die Missionare der Ostkirche, die im „Slawengebiet" missionierten, brachten die oströmische Sprache mit; „Kirchenslawisch" bzw. „Glagolitisch" mit griechischen Resten verbreiteten sie im Missionierungsgebiet; die Sprache selbst hat natürlich auch ihre Geschichte und diese neue Sprache vermengte sich mit der vorhandenen und später nahm sie auch noch durch die Hanse viele deutsche Wörter auf.

Die „Slawischen" Sprachen sind Liturgiesprachen mit vielen diskreten Zischlauten, also für die Liturgie der Ostkirche entwickelt. Aber ostgermanische Reste sind natürlich überall noch reichlich vorhanden, auch wenn slawophile Forscher alles tun, das zu leugnen. Die Balten unterlagen gleichfalls dem Missionierungsversuch und von daher ist deren Sprache auch teilweise mit in die Missionierungssprache eingeflossen.
Die Missionare führten so starke Veränderungen ein, daß es wie eine andere Sprache wirkte. Über diese Kirchensprache schrieb der Literaturhistoriker J. Karasek[44]:

>*Diese kirchenslawische Sprache diente den orthodoxen Slawen einerseits zum Heil, andererseits zum Unglücke. Sie hatte nämlich den Vorteil, daß die in ihr niedergelegten Geistesprodukte sofort allen verwandten Literaturen zugänglich wurden, diese also um Jahrhunderte früher auftaten als die Nordslawen, welche unter dem Einfluss der abendländischen Kultur standen, wie die Polen. Zum Unheil wurde sie ihnen aber, da diese künstliche Sprache, deren sich besonders die Mönche und Priester zum Schreiben bedienten, wie eine starre Schneedecke auf der Literatur lag und das Wachtum, der aus rein nationalen Boden entsprießenden Poesie verhinderte.*<

Als diese Sprache auch in Rumänien eingeführt werden und damit die dacisch-lateinische Sprache verdrängt werden sollte, versuchten die Rumänen, dies zu verhindern, so der Metropolit Putneanul, der Vorsteher des Klosters Putna. Er blieb am Ende siegreich über die aufgezwungene künstliche kirchenslawische Sprache. Die rumänischen Mönche konnten nicht mehr in rumänisch singen und die Gläubigen verstanden rein gar nichts vom Gottesdienst, durchgeführt in griechischer oder slawischer Sprache. Die Proteste gegen diese Sprache waren nicht wenige und die Auflehnung dagegen nicht selten.

Eine neue Sprache zu verbreiten ist mühevoll und aufwendig, und man muß sich fragen, warum so ein Aufwand betrieben worden sein soll. Dazu muß man sich in die Denkwelt der Kirchen hineinversetzen. In der Bibel ist die Geschichte vom „Turmbau zu Babel" enthalten. Die Menschheit wurde so anmaßend, einen Turm bauen zu wollen, der bis in den Himmel reicht. Das gefiel Gott gar nicht, und er ließ den Turm einstürzen und verwirrte die Sprachen der Völker. Menschen, die sich zuvor gut miteinander verständigen konnten, sprachen nun unterschiedliche Sprachen und konnten sich nicht mehr verstehen.

Die Zeit, in der alle Menschen und Völker dieselbe Sprache redeten, die auch die Sprache des Paradieses und Gottes war, war also eine besondere Zeit und es war nun das Bestreben der Kirchen, diese Zeit wenigstens in ihrem jeweiligen Einflußbereich wieder herzustellen. Auch warer erst damit die Verständigung der Kirchenvertreter untereinander und eine einheitliche Liturgie möglich. Die römisch-katholische Kirche (Westrom) hatte seit alten Zeiten das Latein des Römischen Reiches und verwendete dieses sowohl als Sprache der Liturgie, als auch als Amtssprache. Die byzantinische Kirche (Ostrom) hatte das Griechische. In den Regionen, wo die beiden Kirchen missionierten, versuchten sie immer auch, ihre jeweilige Sprache zu verbreiten. So wurde das zum „Slawischen" weiterentwickelte Griechisch-Ostgermanisch der Ostkirche über den Balkan bis nach Osteuropa verbreitet.
Nun sind Sprachen aber laufend im Wandel, so auch das Latein der Westkirche und das Griechische der Ostkirche. Das Latein entwickelte sich zum heutigen Italienisch, Französisch oder Spanisch, das künstlich veränderte Griechische wurde zum Kirchenslawischen und zum Russischen, Polnischen oder Czechischen umgestaltet.

Die Franzosen gehören von ihrer Sprache her zu den „Romanen". Dennoch sind sie in Wirklichkeit Gallier (Kelten), lediglich wurde ihre Sprache durch das Latein der römischen Besatzungsmacht ziemlich verdrängt. Von der Sprache auf eine stammesmäßige Unterschiedlichkeit zu schließen ist also sehr fraglich.

Die Sprache der Römer hat in Frankreich das Gallische, die dort zuvor gesprochene Sprache fast ganz verdrängt, und das Griechische-Kirchenslawische verdrängte die ursprünglichen ostgermanischen Dialekte. Daß in Deutschland eine germanische Sprache erhalten blieb, verdanken wir allein Hermann dem Cherusker (Arminius), denn ohne ihn hätten die Römer das Land besetzt und auch bei uns ihr Latein verbreitet.

Albert Crantz schreibt in seiner „Wandalia" (1519)[45]:

>*Als allersicherstem Argument für ein Volk folgen sie der Sprache, welche bei den Russen (jedenfalls dem Großteil dieses Volkes), den Polen, den Boehmen, den Dalmatinern, den Istriern und Wandalen eine (einheitliche) ist, gewiß mit Varianten, welche im Verlauf der Zeit und durch Entfernung der Gebiete anfallen; solche Verschiedenheiten nehmen wir in Italien und Teutonien an einer Sprache wahr, obgleich die Vokabeln für die Dinge selbst überall ein- und dieselben sind.*<

Somit gibt es unterschiedliche Theorien, was die Sprache betrifft: Eine einfache Weiterentwicklung des Ostgermanischen (goto-nordisch) oder Ostgermanisch mit griechisch-byzantinischem Einfluß oder eine neue Kunstsprache aus griechisch-bulgarischen Bestandteilen und einigen ostgermanischen Resten.
Prof. Helmut Schröcke geht von einem weiterentwickelten Ostgermanisch aus, er schreibt[46]:

>*Daraus folgt, daß die germanischen Fremdwörter der älteren Gruppe Stender-Petersens in den „slawischen" Sprachen keine Fremdwörter sind, sondern die germanische Abstammung der ostvandalischen Lingua Sclavinia bezeugen.*<

Hier einige polnische Wörter, die ihre nahe Verwandtschaft zu den entsprechenden deutschen Wörtern noch deutlich erkennen lassen:

Falszowac = fälschen,
Fartuch = Schürze,
Garbarz = Gerber,
Glas = Glas,
Glattki = glatt,
Krotki = kurz,
Malarz = Maler,
Mur = Mauer,
Ratusz = Rathaus,
Slusarz = Schlosser,
Urlop = Urlaub,
Warsztat = Werkstätte.

Eingewendet wurde, das seien Entlehnungen aus dem Deutschen, aus der Zeit der Hanse oder des Dt. Ordens. Ich kann mir aber nicht vorstellen, daß die Polen das deutsche Wort „Gerber" entlehnen mußten, da die Ledergerbung dort bereits Jahrtausende bekannt war und also eigene Bezeichnungen vorhanden und gebraucht worden sein müßten.

Auch zwischen der russischen und deutschen Sprache gibt es heute noch viele Ähnlichkeiten:

Fakel = Fackel,
Fant = Pfand,
Ludi = Leute,
Marka = Marke,
Schachta = Schacht,
Schtollenja = Stollen,
Schtreck = Strecke,
Woda = Wasser.

Auch wenn wir wendische (sorbische) Wörter mit deutschen vergleichen, dann fällt die Ähnlichkeit auf:

bordo = Bucht (vgl. Bord),
bratr = Bruder,
briw = Brief,
buk = Buche,
budy = Haus (vgl. Bude),
dam = Knüppeldamm,
dom = Haus,
druhi = Fremder (vgl. von draußen),
drutti = Auswärtiges,
ezzo, izzo = jetzt (itzt),
frouwa = Edelfrau,
gusni = Gans,
hammyr = Hammer,
heitha = Heide,
herto = Heerführer (Herzog),
horda = aufstellen (Hürde),
hospydar = Wirt (vgl. Hospitz),
izat = immer,
kana = Kanne,
karra = Wagen (vgl. Karre),

knes = Herr,
kolkor = Pfahlbau (vgl. Spandauer Kolk),
kosa = Haut,
kosula = Hemd,
kosy = küssen (kosen),
kozt = Kost,
lenuß = legen,
lisas = lecken,
lubo = lieben (vgl. liob),
lutki = klein (vgl. lütt, little),
mied = Honig (vgl. Met),
mischtiar = Meister,
moi = mein,
molko, moloko = Milch (vgl. Molke, melken),
molowa = mahlen, zermahlen,
morio = Meer,
moz = Krach, Lärm (vgl. motzen),
muka = Mücke, Fliege,
mysis = mischen,
nebio = Nebel,
nida = abwesend (nicht da),
oko = Auge (berlinisch Ooge),
osno = unser,
pan = Edelmann (griechische Anrede „Herr"),
paniu = Gefolgschaft (Kompanie),
pastyr = Hirte (vgl. Pastor),
pekar = Bäcker,
potkow = Hufeisen,
pusa = Lunge (vgl. pusten),
rieba = Leiter („Rippengestänge"),
rowol = Aufruhr (vgl. Revolte),
slat = Schlacht,
semelan = Säeland, Ackerland,
semia = Erde (baltische Göttin Semina, Saat),
semna = Bäuerin,
semno = Bauer, Ackerbürger (vgl. Semnonen),
sneti = geschnittene Ernte,
starik = alt (stark),
stopa = Fußstapfe,

supan = Dorfsprecher (Schulze),
supanie = Dorfgemeinschaft,
ubiza = ausgelaufen,
vlomio = Flamme,
wiki = Markt (vgl. wiek),
zubiza = zugelaufen.

Das Wort „Pan" ist ein griechisches Wort mit der Bedeutung „Herr" (Anrede des Gottes Pan), es kommt als „Pane" bzw. „Panje" auch weiblich vor (neben „Matka" = Mutter). Das Wort ist noch heute allgemeine Anrede z. B. in der Czechei und ist ein Beweis für den griechischen Einfluß im „Slawischen".

Der Bischof Wulfila schuf um 350 u. Zt. mit seiner Bibelübersetzung ins Gotische das sog. „Bibelgotisch", das dem tatsächlich gesprochenen Gotisch nicht voll entspricht. Das tatsächliche Gotisch ähnelt dem Bibelgotisch und dem späteren „Slawisch". Aber auch das Bibelgotisch ist Germanisch, wie einige Wörter zeigen:

heim = Heim,
ik = ich,
kaupen = kaufen,
rodjan = roden,
spinnan = spinnen,
stul = Stuhl.

Letztendlich ist die Frage nach der Sprache gar nicht entscheidend: Ob Ostgermanen eine völlig frei erfundene oder eine schon vorhandene, aus dem Süden entlehnte Sprache bekamen, oder nach wie vor ihre Sprache behielten, mit einzelnen fremden Bestandteilen, ändert nichts an der Tatsache, daß es Ostgermanen bleiben. Das ist das Entscheidende.

Die ganze Geschichte von einem fremden Volk ist allein an der Sprache festgemacht, und das ist sehr willkürlich, da alle angeblichen „slawischen" Namen genausogut germanisch übersetzt werden können. Die Behauptung, die bis zum 6. Jh. hier eingewanderten Wenden hätten schon zuvor, also immer „slawisch" gesprochen, ist durch nichts beweisbar: Quellenzeugnisse vor dem 13. Jh. dieser Sprache z. B. in Böhmen und Mähren fehlen gänzlich. Der älteste Text im russischen Kirchenslawisch ist das Ostromir-Evangelium von 1056.

Natürlich hat auch die hier eingeführte Sprache ihre Geschichte, als sie auf dem Balkan aus dem Griechischen entwickelt wurde. Deswegen kann man verschiedene Untersuchungen anstellen und „urslawische" Wörter rekonstruieren, schließlich gehört auch das Griechische zu den indogermanischen Sprachen. Die Tatsache, daß jedes „slawische" Wort über das Kirchenslawische und Griechische eine indogermanische Herkunft hat, bedeutet nicht, daß es deswegen von unseren Vorfahren in Mittel- und Osteuropa vor dem 13. Jh. gekannt oder gar gesprochen wurde.

Wenn es „Slawen" mit einer „slawischen" Sprache schon immer gab, warum findet sich dann in keiner Quelle unseres Raumes bis etwa zum 13. Jh. (wobei Cyril und Metods erfolgloses Wirken in Böhmen natürlich ausgenommen werden muß) kein einziger Beleg dafür? Nicht ein Wort, nicht ein Name, nicht ein kurzes Zitat? Tacitus schrieb auf Latein über Germanen und verwendete einige rein germanische Namen (etwa Weleda, Albruna, die Alken, Nerthus, Mannus, Tuisco usw.). Niemand anderes von den zahllosen Chronisten hat in ähnlicher Weise irgendein „slawisches" Wort dokumentiert. Das ist sehr bezeichnend. Die „Slawen" sollen im 6. Jh. eingewandert sein, vom 6. bis 12. Jh. sind es 6 Jahrhunderte und Hunderte von Chronisten, die alle offenbar nie etwas von einer „slawischen" Sprache des eingewanderten Volkes gehört haben.

Erst der politische „Panslawismus" brachte „slawische" Sprachen wieder in das Blickfeld der Menschen. Denn um die Wende des 18. Jhs. waren die „slawischen" Sprachen mit Ausnahme des Russischen zusammengeschrumpft. Der deutsche Theologe August L. Schlözer (1738-1809), der als Geschichtsprofessor in St. Petersburg arbeitete, erforschte die glagolitischen Sprachen und systematisierte sie. Durch ihn kam der Begriff „Slawen" in die Literatur. Für ihn waren „Slawen" ein alter, großer und mächtiger Völkerstamm im Norden, >den wir noch so wenig kennen<. Der Wissenschaft waren „Slawen" relativ unbekannt. Der deutsche Theologe Herder griff das auf und trug dazu bei, daß sich die Stämme der „sclavica lingua" nun als „slawische Völker" verstanden. František Palacky lud als Gegenströmung zur Frankfurter Volksversammlung in der Paulskirche (18. Mai 1848) am 31. Mai 1848 zum „allslawistischen Kongreß" nach Prag ein. Hier wurde die Vertreibung aller Deutschen östlich der Linie

Stettin-Triest beschlossen. Der zweite panslawistische Kongreß fand 1867 in Moskau statt. Er verpflichtete Rußland, die „slawische" Brüderlichkeit auf Erden herzustellen[47].

Die nunmehr in christliche „Deutsche" und „Slawen" (Heiden) geteilten Germanen wurden also zum Spielball der zwei konkurrierenden und missionierenden Kirchen des geteilten Roms und dadurch gegeneinander ausgespielt und aufeinander gehetzt. Dadurch wurden einstige Stammesbrüder zu Gegnern, ihre gemeinsame Sprache wurde ihnen genommen und sie wurden stark geschwächt, was nur im Interesse der Kirchen lag. Diese Teilung besteht bis heute fort und es ist höchste Zeit, daß sie durch das Bewußtsein der volklichen Einheit überwunden wird.

4.
Namen

Um etwas mehr über die sog. „Slawen" zu erfahren, ist es hilfreich, sich einmal deren Eigennamen anzusehen. Die Namen von verschiedenen mittelalterlichen „slawischen" Unterhändlern sind in einigen Handschriften erhalten. Das müssen ja dann doch Namen der „slawischen" Sprache sein und uns damit wertvolle Zeugnisse für die Existenz dieser Sprache liefern. Bevor ich im Folgenden einige der Primärquellen bringe, die „Slawen" namentlich anführen, möchte ich noch wichtige Angaben zu der Entwicklung der Buchstaben machen. Viele Menschen halten nämlich Namen nur deswegen für „slawisch", weil sie nicht wissen, daß es lediglich eine ältere germanische Schreibweise ist.

Unser U wurde früher nicht vom V unterschieden. Es war ein und derselbe Buchstabe, das „spitze" und das „runde" V. Auch das W gab es nicht, es waren zwei VV oder UU zusammen. Wenn wir also einen Namen mit V finden, können wir diesen Namen auch mit U schreiben (dadurch erschließt er sich manchmal schon). Der Laut V konnte sich auch zum Laut F wandeln (und umgekehrt), was wir z. B. bei Namen wie „Olav" und „Olaf" oder „Alv" und „Alf" sehen. Wenn wir „Vater" schreiben, schreiben die Schweden „Fader". Noch heute schreibt sich die Nobelmarke „Bulgari" so: „BVLGARI", nimmt also ein V statt U. Und der Engländer nennt das W „double-U" – Doppel-U.
Das G war auch noch kein eigener Buchstabe, sondern ein C mit Komma dabei, um die etwas andere Aussprache anzudeuten. Deswegen steht bei den Griechen noch heute das G (Gamma) als dritter Buchstabe im Alphabet, während bei uns da das C steht. Im niederdeutschen Dialekt wechselt das G oft zum J („ganz"-„janz"), nicht nur in Ostgermanien, sondern sogar in England. Dort wurde der Name der Rune „*jeran" zu „ger".

Das B in alten Namen wurde auch manchmal mit P wiedergegeben; deswegen gibt es die Namen „Perchta" neben „Berchta". Aber ein B konnte

auch ein F (oder V, W) ersetzen, z. B. sind „Bison" und „Wisent" etymologisch verwandt, unser Name „Willy" wird in England zu „Billy" usw.
Unser A wechselte besonders im Norden oft zu einem O, es war eigentlich ursprünglich ein Zwischenlaut. In Deutschland heißt die Familie der Götter die „Asen", im Norden wurde daraus „Os". Wenn wir also die Schreibweisen „Aue" und „Oue" (oder „Ov") finden, dann ist das keine andere Sprache, sondern lediglich Schreibvariante einer eher südgermanischen und nordgermanischen Wortform. So heißt das Gut südlich von Berlin „Osdorf" auf einer Karte von 1780 aber „Asdorff".
Auch das I ist zu beachten: Im Norden und Osten ist das I, was im Süden eher ein E ist. Der Zwerg Mimir in der Edda ist der deutsche Zwerg Mime im Nibelungenlied, hat also am Ende nur im Norden ein I bekommen. Unser Göttername Wodan wird im Englischen zu „Voden" und im Norden zu „(V)Odin", das V fiel weg und das E wurde zum I. Nach einer Theorie geschah das dort, wo lautes Meeresrauschen eine besondere Betonung des E erforderte, um es noch hören zu können, so daß es zum I wurde. Auch in den Ortsnamen wie dt. Guben, polnisch Gubin, wird das deutsche E zum I.
D und T konnten wechseln (vgl. Wodan – Wotan), zuweilen schrieb man ein Z für S, und auch weitere kleine Unterschiede zu heutigen Schreibweise gab es.

Doch nun zu den Primärquellen mit Eigennamen von „Slawen". Im Placitum von Puchenau 827 heißt es[48]:

>*So fragte nun Graf Wilhelm ... älteste Leute sowohl der Baiern als auch der Sclavaniis, wo sie die Grenze für richtig halten ... Folgende Sclavanii waren anwesend: Altmar, Otperht, Uuolchuni, Azzo, Otuni, Cozperht, Adaluuart, Uro, Aliuuih, Cozolt, Alprih, Cotafrid, Eraicho, Tutti, Fritilo, Oaio, Sigiuolc, Karaheri, Adalker, Salacrim, Toto, Hrodperht, Drudolt, Aaron.*<

Betrachten wir uns also einmal diese Namen der Reihe nach: Altmar ist ein germanischer Name, Otperht ist der germanische Name Odbert, Uuolchuni ist der germanische Name Wolkuni, Azzo ist der germanische Name Aso, der sich auf die Asengötter bezieht, Otuni ist der germanische Name Otto, Cozperht ist der germanische Name Gisbert, Adaluuart ist der germanische Name Adalwart, Uro ist ein germanischer Name, Aliuuih ist der germanische Name Aliwih, Cozolt ist der germanische Name Gozold, Alprih ist der germanische Name Alfrich, Cotafrid ist der germanische

Gotfried, Eraicho ist der germanische Erich, Tutti ist der Name Tutte, Fritilo ist der germanische Name Fridilo, Oaio ist der Name Euo, Sigiuolc ist der germanische Name Sigivolk, Karaheri ist der germanische Name Garheri, Adalker ist der germanische Adalger, Salacrim ist der germanische Salgrim, Toto ist germanischer Name, Hrodperht ist germanisch Ruodbert, Drudolt ist germanischer Name Drudold. Der Name Aaron ist bib-lisch, also christlich.

Außer den Namen Tutti, der römisch sein kann, wenn er nicht mit germanischen Namen wie „Totilas" verwandt ist, sowie Oaio, dessen Herkunft ich nicht kenne, sowie Aaron, tragen alle diese angeblichen „Slawen" merkwürdigerweise eindeutige germanische Eigennamen.

Genauso ist es in der Stiftung König Arnulfs 888 für Kremsmünster, da lesen wir:

>*Das sind die drei Königshuben, in der Grafschaft Arbos, die früher zwei Sclavi namens Wartman und Saxo innehatten.*<

Wartmann (= Wächtermann) und Saxo (Sax = Kurzschwert) – zwei germanische Namen.

Und im Stiftsbrief von Tassilo III. von 777 für Kremsmünster steht:

>*Ich übergebe auch die Dekanie über die Sclavis ... die Tulip und Sparunga heißen.*<

Beide Namen kann ich nicht genau einordnen, doch daß es keine „slawischen" Namen sind, das erkennt man schon. Dann müßten nämlich ähnliche Namen noch heute im „Slawischen" bestehen.

Hier ein weiteres Zitat, diesmal aus der Heimskringla (nach 1220), der Ólafs Saga Tryggvasonar[49]:

>*Olaf lag noch vor Bornholm, da erhob sich ein gewaltiges Unwetter und ein Seesturm, daß die Schiffe dort nicht länger liegen konnten. So segelten sie nach Süden an die Küste des Wendenlandes und fanden dort einen guten Hafen. Sie benahmen sich daselbst ganz friedlich und verweilten längere Zeit. Burislav hieß der König im Wendenland. Seine Töchter waren Geira, Gunnhild und Astrid. Die Königstochter Geira hatte damals Macht und Herrschaft in Händen, als Olaf mit seinen Leuten ins Land kam (...) Olaf nahm die Einladung an und zog im Winter zur Königin Geira. Da fanden sie*

beide aneinander außerordentliches Gefallen, so daß Olaf um die Königin zu werben begann. Er hielt um sie an, und es wurde abgemacht, daß er sie im Winter heiraten sollte. Er wurde dann dort auch Reichsverwalter neben ihr.<

Was besagt diese Quelle? Daß es überhaupt kein Problem war, einfach mal zu den Wenden zu segeln und dort zu bleiben. Es gab offenbar keinerlei Verständigungsschwierigkeiten, so daß man wohl von gleicher Sprache ausgehen kann. Der König der Wenden trägt einen germanischen Namen, „Buris-lav" (oder „Buris-laus"), das bedeutet „Sohn von Buri", wie „Olav" oder „Olaf" bedeutet „Sohn der Ós (Asen)". Buri ist Wodans Großvater, der Mann, den die Kuh Audumbla aus dem Eise leckte und kann „der Geborene" oder „der Bewohner" (altnord. búa) bedeuten. Die Endung „-lav" entspricht dem „-laf" der Schweden oder dem „-leifr" und „-laus" mit der Bedeutung „Sohn, Nachkomme".

Und die Töchter dieses Wendenkönigs tragen – merkwürdigerweise – rein germanische Namen: „Geira" (zu „Ger" = Speer, vgl. Geirrödr), „Gunnhild" (ein altdeutscher Name, der Namen von Walkyren enthält: Gunnr und Hildr) und „Astrid". „Astrid" bedeutet übrigens übersetzt: „Asen-Reiterin" oder „Reiterin der Asen". Das spricht doch wohl dafür, daß der „slawische" Wendenkönig Anhänger der germanischen Asengötter gewesen sein muß, nicht irgendwelcher „slawischer" Gottheiten. Und eine Heirat ist auch möglich, obwohl das Heiraten in andere Völker doch (nach Adam von Bremen) verboten war. Ja, der skandinavische Olaf wird sogar gleich Reichsverwalter, was man einem Fremden sicher nicht gewährt hätte. Wo also sind hier „Slawen"?

Im Jahre 903 bestätigte ein Wendenfürst „Joseph" eine Schenkung an das Hochstift Freising. Dieser trägt einen biblischen Namen.

Überall tragen die angeblichen „Slawen" also germanische Namen, vielleicht in den ungeklärten zwei Fällen auch lateinische, nie aber „slawische".

Davon scheinen nur in späterer Zeit die Wendenfürsten Rügens bis zu ihrem Erlöschen 1325 abgewichen zu sein, denn wir finden Namen wie Jaromar, Wizlav, Sambor. Bei genauerer Untersuchung aber erweisen sich auch diese Namen als ostgermanisch. So ist das J von „Jaromar" (neuer: Jaromir) aus dem älteren G entstanden und der Name lautet eigentlich „Geromar" (= berühmter Speer), Wizlav (Handschriftlich auch Witzlaus) bedeutet „Nachkomme des Weisen/Weißen" und „Sambor" ist entweder schwedisch „Lebensgefährte", oder zu bor = Burg, Kampf zu stellen, also der Kämpfer Sam.

Ich habe die Namen von „Slawen", die mit Deutschen verhandelten, nach den Quellen aufgelistet, die Namen waren alle germanisch. Das spricht gegen die „Slawen" als ein fremdes Volk. Wie lautet das Gegenargument? Diese „Slawen" sollen nur eine damals herrschende germanische (bzw. deutsche) Mode übernommen haben. Solche Moden kann es zwar gegeben haben, aber daß ausnahmslos alle „Slawen", einschließlich der Königssippe, sie unter Aufgabe der eigenen Namenskultur übernommen haben, das ist wohl nicht wahrscheinlich.

Und die angeblichen heutigen „slawischen" Vornamen entpuppen sich gleichfalls bei korrekter Übersetzung als germanische: So sind Namen wie „Pribislaw", „Wratislaw", „Jaroslaw", „Boleslaw" oder „Wazlaw" bei genauerer Untersuchung nicht „slawisch": Es heißt nicht „Pribi-Slaw" sondern „Pribis-law. Das „-law" (Nachkomme, Sohn) entspricht dem deutschen „-laus" oder dem nordischen „-lav", „-laf", „-leifr" in „Thorleifr". Pribis = „Frivis", germanisch. „Wartis" ist Urform von Wratis. Vielleicht „Sohn des Wartes", ähnlich bei Jaros-law (= Geros Nachkomme), Boles-law („Sohn des Kühnen", vgl. engl. bold = kühn) oder Wazlaw (von „Wenzel" = kleiner Wandale). Nichts ist hier „slawisch".

Aus dem germ. „Waldemar" wird durch Vertauschen der Buchstaben ein „slawisches" „Wladimir" - in Wahrheit ist auch das aber absolut gar nicht „slawisch".

Der Name „Wendelin" ist eine Kurzform für Namen, die mit „Wendel-" zusammengesetzt sind. Da gibt es dann z. B. Wendelbert (= aus dem Stamme der Wandalen und glänzend) oder Wendelmar (= Wandalen und berühmt). Diese Namen haben alle das „e" obwohl sie sich eindeutig auf die Wandalen beziehen. Auch hier findet sich also der A-E-Wechsel.

Auch die angeblich „slawischen" Familiennamen erscheinen in einem anderen Licht, wenn man sie mittelhochdeutsch deutet. So ist die bekannte Endung „-ski", die polnische und czechische Namen im 16. Jh. bekamen, nichts anderes als das Deutsche „-ke", wie wir es z. B. in der Berliner Redewendung „Schmittke" für einen Herrn Schmitt finden. Aus dem E am Ende wurde ein I und damit aus der Endung „-ke" ein „-ki". In Berlin gibt es auch den bekannten Namen eines Lebensmittelhändlers „Jaletzke" der diese Endung in der urspünglichen Form aufweist.

Der Titel Wojwode erinnert stark an Wode, den Gott Wodan. Er bedeutet „Kriegsanführer" und ist byzantinisch, denn noch heute heißt in der Türkei der Polizeichef „Weiwoda". Allerdings hatten die Byzantiner eine germanische Warägergarde und so kann hier der Name „Wodan" hineingekommen und als „Anführer" umgedeutet worden sein.

Ähnlich wie bei den Eigennamen ist es bei den Stammesnamen. Die angeblichen „slawischen" Stammesnamen sind in Wahrheit Angaben der jeweiligen Siedlungsregion. In dem Buch „Die Slawen in Deutschland"[50] wird auf einer entsprechenden Karte immerhin noch von „Stämmen, Siedlungsgebieten und Burgbezirken" geredet. Bei Prof. Adriaan von Müller sind diese Namen dann zu reinen Stammesnamen geworden. Welch wunderliche Veränderung.

Hier nun einige Beispiele für Stammesnamen:

„Böhmen", „Bojerhem", „Bojerheim" = Heimsitz (des keltischen Stammes) der Bojer. Nach Cosmas von Prag (1125) hatten der Stamm der Bojer und das Land Böhmen ihren Namen von dem Urvater Boemus (siehe das Zitat auf Seite 22).
Nach der Einführung der Kirchensprache gab es zwei Sprachen in Böhmen, in den katholischen Kirchen wurde wieder Deutsch gesprochen, auf dem Lande aber hatte sich die Kunstsprache der Ostkirche, das Böhmische („Slawische"), durchgesetzt. Albertus Crantzius berichtet darüber[51]:

>*Bis zu jetziger Zeit, ist ein Gebrauch darinnen, daß man dem Volck in der Kirchen Teutsch und auff dem Gottsacker Böhmisch predigt, sonderlich wo Klöster, Probsteyen und dergleichen Geistliche Stiffte seyn und stehet dem Bettelmünchen allein frey, daß sie, in welcher Sprach sie wöllen, spüren (wie Sylvius dessen diese Worte seyn, weiter sagt) daß diß Land den Teutschen vorzeiten zustündig gewesen sey.*<

„Czechen" waren ursprünglich ein hunnischer Unterstamm „Cichen" oder „Zechen", die am Kaukasus gesessen hatten, und „Czerkessen" genannt wurden. Von ihrem Namen stammt die Bezeichnung „Tschechen" bzw. „Czechen". Eine glagolithische Geheimgesellschaft „Zectechna", die gegen den deutschen und den römischen Einfluß der Kirche agierte, und deren Name sich in „Czechna" wandelte, trug dazu bei, daß dieser hunnische Stammesname auf Böhmen und Mähren übertragen wurde. Nach wie vor handelt es sich richtig um das Land der germanischen „Markomannen" und „Quaden", der eingewanderten „Wandalen" und ursprünglich der keltischen „Bojer" (daher: Böhmen). Prag (ursprünglich: Parhag) war eine Markomannensiedlung.

„Daleminzer", „Daleminser", eigentlich „Dalemisni" = die am Misnital siedelnden (der Bach Misni). Misni ist die Stelle, wo der Bach sich mit der Elbe mischt (mischen = misnis). Auch der Ortsname der Stadt Neiße leitet sich davon ab.

„Goten", „Gothi", „Gotti", „Guttani", der Name stammt von dem Zwischenwohnsitz Gotland = Gutes Land, nach der jüngeren Edda aber stammt der Name von Wodan (Odinn), der ja auch „Gotan" genannt wurde (so in Paulus Diaconus Langobardengeschichte). In der Jüngeren Edda heißt es[52]:

>*Die Gotnar heißen nach dem Namen des Königs Goti, nach dem auch Gotland benannt ist. Er selbst war so genannt nach Ódinn, und zwar ist sein Name von Ódins Namen Gaut abgeleitet; Gautland oder Gotland heißt nämlich auch nach diesem Ódinsnamen.*<

„Heveller", „Heveldi", „Havuljani" = die am Fluß Havel (germanische Flußbezeichnung) wohnenden Wenden. Sie werden in älteren Quellen „Helvecones" genannt.

„Lausitzer", „Lusitzi" = ein aus dem Stammesnamen der germ. Lugier/ Lusatia gebildeter Begriff, der auf das germ. Wort „luse" (Pfütze), „luch" (Moor) und „sed" (Sitz), gotisch sitan = sitzen, zurückgehen kann.

„Liutizen", ein Stammesverband nach normannischer Verfassung, genannt „liothida" = die Leute. Vier Unterstämme waren hier zusammengeschlossen, die Tholenzer, Redarier, die um Peene („Circipanen") und die Michilinborcher, Mittelpunkt war das Kultzentrum Rethra. Später schlossen sich die „Lusatzer" (Lausitzer) und weitere Unterstämme dem Bündnis an. Der Bund der Liutizen ersetzte den älteren Wilzenbund, und zeitweilig gehörten alle wendischen Unterstämme dazu.

„Mähren", germ. „Maraha", römisch „Marus" ist nur nach dem Fluß March (Maraha, Morawa) benannt, dieser nach dem germanischen Stamme der „Markomannen" („Marchomannen")

„Masowier", „Masurer" = Siedler an guten Weidegründen. Vgl. den Familiennamen v. Massow.

„Mürizer" = die an der Müritz.

„Obotriten" oder „Abodriten" = ob odra (ab der Oder, germanisch mit Buchstabenverdrehung). Allerdings sind auch andere Deutungen möglich, da die Obodriten gar nicht an der Oder saßen, sondern nur etwa bis zur Peene, östlich davon saßen die Liutizen. Deswegen hat man auch die Deutung des Namens zum Fluß Havel angeführt. Denn die Havel wurde auch latinisiert „Hobo-", „Hobuo-" oder „Abo-" genannt, lateinisch „Habola". Der Name lautet dann „(H)obotriten" = Havelbewohner[53].

„Polaben". Diese Bezeichnung ist jung (also ab dem 11. Jh.) und kann niemals ein alter Stammesname sein. „Po" entspricht dabei dem schwedischen „på" (auch „paa") mit der Bedeutung „auf, an, in, von, nach, bei". Gemeint ist hier „an". „Labe" ist „slawische" Bezeichnung für den Fluß Elbe, mit Buchstabenumdrehung. Die Polaben heißen in lateinischen Quellen „Nordalbinger" = die nördlich der Elbe ansässigen.

„Polaken" = am Wasser, vgl. „laguz" = Wasser, englisch „lake" = See.

„Polanen", „Poljanen" = am Flachand, also „in der weiten Ebene". althochdt. „lan" = Land. Albertus Crantzius (15. Jh.) schreibt zu diesem Namen[54]:

>*... nechst diesen haben wir Polen, das seinen Namen hat von dem ebenen Felde, die Böhmen damit zu unterscheiden, welche von allen Seiten wie vorgedacht, mit Gebirgen beschlossen und umgeben. Gegen Morgen [Osten] wird es unter groß Teutschland gerechnet.*<

„Pomeranen", på Mer (schwedisch, nordisch) = Am Meer, die lateinischen Quellen nennen die Bewohner „pomerani"; unser Name „Pommern" ist daher gekommen. Das Wort setzt sich zusammen aus nordisch „på" (= an, bei) und deutsch „mer" (= Meer), also „die am Meere wohnenden".

Die Formulierung „Pomoranen" statt „Pomeranen" oder das polnische „Pomorze" sind moderne Neubildungen, die den germanischen Namen „slawischer" aussehen lassen sollen.

„Posener", „Poznali", Auch bei diesem Namen muß man das „po" als „an, bei" deuten, „sen" könnte der See sein. Der zugehörige Ortsname soll sich auf einen Anführer beziehen, was unwahrscheinlich ist.

„Pruzzen", „Poruzzen", „Borussen", „Preußen" = bei Rußland, bei dem Fluß Russ. Dieser liegt nordöstlich von Tilsit im Memelland.

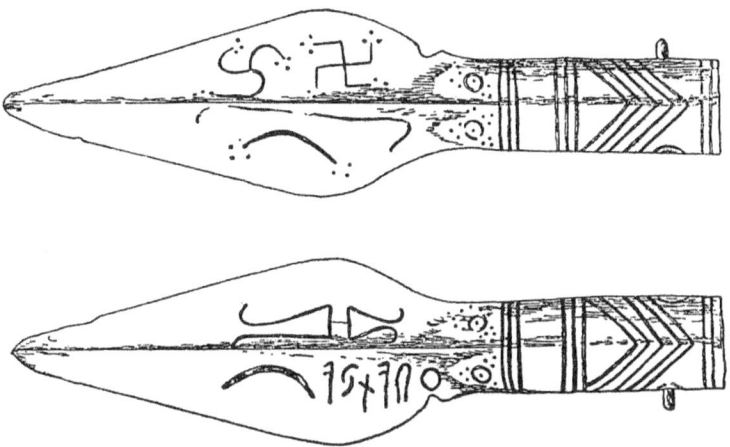

Abb. 5: Die Speerspitze von Dahmsdorf, 3. Jh. mit Runen „Ranja".

„Ranen" (germ. Stamm, auch: „Raner" oder „Runer"; Rani = Beiname Wodans im Eddalied Grógaldr), vgl. auch die Uk-Ranen oder Stodo-Ranen. Der Name den Gottes war auch im wendischen Bereich bekannt, wie die Speerspitze von Dahmsdorf (Müncheberg), Brandenburg aus dem 3. Jh. beweist. Sie trägt in linksläufigen Runen den Namen „Ranja" (= Renner). Da der Speer Wodans Attribut ist, wird sich diese Inschrift auf Wodan beziehen und ihn unter seinem Beinamen „Ranja" für den Speerträger anrufen.

„Redarier" = die beim oder um das Heiligtum Rethra Wohnenden.

„Rugier", „Rugianer", „Rugen", ein Stamm, der auch der Insel Rügen den Namen gegeben hatte. Sie siedelten auch in Norwegen als „Rygir" in Rogaland. „Rugier" kommt von „Rugen" = Roggen, also die „Roggenanbauer". Der Stamm nannte sich später „Ranen" wie andere Stämme (Ukranen, Stodoranen).

„Rußland" = Land der Ruderer, ist nach Rhos, den warägischen Wikingern benannt, „Ros", „Rus" oder „Ruodesen" = Ruderer. Sie gründeten Städte wie Starih-rus, Belgrad (Bjelgorod, „Bels Garten"), Kij (Kiew) oder Nowgorod (= Naugarten, Neugarten). In diesem Namen entspricht „gorod" dem älteren „garad", und wenn wir das hintere A wegnehmen, wird klar, was der Name „gard" bedeutet: „Eingehegte Stätte, Garten, Gatter" wie in „Stuttgart". Bei den Russen fällt aber immer eher das erste A aus, so daß aus „gorod" oder „garad" eben „grad" (= Stadt, vgl. Leningrad, Wolgagrad, Stalingrad) wird. Diese Städtebezeichnungen sind also auch germanisch.

„Semnonen". Auch die Semnonenreste existierten als ostgermanischer Gaugruppenverband der Wenden, waren namentlich im Raume der Spreeinsel (Berlin) ansässig. Auch die Sagen erwähnen noch Semnonen in der Missionierungszeit. Der Name wurde unterschiedlich gedeutet, etwa als „die Ackerbauer" oder zu germ. „semno" = Fessel (mit Bezug zum Fesselhain) gestellt. Im südlichen Haveldreieck wurde ein Land „semelan" lokalisiert, dessen Name „Säeland" (Ackerland) bedeutet und vom Eigennamen der Semnonen abgeleitet ist.

„Serben". Die Serben z. B. im ehemaligen Jugoslawien sind wendengermanische Zervisti, Zeruisti, was „Sichelmänner" bedeuten kann.

„Silesier", „Silesianer", „Slasane" (1085), „Slesia" (1139) ist nach dem Flüßchen Slenza, das auch Lohe heißt, benannt. Die angeblichen „slawischen" Schlesier sind in Wirklichkeit die germanischen „Silinger", ein Unterstamm der Wandalen.

„Sorben", in den Quellen: „Soraben" oder „Surawen". Sie werden bei Adam von Bremen (gest. 1085) als Sachsen bezeichnet[55]:

>*So hat man dann von Winkel zu Winkel einen Weg von acht Tagen, wobei noch der*

Teil Sachsens, der jenseits der Elbe oberhalb von Sorben, unterhalb aber von Nordelbingern bewohnt wird, nicht mitgerechnet ist.<

Die Sorben, Soraben oder Surawen selbst nennen sich „serbjo". Sie sind benannt nach dem Wasser, sur = aufsteigend, aven = Wasser.

„Spreewanen" = die am Fluß Spree, Spreewa, Siedelnden.

„Stodoranen" = Ranen an der Stätte, wobei „Stätte" auch „Gestade" heißen kann, also „Gestadeanwohner".

„Tollensaner" = die am Tollensesee.

„Uckermark", „Uckramork" = Mark an der Ucker.

„Ukranen", „Wucrani" (994), „Wocronin" (934), „Ucraini" (965) = die Ranen an dem Fluß Ucker.

„Warnower", „Warnen", „Warnabi" der germanische Stamm der „Varini". Nach Procop ging eine Reiterabteilung die Oder hinauf bis an die Ostsee und kamen an den Fluß Warnow (Ouarnoi). Procop erwähnt hier germanische Stämme. Die Warnower sind die an der Flußaue der Warne Lebenden.

„Wenether", „Veneder", davon ist auch Wenedig benannt, ist eine vom Stammesnamen „Wandalen" abgeleitete Bezeichnung, wie etwa Geten zu Goten.

„Wilzen" = Wolfsleute, wilde Leute (wilc = Wolf). Die „Wilcina Saga" ist ein Theil der „Thidriks Saga" (Dietrich von Bern) und gehört eindeutig zur germanischen Kultur.

„Wislanen" = die an der Wisla (Weichsel) siedelnden. Der Name „Wisla" für die Weichsel ist jung und lateinisch („Visthula", „Wisla", „Weichsel"), der richtige Name ist „Vandalus".

„Zirzipanen". Der Name wird richtig „Circipanen" geschrieben und setzt sich zusammen aus lateinisch „Circus" (= Kreis, auch die runde Manege) und germ. Pane (= Peene), also „die im Kreis Peene oder um den Fluß

Peene Wohnenden". Man hat aber „Pane" auch lateinisch mit „Brot" (panem) übersetzt, was dann die wenig überzeugende Deutung „die rundes Brot Essenden" bedeutet. Was ist daran nun irgendwie „slawisch"?

Kommen wir nun zu einigen Gewässernamen.

„Dahme", ein vorgermanischer Name, altindisch damnati, lat. domare, althochdt. zuman = zähmen, bezwinglich, überwindlich. Man kann dieses Flüßchen leicht überqueren, überwinden.

„Elbe". Häufing finden wir umgestellte Buchstaben in angeblich „slawischen" Namen, aber Buchstabenverdreher machen natürlich nicht aus einem deutschen Wort ein „slawisches". Diese Verdrehungen finden sich in den Flußnamen „Labe" für „Albe" (Elbe) oder „Odra" für „Odar" (Oder). Die Elbe ist nach dem Elb-Sandstein-Gebirge benannt, wo sie entspringt, und dieses wiederum nach den dortigen Naturgeistern, den Alben (ähnlich wie die Alpen) bzw. nach weißen Felsen (albus = weiß). Wenn also aus Albe/Elbe durch Verdrehen der ersten zwei Buchstaben „Labe" wird, ist das bereits eine Verfälschung des Namens der Elbe. Solche Buchstabendreher (Metathesen) wurden in der Zeit der Hussiten (Johann Hus, geboren 1370) absichtlich in die „slawische" Sprache eingebracht. Verdrehungen finden wir auch bei Worten wie „Breg" (statt „Berg") oder „nad" statt „an d'" (an der). Wird durch eine derartige einfache Buchstabenumstellung ein germanisches Wort zu einem „Slawischen"? Sicher nicht, denn sonst wäre der Name der Göttin „Hlodyn" in der Edda (statt Holde) auch ein „slawisches" Wort.

„Grimnitzsee" in Berlin-Spandau hat nichts mit einem „Gebüsch" zu tun, sondern scheint auf einen Beinamen Wodans, „Grimnir" (= der Maskierte) hinzuweisen.

„Havel" ist nach dem Wasser benannt, aventia = Wasser. Verwandt sind Begriffe wie „Haff, Hafen". Auch der Stammesname der suebischen „Avionen" hängt mit dem Flußnamen zusammen.

„Müggelsee", „Müggelberge". Eventuell nach meg = groß, mächtig, gotisch mikkels, althochdt. mihhil = groß, benannt, also der „große See" oder die „großen Berge". Es ist dasselbe germ. Wort wie in „Mecklenburg", „Michilinborch" = große, mächtige Burg. Aber am Müggelsee und in den Wäldern darum leben zahllose Kröten, die im Volksmunde auch „Muggeln" genannt werden. Es könnten also auch die „Krötenberge" oder der „Krötensee" sein. Bei so klaren und eindeutigen germanischen Deutungen in einem Gebiet, wo doch angeblich nur „Slawen" lebten, drücken sich die Slawomanen darum, diese Deutung zu akzeptieren. So schreibt der Slawomane Reinhard Fischer[56]:

>*Der Seename Müggel ist slawisch, er ist nicht eindeutig zu erklären.*<

– doch, ist er! In den älteren Quellen wird von dem germanischen Unterstamm der „Mugilones" berichtet, also der Semnonen, die am Müggelsee oder den Müggelbergen siedelten.

Müritz = kleines Meer (morici), „Müritzsee" ist doppelt: „Kleines Meer-See".

„Oder", „Odra" „Odera" (948). Bei „Odra" ist das E ausgefallen. Der Name ist indogermanisch, vgl. sanskrit „udra", litauisch „audra" = Wasser.

„Schlachtensee", „Slatse" (1242), ist friesisch benannt, nach dem Dorf Slatdorf oder Slatice. Mittelniederdeutsch slat, slacht = Pfahl zur Uferbefestigung oder slot = Abzugsgraben.

„Spree", „Sprewa" (965), der Name ist germanisch: „die sich Verzweigende", ahd. spriu, spreiten = ausbreiten, vgl. Spreu, Spreizen, Sprenkeln.

„Tollensesee" = Talsee, germ. dal, dol = Tal.

„Ucker" = Wasser (ucker).

„Warne" = Wartturm, befestigter Ort, Verwahren.

„Wannsee", 1382 Wansa soll angeblich „slawisch" Natternsee bedeuten (auch dies ist nicht „slawisch", sondern kommt von „winden", ein gewundenes Tier ist eben eine Schlange oder Natter), doch scheint ein Bezug zu „Wanensee" (die Wanen sind eines der Göttergeschlechter) oder „Wandalensee" viel stimmiger. Auch mit dem deutschen Wort „Wanne", also „See wie eine Wanne" kann der Name zusammenhängen, da der Wannsee in seiner runden Form an so ein Gefäß erinnert.

„Wisla", „Weichsel" ist wie erwähnt Verkürzung von „Vis-thula", das ist lateinisch „Blick [visa] nach Thule" weil sie nach Norden fließt. Der einheimische Name für die Weichsel war „Vandalus" (= Wandalenfluß).

Noch mehr Fehldeutungen finden wir auf dem Gebiet der Ortsnamensforschung. Angeblich „slawische" Ortsnamen entpuppen sich als germanisch oder sogar griechisch. Meist bemüht man einen „slawischen" Personennamen, wenn den Slawomanen eine andere Deutung nicht einfällt, obwohl Ortsnamen auf Personen doch erst seit der Zeit des Absolutismus üblich sind.

Man spricht von sog. „slawischen" Ortsnamen wie „Gatow", „Rudow", „Spandow", während „Spandau" dann deutsch sein soll. Die Endung „ow" oder „ov", „ou" oder „ouu" entspricht aber völlig der Endung „au" oder „av", „aw" bzw. „auu". Es ist unser Wort „Aue" (Wiese mit Bächen); der Minnesänger „Hartmann von Aue" heißt in den Handschriften oft „Hartman von Ouve", ohne ein „Slawe" zu sein. „-ow" ist also völlig gleich mit „-au". Die Endungen sind also identisch und sind nicht „slawisch".

„Bautzen", „Budysin", „Ort mit Buden" oder „Ort mit Buchen" (bucina = Buchenwald).

„Beeskow", „Beskowe" (1272), „Besicow", mundartlich: „Bischikow" = Busch-Aue. Auch dieser Ort wird uns als „slawisch" verkauft, indem man „Busch" vorschnell als „Holunder" interpretiert: „Ort wo Holunder wächst".

„Belzig" ist eine Stadt, die nach dem Gott „Bel" benannt ist. Der Name des „slawischen" Gottes Bel ist aber nur die sprachliche Weiterentwicklung des germanischen Götternamens Baldr (A-E-Wandel). Angeblich soll „Belzig" aber „Siedlung eines Mannes mit dem slawischen Personennamen Bel oder Belota" bedeuten. Aber nach Gottheiten durften Menschen sich nicht nennen.

„Berlin" – hier bemühten sich Slawomanen aus dem Osten jahrelang, eine glaubwürdige „slawische" Deutung zu finden, doch vergebens. Man bringt hier ein „slawisches" „brl" oder „berl" = Sumpf, Morast (oder: „Lichte Stelle im Sumpf") ins Gespräch, was schon deswegen unsinnig ist, weil Berlin auf einer Insel, nicht in einem Sumpf gegründet wurde. Auch ist mittlerweile bewiesen, daß Berlin und Cölln deutsche Städtegründungen sind. Beim Abriß der Berliner Stadtschlosses 1950/51 kamen semnonische Siedlungsgrundrisse zum Vorschein, die man aus politischen Gründen schleunigst wieder zudeckte[57]. In dem vergleichenden Wörterbuch der slavischen Sprache[58] kommen die Autoren, Linda Sadnik und Rudolf Aitzetmüller zu folgendem Schluß:

>*Damit fällt aber auch die Verquickung des ON Berlin als „Ort, Morast am Sumpf" oder „kleine dünnflüssig morastige Stellen" mit dem hier behandelten Nomen fort, die T. Witkowski, ZSl 10, 586 ins Auge faßt...*<

Zu erwähnen ist, daß nach Erscheinen dieses „unerwünschten" Ergebnisses die Gelder gestrichen wurden und weitere Bände des Wörterbuchs nicht mehr erscheinen konnten. Daß eine deutsche Deutung wahrscheinlich ist, machen auch Orte wie „Berlingen" am Unterbodensee deutlich. Was bedeutet der Name also wirklich? Er geht zurück auf den Höhenzug des Barnim („Barnim" = Gerstenland); Herbert Lehmann entdeckte die Verbindung des Namens Barnim mit den älteren Schreibweisn des Städtenamens „Barlyn"[59]. Aber die Erklärung auf den Bären, „Berlin" = kleiner Bär, dem Beinamen Markgrafen Albrechts, ist auch möglich.

„Bork" soll slawisch „Siedlung bei einem Nadelwald" bedeuten[60]. Auch „Borau" bei Weißenfels wird so übersetzt oder das schlesische „Borow". Somit müßte die Silbe „Bor" also slawisch „Nadelbaum" oder „Nadelwald" bedeuten. Richtig ist, daß „Bor" aber „Kiefer" bedeutet, und auch das ist nicht „slawisch", denn „Kiefer" setzt sich zusammen aus „Kien-Föhre". „Bor" aber bedeutet nun einfach nur „Föhre". Wir finden hier einen F-B-Wechsel, dem wir oft begegnen, wie eingangs erwähnt. Der Norden hat dabei meist die Schreibweise mit F, bei uns ist es zu einem B geworden. Aus For = Föhre, althochdeutsch forha, wurde durch F-B-Wechsel „Bor", und mit der Endung „-ow" oder „-au" wird es also „Föhrenaue" und damit zu „Kiefernaue". Ob unser Wort „Forst" damit verwandt ist, ist noch nicht erwiesen, ein Forst wäre demnach ein „Föhrenwald".

„Brandenburg", „Brandanburg" (948), „Brennabor", „Brinnebar", „Brinnepurg" ist völlig eindeutig germanisch benannt. „Burg" oder nordisch „Bor(g)" ist die Burg, „brinne" oder „brenna" bedeutet „branden, rauschen, tosen", später auch „brennen". Es ist also die vom Wasser umrauschte Burg, aber da „brand" auch das Schwert ist (z. B. in Namen wie Hildebrand), das mit einem Feuerbrand umschrieben wurde, kann „Brandenburg" auch „Schwertburg" bedeuten.

„Breslau", „Wrozlawa" (1018), „Presla" (1544), „Prißlaus" (in der Wandalia), = Birken-Aue, zu germ. „brica, brietzen, braslo" = Birke. Vermutet wird als Namensgeber ein Bischof Johann Wrotizlaensem, der bei Thietmar v. Merseburg erwähnt wird. Man hat aber auch den Böhmenherzog Wratislaw (921) angenommen, dessen Name germ. „Sohn des Wartes" bedeutet.

„Buckow" und der „Bukowsee" soll slawisch „See, an dem Rotbuchen wachsen" bedeuten[61]. Natürlich steckt in dem Namen unsere „Buche", von deren Name auch „Buch" und „Buchstabe" (eigentlich: „Buchenstab") abgeleitet ist. Wenn wir das genauer untersuchen, steht der Ortsname dabei dem Gotischen am nächsten, denn gotisch „boka" bedeutet „Buche", mittelhochdeutsch „buoche", althochdeutsch „buohha", schwedisch „bok", altenglisch „boc". Und die Endung „-ow"? Sie ist ganz deutsch und ist unser Wort „Aue". „Buckow" oder „Bukow" ist also nichts anderes, als die „Buchen-Aue". Eine Aue ist eine Wiese, meist mit Bächen darin.

„Cölln", „Colonia" (1237), „Colne" (1285), „Coln" (1375) ist ein von christlichen rheinischen Siedlern mitgebrachter Name aus ihrer Heimat (Köln am Rhein), ähnlich wie Frakfurt an der Oder. Der Name ist römisch und bedeutet „Colonie" (= Siedlung).

„Cottbus", „Chotibuz", „Cothebuz" ist eine nach dem Stamm der Goten benannte Stadt, denn „Cothebuz" bedeutet „Gotenansiedlung". Auf die Goten zu deuten sind auch die Orte „Köttlitz", „Kotzeband" („Cotzebant") und „Kotschka".

„Danzig", „Gotiscandza" (= Gotenschanze, bei Jordanis, 6. Jh.), „Gothanica" (11. Jh.), „Gyddanyzc" (11. Jh.), „Gdanzc" (1178), „Godanske" = Land (oder Landeplatz) der Goten.

„Drewitz", oder auch „Drawehn" bei Ülzen und der Fluß „Trave" sind nicht von „urslawisch" drawa = Holz, sondern von germ. tre = Baum abzuleiten.

„Gatow", dieser Ortsname kommt in Berlin vor, aber es gibt auch ein „Gatow" bei Schwedt. Das in Berlin hieß „Gothow" (1220), „Gatow" (1258), „Gotowe" (1351), das bei Schwedt hieß „Gotow" (1347). Im Kreis Teltow liegt ein Ort „Gottow" und in Spandau gab es die „Götelwiesen" (noch auf einer Karte von 1875), wo der Burgwall lag. Diese Namen werden als „slawisch" zu „Siedlung eines Mannes namens Chot" gedeutet[62]. Das ist falsch, richtig bedeuten die Namen „Goten-Aue" und weisen darauf hin, daß einzelne Vertreter aus dem Wenden-Nachbarstamm der Goten hier gelebt haben. Da aber für Slawomanen im Osten keine Goten, sondern „slawische" Polen leben, wird so eine stimmige Namensdeutung natürlich gar nicht erst erwogen. Die „Götelwiesen" weisen darauf hin, daß der dortige Spandauer Burgwall einst von Goten errichtet wurde.

„Glienicke", „Groß-Glienicke", „Glienick", „Groß-" und „Klein-Glien", „Neu-" und „Altglienicke", „Gühlen-Glienicke", „Glienig", „Glindow". Alle diese Orte deutet man auf „slawisch" „glina" = Lehm. Die angeblich „slawische" Bezeichnung kommt aus dem mittelhochdeutschen „glins" = Glanz, weil der Lehm glänzt; als „aur-glasis" = Glanzlehm wird der Lehm in der Edda, Fjöllsvinnzmál 28 bezeichnet, sowie vom germanischen „gleim" = Lehm, wobei der Wortstamm mit unserem „kleben" verwandt ist, weil der Lehm klebt. Möglich ist aber, daß diese Orte von Angehörigen des schon bei Plinius erwähnten Stammes der „Glinditiones" ihren Namen haben. Dieser Stamm saß später in Dalmatien.

„Gnesen", Nach der Sage fand der erfundene Stammesführer Lech hier ein Adlernest vor, daher deutet man den Namen auf „gniazdo" = Nest. Bei Thietmar von Merseburg heißt der Ort „Gnezni" und zeigt, daß das deutsche „Nest" hier den Namen gab.

„Görs", „Alten-" und „Neuengörs" bei Bad Segeberg im alten Obotritenland, soll doch eindeutig ein „slawischer" Name sein und vom slawischen „gora" = Stadt, Burg stammen. Es gibt aber mehrere Orte „Görsdorf" in Brandenburg, zwei davon hießen früher „Gersdorf" und gehen auf das ältere „Gerhardsdorf" zurück, auch das mittelhochdeutsche Gor/Hor (Höhe) kann hier namensgebend gewesen sein - also ist auch der Ortsname „Görs" nicht „slawisch".

„Görzke", früher „Gorceke" (1161) genannt, soll slawisch „Siedlung an einem Berg" bedeuten. Die Deutung ist richtig, aber slawisch ist es nicht.

Denn „Gor" (Berg) ist nur eine Nebenform von „Hor" (czechisch „Berg"), wie in „Görs", und dieses „Hor" ist ein mittelhochdeutsches Wort und bedeutet „Hoch"; wir finden es z. B. auch im altnordischen „hár" (Hoch, auch der Beiname Wodans, „Hárr" – „der Hohe"). Das mittelhochdeutsche und czechische „hor" wurde hier bei uns zu einem „gor" (H-G-Wechsel). Und der 2. Teil des Namens, „ceke" ist unser deutsches Wort „siedeln", mittelhochdeutsch „sedel" „Siedeln, Sitzen" (wie in „Zehlendorf"). Man darf nicht vergessen, daß solche Namen mündlich weitergegeben wurden und daher oft etwas verschliffen sind. Der Volksmund machte z. B. aus „des Markgrafen Dorf" ein „Schmargendorf" (Ortsteil von Berlin). „Görzke" bedeutet also „Höhen-Siedlung" oder „Hoch-Siedlung" und ist definitiv mittelhochdeutsch.

Der Ortsname „Grubo", „Grobe" (1376), „Grube" (1441) soll slawisch „durch Gräben geschützte Siedlung" bedeuten[63]. Aber schon der sprachunkundige Laie erkennt, daß es sich um das deutsche Wort „Grube" handelt, niederdeutsch auch „grove" geschrieben. Das Wort kann auch „Tal" oder „Graben" bedeuten.

„Hönow", „Honow" (1268) ist natürlich auch wieder germanisch, = Dorf auf einer hohen Aue. Hon = Verkürzung von Hohen = Hoch, ow ist ouu oder auu, Aue. Hönow bedeutet „Hohe Aue". Auch dieser Name ist definitiv nicht „slawisch".

„Jüterbog", „Iutriboc" (1007), „Juterbuk" (1161), juter = guter (niederdeutscher Dialekt), boc = bog, also „guter Gott", ein Kultort des „guten Gottes". Entweder ist der christliche Gott gemeint, oder der Gott Bel.

„Kaulsdorf", „Caulestorp" (1234), germanisch „Dorf an einer Kuhle (Teich)".

„Köpenick", „Copnic" (1209), „Copenic" (1255) wird übersetzt „slawisch" als „Siedlung an einem Hügel" – auch wieder nur teilweise richtig. „Cop" bedeutet „Kopf" und ist germanisch, und damit kann auch ein Berg bezeichnet sein. Aber es kann auch der „Kopf" im Sinne von „Oberhaupt" gemeint sein, da in Köpenick das Stammesoberhaupt seinen Sitz hatte.

„Koswig" wird gedeutet slawisch als „Ort wo Amseln sind"[64]. Die Endung „wig" (wik, vig, wiek) für „Ort" kennen wir aber aus ganz Deutschland, auch aus Teilen, wo es nie Wenden gegeben hatte. Im Niederdeutschen steht die Bezeichnung für „Umzäunung, Befestigung", kommt als „wik" bereits im Heliand vor. „Kettwig" ist z. B. ein Stadtteil Essens an der Ruhr. „Kos" soll nun „Amsel" bedeuten. Bedeutet es vielleicht auch, aber dann ist es nicht slawisch, sondern griechisch: „Kotsyphas" (griech. „Amsel"), was verkürzt wurde zu „Kos". Derartige Namen müssen jünger sein, da sie ihre Existenz ja bereits dem Vorhandensein byzantinischer Missionare und der dadurch erfolgten Verbreitung griechisch-kirchenslawischer Wörter verdanken.

„Krakau" soll der Sage nach von einer Krake stammen. Nach einer Deutung ist es der von einem Mann namens „Krak" (auch „Krok") gegründete Ort. Allerdings ist „Krak" auch der Name für eine befestigte Burg in der syrisch-aramäischen Sprache, griechisch „charax" = Pfahlwerk, Wall. Im heiligen Land gibt es z. B. den „Krak de Chevaliers". Also ist dieser Name durch die Mönche nach Ostgermanien gelangt und nicht germanisch, sondern griechisch.

„Lebus", „Lubusz" (1109), angeblich „Siedlung eines Mannes namens Lubusch", vermutet wird der Name des Wendenkönigs „Liubus". Germanisch kann der Name von „hle-bu" (Schutzhaus) abgeleitet werden, aber „Liubus" hängt vermutlich mit der Göttin der Liebe, „Liuba", zusammen. „Lebus" war also eine Kultstätte dieser Göttin, wo dann deswegen ein Kloster errichtet wurde.

„Lehnin", „Lenin" (1193). Hier erzählt die Sage, Markgraf Otto I. hätte unter einer Eiche einen Traum gehabt, wo er eine Hirschkuh sah und deswegen habe er dort das Kloster Lehnin errichten lassen, und ihm den Namen „lenyn" gegeben, der „slawisch" „lanye" (= Hirschkuh) heißt. Alles Unsinn, weder ist wahrscheinlich, daß der dt. Markgraf „slawische" Namen erfindet, noch gibt es ein Wort, welches Lehnin aus diesen Sprachen ableiten läßt. Vielleicht ist es zu „Legen" (niedriggelegene Ansiedelung) zu stellen oder zu germ. lehni = Lehne, Stütze, weil es ein Stützpunkt der Missionierung war. Verwandt ist der Begriff „Lehen".

„Leipzig" ist nach den Linden, die man „Lipa" oder „Liepe" nannte, benannt, was wiederum unser deutsches „Liebe" ist, denn die Linde war der heilige Baum der Liebesgöttin. „Linde" und „Liebe" waren Synonym. Das

„slawische" luba, lupa (so auf dem „runenlosen" Gallehushorn) oder Liuba (Göttin des Spreewaldes, vgl. die christliche Heilige Lioba) ist nur althochdeutsch liob (so in der Bedeutung „Liebe" auf Runeninschriften). Siehe dazu Kapitel 8. Man verkauft uns unsere eigenen, urgermanischen Ortsnamen als Namen eines angeblich fremden Volkes. Welchen Sinn hat es? Will man uns unserer Wurzeln berauben?

„Luka". Der czechische Ort Luka an der Iglau heißt auf deutsch „Wiese". Das scheinen für den Laien ganz unterschiedliche Namen zu sein, doch kommt „Luka" von germ. „laukaz" (Lauch) und bezeichnet also eine Lauchwiese. Es wundert nicht, daß der angeblich czechische Name des Ortes auch früher oft „Louka" oder „Lauka" geschrieben wurde.

„Mahlsdorf", germanisch = Dorf einer Mal- (Thing- oder Versammlungs-) stätte.

„Marzahna", „Marzahn" oder „Marzehns" sollen slawische Namen sein und „Siedlung bei einem Sumpfgebiet" bedeuten[65]. Das Wort ist aber mit „Marsch", „Moor" und sogar „Meer" verwandt, 1300 hieß „Marzahn" daher auch noch „Morczane", also „Moorsiedlung". Es ist also ein germanischer Ortsname.

„Medewitz" soll slawisch „Ort, wo man Honig findet" bedeuten[66]. Auch hier liegt ein Irrtum vor, denn „Mede" (niederländisch „mede") ist ein deutsches Wort und bedeutet „Honig". Wir finden es noch in der Bezeichnung „Met" für Honigwein und im Pflanzennamen „Medesüß", da man dieses Kraut nahm, um dem Met mehr Süße zu verleihen. „Medewitz" ist also „Honigort" und eindeutig nicht „slawisch".

„Meißen", benannt nach dem Bach „Mysni". „Misni" = Mischen, da der Bach sich mit der Elbe mischt.

Die böhmische Stadt „Nachod", die meiner Familie den Namen gab, deutet man „slawisch" als „An-Gehen" oder „Zu-Gang" (dagegen angehen, zugehen). „na" soll „dagegen" bedeuten und mit dem deutschen „an" verwandt sein[67], es wäre dann aber eine Buchstabenumstellung die es erst viel später gab, „chod" soll „gehen, wandeln" bedeuten und ist mit dem griechischen „hodit" (Wandeln) verwandt, wie es in „Aphrhodite" (= die über den Schaum Wandelnde) vorkommt. Wieder also ein „slawisches"

Wort, das sich als griechisch und damit als Import entpuppt. Wahrscheinlich ist also die deutsche Deutung „nach-od" (nahe der Einöde) viel wahrscheinlicher. Diese Stadt wurde gegründet, als noch niemand in Böhmen „slawisch" sprach und die Siedlung „Nachrodt" in Westphalen ist ein Beleg, daß der Name germanisch sein muß.

„Nehms", ein Ort im Segebergischen, wurde als eine deutsche Verballhornung des slawischen „Nemec" (Deutsche) gedeutet. „Nehms" ist aber ein Ortsname, der sich schon ähnlich ab dem 5. Jh. in den Niederlanden findet und mit got. niman, altnord. nema (= nehmen, einnehmen) verwandt ist.

„Potsdam", „Poztupimi" (993), „Postamp" (1317), „Potstamp" (um 1500). Man übersetzte den Namen der Stadt „Potsdam" (poztupimi) mit „unter den Eichen" – daß dabei das römisch-griechische Wort „pini" = Pinie, vorkommt, die es hier nie gab, ist wohl keinem der Slawomanen aufgefallen – immerhin stellt man neuerdings diese Deutung in Frage. Der Name „Pinius" ist schlichtweg ein Fremdwort aus Rom oder Griechenland. Das hat man ja ziemlich oft, daß uns irgendwelche Fremdwörter als „slawisch" verkauft werden sollen. Man glaubt heute, Potsdam sei der Eigenname eines Mannes. Nach meiner Deutung bedeutet der Name der Stadt Potsdam „an/bei dem Stein", denn „på" ist schwedisch „an/bei", „Stamp" oder „Stam" = Stein (etwa im Ortsnamen „Stamm-Stechlin"). Wenn man aber berücksichtigt, daß der Ort schon 962 als „Chotinsvissel" erwähnt wurde, dann muß dieser Name mit „Gotensiedlungen" (weis, wissel = Vielzahl von Siedlungen) übertragen werden.

„Ratibor", „Raciborz" = Rat-Burg (germanisch).

„Schäpe", angeblich „slawisch", „Ort wo Schindmähren, Klepper sind". Der Name kommt aber schon 1342 als „Scheep" vor und ist eindeutig das deutsche Wort „Schaf" (englisch Sheep). Also „Schaf-Ort" und nicht „Schindmähren-Ort". Hier verkauft man uns ein niederdeutsches Wort als „slawisch".

„Spandau", „Spandowe" (1197), geht auf altfries. spanna, altnord. spenna, deutsch spannen zurück und bedeutet nichts weiter als „umspannte, umfaßte Aue" mit Bezug zum dortigen Burgwall, siehe Abb. 6. Ähnlich benannt sind „Spannenberg" bei Wien oder „Spannrot" in der Schweiz.

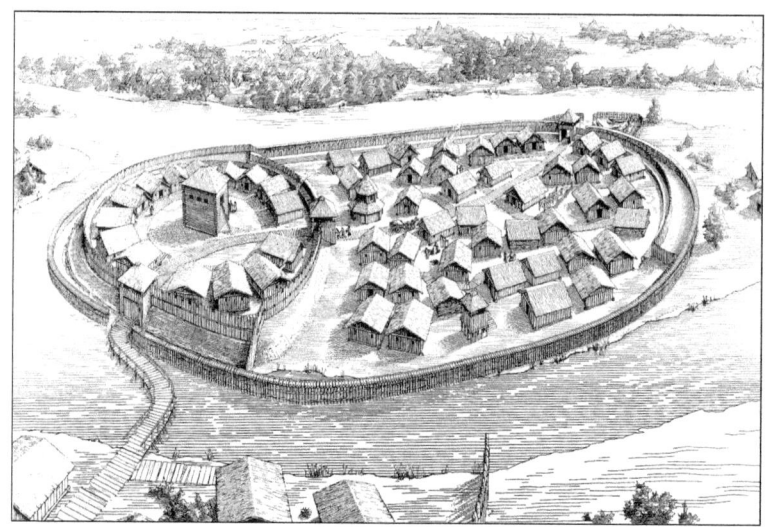

Abb. 6: Rekonstruktionzeichnung des Spandauer Burgwalls im 10. Jh.

„Stargard", „Starogrod", altsächs. „starih" = alt, fest, beharrend (vgl. star), „gard" = Garten, eingehegte Siedlung, Burg. „Alte Burg".
Albert Crantz belegt den wendischen Namen „Starigard" für die sächsisch „Oldenburg" genannte Ortschaft. „Starigard" (= alter Garten/ alter eingezäunter Ort) ist nun aber dasselbe Wort nur in gotisch, welches sächsisch Oldenburg (= alte Burg) heißt. Danach haben die Wenden also gotisch gesprochen oder gotische Wörter verwendet.

„Stettin", „castra Stetin" (1140), „Burstaborg" (in der Knytlinga Saga), germ. „Stodo" = Stadt, Stätte, Städtchen, Gestade.

„Stolpe", „Stülpe" oder „Stolp", ein Dorf in Berlin am Stölpchensee sowie ein Ort in Pommern wurde von Heinrich Berghaus[68] vorschnell als „slawisches" Wort gedeutet, dabei gibt es auch im Schwedischen „stolp" mit der Bedeutung „Pfahl, Säule, Kultbild". Für Berghaus waren alle Orte dieses Namens Kultorte des Hirtengottes „Woloß" (= Veles), der aber nur im Osten verehrt wurde. Das Wort „stolp" ist mit dem Deutschen „Gestell, Stollen, Stehle" (althochdeutsch stollo) identisch, selbst im Altnordischen finden wir es als „stallr" (Altargestell). Es ist mit „stellen" verwandt und bezeichnet einen länglichen Pfosten. Mittelniederdeutsch „stolpe", schwedisch „stolpe" bedeutet „Pfosten, Pfahl", russisch „stolb" „Pfeiler, Säule". Selbst der „Christstollen" hat damit etwas zu tun, denn er ist ein längliches, Pfostenähnliches Gebäck. Auch hier entpuppt sich eine „slawische" Deutung als in Wahrheit germanisch.

„Storkow", „Storkuue" (1317) hat nichts mit „Pfählen" zu tun, sondern ist das nordgermanische „stor" = groß (das norwegische Parlament heißt „Storting" = großes Thing). „Storkow" ist also die „große Aue", vielleicht ein großer Markt- oder Versammlungsplatz.

„Zehlendorf", „Cedelendorp" (1242) soll angeblich „urslawisch" „sedlo" = Siedlung, bedeuten. Der Name kommt aber von mittelhochdt. „sedel", althochdt. „sedal" = Sitz, Wohnsitz.

„Zörbig" ist die Verkleinerungsform von „Zerbst", = Serbenstadt, nach den Sorben benannt.

„Zülichendorf", „Czulkendorff" (1285) sowie „Züllsdorf", „Czolstorp" (1378) sollen angeblich nach einem „slawischen" Personennamen „Sulik" benannt sein. Die Namen gehen aber tatsächlich auf den Begriff „Schillesche" zurück, den wir auch als „Schildeschen" bei Bielefeld finden. Der erste Bestandteil „Schild" bezeichnet die Form eines Feldes, „Esche" kommt von althochdeutsch „ezisc" (der Wurzel „itan" = essen) und bezeichnet ein gemeinsames Feld, das mehrere Personen zusammen bebauen.

Nichts ist daran fremd, nichts ist daran „slawisch"! Dabei will ich nicht behaupten, daß es nicht Namen in der Missionierungssprache gibt, diese können dann aber nicht älter als das 12. Jh. sein, als diese Sprache hier verbreitet wurde. Alle älteren Ortsnamen können ohne Schwierigkeiten rein germanisch übersetzt werden.

5.

Der Gott Svantevit

Der Mönch Ordericus Vitalis schreibt 1069 in seiner „Kirchengeschichte" über die von den Liutizen verehrten Götter[69]:

>*In ea populosissima natio consistebat, quægentilitatisadhuc errore detenta uerum Deum nesciebat, sed ignorantiæ muscipulis illaqueata Guodenen et Thurum Freamque aliosque falsos deos immo dæmones colebat.*<

(>In dieser Gegend gab es noch zahlreiche Menschen, die noch im heidnischen Irrtum verhaftet waren und nicht den wahren Gott kannten. In Unwissenheit befangen verehrten die Menschen Guoden und Thur, Fream und andere falsche Götter beziehungsweise Dämonen.<)

Das sind genau die drei germanischen Hauptgötter, deren Standbilder auch im Tempel von Upsala standen: Guoden oder Wodan (Odin), Thur oder Donar (Thor) und Fro oder Fream (Freyr). Die Wenden im Liutizen-Bund sollen angeblich „Slawen" gewesen sein, sie verehrten aber offenbar germanische Götter und waren nach Ordericus Vitalis[70] sogar mit Dänen an einer Wikinger-Heerfahrt gegen England beteiligt, die doch nur als ein Vorgehen von Heiden gegen christliche Einrichtungen verstanden werden kann. Auch der englische Mönch Doderik behauptete im Jahre 1141, daß die Liutizen den Gott Thor verehrt haben[71]. Weiters gibt es Berichte von Chronisten über die Kulte der Liutizen, wonach sie Venus, Diana oder sogar Freyja verehrt hätten[72]. „Diana" ist der römische Name der griechischen „Artemis", wir werden auf Sie noch im Kapitel 6 zurückkommen. Der Mönch Richard schreibt in seiner Chronik, daß die Liutizen Merkur und Venus nicht in Tempeln, sondern in Hainen oder an Quellen verehrten[73]. Helmold von Bosau erwähnt den Kult der Göttin Siva bei den Wenden, die die nordische Göttin Sif ist und in der Vita Ottonis Bamburgensis des Ebbo (III, 1) ist von einer „columna mirae magnitudinis", also einer sehr großen Säule die Rede, die im Tempel von Wollin stand[74]. Verehrten die angeblich „slawischen" Wenden also sogar eine germanische Irminsul?

Und die Russen? In Kiew erwähnt eine Chronik von 1046 einen „Turova božnica", d. h. einen „Thorstempel"[75]. In ihren Bylinen (mittelalterlichen Heldenepen) besingen sie drei Helden, nämlich Dobrynja Nikititsch, Ilja Muromez und Aljoscha Popowitsch. Diese Helden entsprechen nun aber haargenau den erwähnten drei Hauptgöttern in christlichem Gewande: Dobrynja ist Wodan, Ilja Muromez (Elias) ist Donar und Aljoscha (Alexander) ist Fro. Mit entsprechenden Attributen werden sie dargestellt (siehe das Umschlagbild) und in den Liedern beschrieben. Diese drei Götter wurden als Patollus (später als „Picollos" verballhornt, Wodan), Percunas (Donar) und Potrimpos (Fro) auch bei den Balten verehrt. Der Kult Odins läßt sich für die Russen dadurch belegen, daß noch heute in ihrer Sprache der Name „Odin" für die Zahl Eins verwendet wird. Das stimmt mit einer Formulierung im Eddalied Grímnismál überein, wo in Strophe 44 der Gott Odin als der „Erste der Asen" bezeichnet wird.

Noch bis in unsere Jahre haben sich in dem ganzen Gebiet der Wenden zahllose Sagen und Flurnamen z. B. von Wodan und der Wilden Jagd, von Frau Holle, Frau Harke und z. B. dem bronzezeitlichen germanischen Fürst im Königsgrab von Seddin erhalten. Die christlichen Siedler hatten sicher diese heidnischen Sagen nicht mitgebracht, die „Slawen" – wenn es denn keine Ostgermanen gewesen sein sollten – könnten dann wohl kaum die Urheber von Sagen von Wodan oder Frau Harke gewesen sein.

Man wendet dagegen ein, daß es bis zu 20 % Restgermanen gegeben haben könnte. Es fragt sich, ob angenommene 20 % Restgermanen so einflußreich gewesen sein können, daß ihre Geschichten sich als einzige erhalten haben und sogar von Christen und fremdethnischen „Slawen" weitererzählt wurden, während „slawische" Götternamen, Flurnamen und Mythen nicht erhalten sind, trotzdem sie ja danach 80 % der Bevölkerung ausgemacht haben sollen.

Es wird ferner eingewendet, die Berichte von Odericus, Doderik u. a. seien eine „Interpretatio Germanica", d. h. die Chronisten haben zwar „slawische" Götter vorgefunden, haben dafür aber germanische Namen genommen. Das ist unglaubwürdig; da diese Chronisten in Latein schrieben, wäre es doch wohl eher glaubwürdig, wenn sie römische Götternamen verwendet hätten, wie früher Tacitus. Und warum sollten englische Chronisten dann nicht wenigstens auch englische Götternamen verwendet haben, also „Thunaer" statt „Thur"?

Selbst noch im 13. Jh. finden wir in Schlesien den Kult germanischer Gottheiten vor. Aus einer Abschrift des Predigerbuches des Bruder Rudolf (Mitte des 13. Jahrhunderts) „Über die kluge Verwaltung des Beichtigeramtes", die sich früher im Kloster Räuden in Oberschlesien befand, ist zu entnehmen, daß auch dort die Kirche lange gegen alten, vorchristlichen Volksglauben kämpfen mußte. Daß dieser Volksglaube im wesentlichen germanischem Urgrund entstammt, geht aus folgenden Proben hervor:

>*In der Christnacht decken sie den Tisch mit Speisen für die Frau Holda, die Königin des Himmels, wie sie sie nennen (...) Vor die Haustüre stellen sie an diesem Tage [1. Mai] Bäume auf (...) Sie glauben, daß sie reich werden, wenn sie den drei Schicksalsschwestern opfern.*<

Nein, meine Forschungen bezüglich der Götter haben gezeigt, daß es sich sämtlich um germanische Gottheiten handelt.

Beim dänischen Chronisten Saxo Grammaticus und der von ihm abhängigen, fabulierfreudigen Knytlinga Saga wird ein wendischer Hauptgott „Svantevit" genannt, der auch bei Helmold von Bosau erwähnt wird (Abb. 7). Helmold geht dabei von einer Übersetzung des Namens „Svantevit" von „Suancte Vitus" („Sankt Veit") aus und sieht in diesem Gott nur eine mißverstandene Übernahme dieses Heiligen.

Helmolds Sichtweise bestätigt indirekt auch Prof. Zdenek Vána[76]:

>*Es scheint jedoch, daß der Kult Svantovits erst in der ersten Hälfte des 12. Jh. aufblühte ... Im 11. Jh. war er noch unbekannt, es kannten ihn weder Thietmar von Merseburg noch Adam von Bremen, zumindest hinterließen sie keine Nachricht von ihm. Helmold dagegen projiziert den Svantovit-Kult bis in das 9. Jh. zurück*<

Vána übersetzt den Namen „Svantovit" von „svet" (= heilig, mächtig, kraftvoll) und „-vit" (= der Herr; Wortstamm ist unser „Wissen, Weise, Weiß" und bezeichnet den Anführer als den weisen Alten mit dem meisten Wissen) und schreibt:

Abb. 7: „*Svantevit*" *mit Priester nach der Beschreibung von Saxo Grammaticus.*

>*Schon das weist darauf hin, daß der Name aus dem Attribut „der mächtige Herr" („der Sieger") eines Gottes entstanden ist, dessen Name urspünglich anders lautete.*<

Wir dürfen raten, wie dieser Gott wirklich heißt. Seine Attribute sind ein großes Trinkhorn, Speere über die ein Pferd geführt wurde, je nachdem, mit welchem Fuß es darüber trat, deutete man das als gutes oder schlechtes Zeichen für eine Schlacht, sowie das große, weiße Roß, auf dem nach dem Glauben der Rügener der Gott in der Nacht herumreitet. Es gibt keinen Zweifel, offenbar verbirgt sich hinter dem Ersatznamen „Svantevit" der Gott Wodan (Odin). Das kann man an den erwähnten Einzelheiten erkennen:
Das große Trinkhorn ist das Horn des Zwergriesen Mimir, mit dem Wodan aus dem Brunnen der Weisheit trinkt. Der Speer ist das Hauptattribut Wodans, der Speer Gungnir, das Pferd ist Wodan geweiht, in den Mythen reitet Er ein achtbeiniges weißes Roß Sleipnir, und das nächtliche Herumreiten spricht Seine Funktion als Gott der „Wilden Jagd" an. Auch der Name des Ortes von seinem Haupttempel, „Arkona" („Adler- oder Erntekönig") auf Rügen ist ein Hinweis auf Wodan, da Ihm der Adler geweiht ist, der Gott heißt in den Nefnathulur „Arnhöfdi" = Adlerköpfig, und Wodan auch ein Gott der Ernte ist.

Der Name „Svantevit" bietet zahllose Möglichkeiten einer Übersetzung, und die Bücher sind voll davon. „Svante-" (bzw. „Suante-") kann sowohl mit „Suancte" = heilig, übersetzt werden, wobei das „C" ausgefallen ist, wie das ja auch im Englischen geschah, wo man z. B. von „Santa Claus" spricht, doch ist dieses Wort zweifellos vom lateinischen „sanctus" abgeleitet und kann daher kein echter ostgermanischer Begriff sein. Auch stört für diese Ableitung das „U" bzw. „V".
Die Silbe „-vit" bedeutet sicher „Herr, Herrscher", genau wie im Götternamen „Rugievit" (= Herr der Rugier) oder in Eigennamen wie „Dragovit", nicht „Sohn" („-viz"), da der Gott ein Hauptgott ist und keines anderen Gottes Sohn. Dann müssen wir berücksichtigen, daß in Arkona bisher ausschließlich skandinavische Funde gemacht wurden, nichts „Slawisches". Der Name muß also aus der nordgermanischen Sprache gedeutet werden, die ostgermanisch-kirchenslawische Missionierungssprache kann man hier sicher nicht anwenden.

Es bleibt dann aber nur eine Möglichkeit. Zuerst berichtete Saxo von diesem Gott und nannte dessen Namen „Suantovitus". Saxo war bezüglich der Namen recht genau, er nennt auch die Namen der nordgermanischen Götter. Man kann aber davon ausgehen, daß Saxo nie selbst im Tempel von Arkona war und für seine Schilderung eine Quelle, also eine verlorene schriftliche Chronik oder einen Gewährsmann, der ihm die Geschichte erzählte, gehabt haben muß. Schon diese Quelle hat den heidnischen Gott meiner Meinung nach dämonisiert, wie wir es auch bei den Namen „Svarog" oder „Cernebog" sehen werden, und Saxo hatte das naiv übernommen, ohne die Bedeutung zu kennen.

„Svantevit" oder „Suantevit" ist ein Lesefehler für „Suartevit" – ein „r" wurde mit dem sehr ähnlichen „n" verwechselt. Der Name bedeutet dann „schwarzer Herr" und meint den Teufel. Das fehlende „r" findet sich noch in der Namensversion der Knytlinga Saga: „Svanraviz" bzw. „Suanrauiz". Der Schreiber der Saga hat das „-vit" (= Herr) mit „-viz" (= Sohn) verwechselt.

Um diese Frage genauer zu klären, müßten die Handschriften von Saxos Werk eingehendst untersucht werden. Das „e" oder „o" zwischen beiden Wortteilen entsteht durch das Aussprechen, aus „svart-vit" wird in der Sprache „svartevit" oder „svartovit". Es fällt jedenfalls auf, daß der Name wie im Falle des „Svarog", den ich unten behandeln werde, mit einem Teufelsnamen große Ähnlichkeit hat. Und es ist bezeichnend, daß der Name nicht einmal bei den Wenden überall verbreitet war und selbst Thietmar von Merseburg und Adam von Bremen ihn nicht kennen, obwohl der Kult dieses Hauptgottes in einem Hauptheiligtum hätte allgemein bekannt sein müssen.

Helmold hatte hier an den „Sankt Veit" gedacht. Danach wurde der von Corvey bei einer frühen Missionierung eingeführte Kult des St. Veit (seine Reliquien lagen in Corvey) nach dem Ende der ersten Christen beibehalten. Aus „Sanctus Vitus" wurde dann „Suantevit" und der Kult wurde mit dem Wodanskult verschmolzen. Diese Deutung ist unwahrscheinlich, da sich so ein junger Heiligenkult nicht in so kurzer Zeit hätte entwickeln können und die Verwendung des lateinischen Wortes „sanctus" in der Form „suante" ist höchst unglaubwürdig.

Helmold und die Knytlinga Saga haben zwar den Namen, aber sie übernahmen ihn von Saxo, so daß Saxo die einzigste unabhängige Quelle für diesen Namen bleibt. In der Knytlinga Saga ist nur die Zerstörung des

Heiligtums von Arcona nach Saxo Grammaticus wiederholt, wobei man viele Fehler machte.

Ich glaube daher, daß auch dieser Göttername nicht echt ist, sondern eine Dämonenbezeichnung aus der Feder eines uns unbekannten Chronisten. Die Schilderung des Kultes halte ich aber für eine authentische Beschreibung des Wodans-Kultes.

Nach Saxos Beschreibung soll Svantevit vier Köpfe gehabt haben. Die Mehrköpfigkeit ist eine Dämonisierung und ich halte sie hier für unecht, zumindest würde ich hunnischen Einfluß darin sehen, zumal die angebliche „Svantevit"-Figur in der Außenmauer an der Kirche zu Altenkirchen auf Rügen (siehe Abb. 8) nur einen Kopf zeigt, weswegen die Figur auch als Darstellung eines Priesters gedeutet wird; ich werde

Abb. 8: Steinfigur an der Kirchenmauer von Altenkirchen, Rügen.

darauf noch bei den anderen Göttern kommen. Als man im pommerschen Wollin ein nur 9,8 Centimeter großes Holzidol mit vier Gesichtern gefunden hatte (siehe Abb. 9), hielt man es für ein Svantevit-Bild. Doch der Slawologe Prof. Vána widerspricht dieser Interpretation[77]:

>*Doch in dem Gebiet, wo der summus deus Triglav herrschte, gibt es ansonsten keine Hinweise auf den Svantovit-Kult. Mit Blick auf die geringe Größe der Figur (9,5 cm) und ihre phallische Form handelt sich wohl eher um ein Amulett, das seinem Besitzer auf magische Weise Geschlechtskraft und Fruchtbarkeit sichern sollte.*<

Auch auf die bekannte, vierkantige 2,6 Mtr. hohe Kalksteinstele von Zbrucz, unweit Husjatyn in Galizien, die vier Gesichter unter einem Hut trägt (siehe Abb. 10), und die von einigen Forschern wegen ihrer auffälligen Ähnlichkeit zu Saxos Schilderung als Fälschung angesehen wird (der Fälscher hat sich genau an diese Beschreibung gehalten), geht Vána ein:

>Gegen die Deutung, daß die Statue Svantovit darstellt, spricht vor allem die geographische Lage – so weit nach Süden reichte dieser lokale Kult sicher nicht – und die Form des Idols. Die Gestalt mit dem Trinkhorn z. B. hat weibliche Merkmale und gehört also eher einer Göttin, dasselbe gilt wahrscheinlich für die Gestalt mit dem Ring, und nur die restlichen beiden Figuren sind männlich. Das Idol von Zbruc zeigt also vier selbständige Gottheiten, deren Bedeutung und Funktion weiterhin fraglich ist.<

Vermutlich ist diese Figur, falls sie denn echt ist, eine hunnische Gottheit.

Fazit: Einen slawischen Gott „Svantevit" hat es so wohl nie gegeben, es handelt sich um eine Dämonisierung des germanischen Gottes Wodan als „schwarzer Herr", der ausweislich einiger Quellen und zahlloser Flurnamen von den Wenden als höchster Gott verehrt wurde. Mehrere Köpfe hatte er sicherlich nicht.

Thietmar von Merseburg und Adam von Bremen kennen diesen Gott unter dem Teufelsnamen „Svantevit" nicht; Adam aber erwähnt ihn unter seinem

Abb. 9: Figur von Wollin, Pommern, 2. Hälfte des 9. Jh.

echten Namen, als er das Heiligtum Rethra beschrieben hatte. So schreibt Adam von Bremen[78]:

>*Unter ihnen allen sind die in der Mitte liegenden Retharier die Mächtigsten. Ihre Stadt ist das aller Welt bekannte Rethre, der Sitz des Götzendienstes, wo den Dämonen, deren vornehmster Redigast ist, ein großer Tempel erbaut ist. Sein Bild ist von Gold, sein Lager von Purpur. Die Stadt selbst hat neun Tore, ist ringsum von einem tiefen See umgeben, über den eine hölzerne Brücke führt, die jedoch nur den Opfernden oder Orakelsprüche Einholenden zu betreten gestattet ist.*<

Wir verdanken Adam hier den tatsächlich gebrauchten Namen dieses Gottes, „Redigast" bzw. „Radegast". Aber die weiteren Chronisten erwähnen nur eine „Burg Redigast" und nennen den Gott anders: „Svarozyc" und „Svarog". Slawomanen behaupten, Adam von Bremen hätte sich geirrt und den Namen der Burg als Name des Gottes gedeutet. Nein, das glaube ich nicht, Adam von Bremen hatte die Namen von Gottheiten genau überliefert, er nennt z. B. die richtigen Namen der drei Götter von Upsala. Adam ist hier also durchaus glaubwürdig. Nicht glaubwürdig hingegen sind die anderen Chronisten, die auch noch voneinander abgeschrieben haben. Daß „Radegast" ein Göttername mit überregionaler Bedeutung war, ergibt sich schon daraus, daß fünf Orte in Deutschland diesen Namen tragen: Radegast (Ortsteil von Bleckede) in Niedersachsen, Radegast (Ortsteil von Krembz) in Mecklenburg, Radegast (Ortsteil von Satow) in Mecklenburg, Radegast (Landkreis Stargard) in Pommern und Radegast (Ortsteil von Dahlen) in Sachsen. Die Stadt Radegast in Sachsen-Anhalt, 1244 zuerst erwähnt, ist nach den „fratres de Radegiz" (Gebrüder v. Radegast) benannt. Im 6. Jh. gibt es im germanischen Stamme der Warnen einen König Hermegis mit einem Sohn Radegis bzw. Radagis.

Der Name „Redigast" ist also entweder an diesen König der Warnen, oder an den gotischen Anführer „Radagaisus" oder „Rhadagaisus" gebunden, der im Jahre 406 gestorben war (und der dann selbst Namensgeber für den König Radagis wurde). „Radagais" heißt er bei dem Chronisten Orosius zu Anfang des 5. Jh.[79] Er hatte ein gotisches Heer von etwa 20.000 Mann (mit Begleitern geschätzt 100.000 Menschen) aus der Hunnenherrschaft befreit und nach Oberitalien geführt. Der Chronist Zosius (er verfaßte um 500 eine „Historia nea" oder „neue Geschichte") erwähnt weitere Stämme[80], vermutlich gehörten auch die Wandalen dazu. Zwar war er letztendlich nicht erfolgreich, weil er gegen Westrom unterlag und viele

seiner Leute in Italien versklavt wurden, aber er hatte den von Hunnen unterjochten Stämmen ein Vorbild des Mutes und der Hoffnung gegeben, so daß sie in ihm vermutlich eine Inkarnation oder einen Avatar Wodans sahen, vielleicht hatten sie auch nur die Burg nach diesem Helden benannt, darin aber Wodan unter seinem richtigen Namen verehrt. Immerhin ist es doch sehr bezeichnend, daß „slawische" Wenden den Namen eines gotischen Helden aus dem 4. Jh., der auch den Wandalen eine Hoffnung war, oder eines germanischen Königs des 6. Jh. als Namensgeber für ihre Burg oder ihren Gott Wodan nahmen. Es ist ein typischer Wikingername und bedeutet „der klug-ratende Gast" oder einfach „Gast im Rat", was auch auf Wodan gut paßt. Der gleichnamige Fluß „Radegast" (Nebenfluß der Stepenitz) hat seinen Namen von der Gottheit, nicht umgekehrt, denn ein Flußname ist „Gast im Rat" sicher nicht.

Wir wissen auch nicht, ob nicht Radagaisus auch vor seinem großen Auszug schon in anderen Kriegszügen erfolgreich gewesen ist. Vielleicht wurde er als Held in Rethra vergöttlicht, vielleicht trug er nur den Beinamen des Gottes Wodan und hat ansonsten mit Rethra nichts zu tun.

Ein heute rekonstruierter wendischer Tempel (siehe Abb. 28, S. 155) stand auch in „Groß Raden" (Mecklenburg), und auch dieser Ort ist danach benannt, daß hier auch „Rat" gehalten (oder Radegast verehrt) wurde; es wurde dort eine Speerspitze im Tempel gefunden, die ein deutlicher Hinweis auf Wodan ist, dessen Attribut der Speer „Gungnir" ja ist.

Im Jahre 1008 wird bei Bruno von Querfurt also dieser Gott „Svarozic" oder „Svarog" erwähnt als „Zuarasiz diabolus", auch Thietmar von Merseburg

Abb. 10: 2,6 Mtr. hohe Kalksteinstele von Zbrucz, unweit Husjatyn in Galizien.

erwähnt Tempel und Kult dieses Gottes auf der Burg Radegost oder Riedigost, von ihm haben auch Saxo und Helmold die Geschichte übernomen.

Thietmar von Merseburg schreibt über dieses Heiligtum und den Gott[81]:

>*Im Gau der Redarier gibt es eine dreieckige Burg namens Riedgost, die drei Tore besitzt und von allen Seiten mit einem dichten heilig gehaltenen Wald umgeben ist. Zwei Tore stehen jedem, der kommt, offen. Das dritte, das Osttor, ist das kleinste und weist auf einen kleinen Weg, der zu einem unheimlichen See führt. Im Innenraum der Burg befindet sich nur ein aus Holz errichtetes Heiligtum, das auf den Hörnern verschiedener Tiere steht. Die Außenseiten sind mit künstlerisch gekonnt geschnitzten Abbildern von Göttern und Göttinnen verziert. Im Heiligtum selbst stehen von Menschenhand geformte Götzen mit eingeschnitztem Namen, Helm und Panzer. Sie sehen furchterregend aus. Der wichtigste und höchste heißt Swarozyc und wird von allen Heiden bevorzugt verehrt und angebetet. Hier befinden sich auch die Feldzeichen, die im Ernstfall, wenn ein Kriegszug unternommen wird, von hier genommen und den Fußsoldaten getragen werden.*<

In welcher Schrift waren die Namen eingeschnitzt? In der kyrillischen Schrift der Missionare sicher nicht und auch die lateinische Schrift wird man wohl nicht verwendet haben, so daß wohl nur die germanischen Runen bleiben.
Attribute des Gottes sind nach der Beschreibung: Kriegsrüstung und ein Pferd, auch ein Eber. Bezeichnend ist, daß auch von diesem Gott dasselbe Speerorakel überliefert wird, das wir auch bei Svantevit finden (siehe Kap. 10, Seite 133f und Kap. 11, S. 144). Somit deuten alle Attribute auf Wodan hin, selbst der Eber, der Wodan als Gott der eberköpfigen Schlachtreihe anspricht. Auch erwähnt Thietmar im Anschluß an das Pferdeorakel das Losorakel im Tempel, so daß auch hier ein Bezug zu Wodan, dem Gott der Runen, besteht. Wir dürfen auch nicht vergessen, daß der Svantevit-Kult auf Rügen den Kult in Rethra ersetzte, nachdem Rethra gefallen war. Somit muß man davon ausgehen, daß in Rügen derselbe Gott verehrt wurde, wie zuvor in Rethra.

Wie kommt nun aber der abweichende Name bei diesen Chronisten zustande? Der Name „Zuarasiz diabolus" bei Bruno v. Querfurt bedeutet übersetzt „kleiner schwarzer Teufel" und ist eine Mischung aus wandalisch-ostgermanisch (vgl. altnord. „suartr" = schwarz) und griechisch („diabolus" = Teufel). „Svarog" ist derselbe Name ohne die Verkleinerung und mit der Endung „-rog" = Herrscher (vgl. den Wodansnamen „Rögnir", „Regin" = Götter oder „Regis" = König, Herrscher). „Svarog" aus „svart-Rog" bedeutet also „schwarzer Herrscher", es ist also sicher kein echter Name, sondern hier ist nur der Gott Wodan von den sich gegenseitig beeinflussenden Chronisten dämonisiert worden. Wir dürfen nicht vergessen: Diese Chronisten waren fromme Kleriker, fürchteten sich vor der Nennung des Namens eines heidnischen Hauptgottes – schließlich galten die heidnischen Gottheiten als reale dämonische Wesenheiten, die Nennung ihres Namens konnte also eine Gottheit heraufbeschwören, was sehr gefürchtet war. Also nahm man Ersatznamen, und da heidnische Gottheiten als „Teufel" galten, bezeichnete man sie auch so. In späterer Zeit wagte man in ähnlicher Weise nicht, den Namen „Satan" oder „Teufel" zu nennen und erfand immer neue Umschreibungen, wie etwa „Gottseibeiuns". Die Bezeichnungen „Zuarasiz diabolus" (= kleiner schwarzer Teufel) oder „Svarog" (= schwarzer König) sind also dämonisierende, unechte Bezeichnungen für einen Gott anderen Namens und ähneln auch noch sehr dem Namen „Svantevit" (= schwarzer Herr).

Eine Namensverkleinerung liegt bei dem Namen „Svarozic" vor, er bedeutet „kleiner schwarzer König" oder „Sohn des schwarzen Königs" (ähnlich wie im Czechischen „Kralovic" = Königssohn, der Sohn des „Kral" = Königs ist). „Svarozic" soll der Sohn des „Svarog", also Wodans, sein und wird in einer Zufügung der Ipatejev-Chronik des Johannes Malalas aus Antiochien (6. Jh.) mit dem Gott des Lichtes, Dazbog, gleichgesetzt und mit dem griechischen Sonnengott Helios verglichen. Da Dazbog auch Belbog heißt und dem Sohn Wodans, Baldr, entspricht, stimmt diese Verwandtschaft tatsächlich. In der Chronik erscheint auch ein Name „Svaixtix" als verderbte Form des griechischen Gottes „Hephaistos" und wird dort zur Kennzeichnung des Gottes Dazbog verwendet.

Bei den Balkangermanen heißt der Gott „Dabog", das Z fiel aus, er wird hier allerdings als „Zar der Erde" (= Teufel) dem christlichen Gott des Himmels gegenübergestellt und wiederum dämonisiert.
Der Name ist eindeutig germanisch zu deuten. Das Z im Namen war ein ursprüngliches C und als solches wie ein K zu sprechen: „Dac-Bog", das ist der nordgermanische Gott „Dagr" (= Tag). Aus „Dag" oder „Dac" wurde „Daz", „Dasch" oder nur „Da".

„Bog" (altindisch bhaga, iranisch baga) ist nur Bezeichnung für „Gottheit" (= Verteiler des Reichtums, Spender des Guten). Diese iranisch-asiatische Bezeichnung haben die Wenden sehr wahrscheinlich von den Hunnen (Persern, Iranern) übernommen.

Prof. Zdeněk Vána schreibt zu „Dazbog" (S. 70):

>*Doch darf man auch die Beziehung zur indogermanischen Wurzel dag – (altindisch dah – brennen) heranziehen, die ebenfalls die Funktion des Sonnengottes und des Feuers andeutet.*<

„Dazbog" wird auch mit „Belbog" gleichgesetzt, der aber in den Chroniken nicht vorkommt, sondern nur durch Ortsnamen und Sagen erschlossen ist, z. B. dem Kloster „Belbog" in Pommern, von dem nur noch eine Grundmauer steht, oder „Belzig" am Fläming. In der Oberlausitz gibt es einen Felsen „Czernoboh" und einen „Bieleboh", doch sind diese Benennungen jung. In Berlin gibt es einen „heiligen Bielbogs Weg", nämlich der Weg von Alt-Berlin nach Tegel. Warum dieser Weg so genannt wird, ist unbekannt, vielleicht ging er von Tegel weiter nach Heiligensee, zum dortigen Heiligtum, oder auf der andern Seite durch Berlin zum „Box-" oder „Bogshagen", einem Götterhain in der Nähe des Rummelsburger Sees. Der Name „Bel" ist dabei die sprachliche Weiterentwicklung des germanischen Götternamens „Baldr" (wiederum die Wandlung des A in ein E), vgl. den angelsächsischen Namen Baldrs, „Beldegg" (= Baldr-Dagr). Die Namen „Redigast", „Dac-Bog" oder „Bel-Bog" sind echte germanische Namen in ostgermanischer Mundart und mit hunnischer Bezeichnung „-bog" versehen. Die Namen „Svantevit" und „Svarog" für „Wodan" sowie „Svarozic" und „Svaixtix" für „Dac-Bog" hingegen sind unechte Dämonisierungsnamen.

6.
Die Gottheit Triglav

Neben Svantevit sollen die Wenden eine weitere mehrköpfige Gottheit verehrt haben, Triglav. Über diese Gottheit ist nur wenig bekannt. Der Name wird auch geschrieben: Triglaw, Triglaf, Trieglaff, Triglaus, Tryglav, Truglous oder Triglava, und bedeutet „Dreikopf". (poln. „głowa", czechisch „hlawa" = Kopf, „tri" = drei). Der Name ist aber griechisch-kirchenslawischer Herkunft.

Nach den Chronisten Ebbo, Herbord und dem Prieflinger Mönch, den Biographen des Bischofs Otto von Bamberg (1. Hälfte des 12. Jh.) wurde diese Gottheit in Wollin (das Vineta oder die Jomsburg der Sagen) und in Stettin verehrt.

Ebbo schreibt in seiner „Kroniken" von 1155 über Triglav:

>*Der Gott Triglav hatte gleich drei goldene Köpfe. Ein Schleier bedeckte seine Augen und Mund. Die Priester sagten, daß wenn er nicht sehe und spräche, könnte er die menschlichen Sünden übersehen. Die drei Köpfe stehen für die drei Herrschaftsbereiche: Himmel, Erde und Unterwelt. Sein Tempel war umgeben von einem heiligen Hain und Wiesen, auf denen ein schwarzes Pferd weidete. Dieses Pferd wurde für Vorhersagen genommen. Dies geschah in folgender Weise: Das Pferd wurde über neun Speere geführt, die in der Erde steckten. Wenn es keinen Speer berührte, war die Vorhersage günstig, andernfalls ungünstig.<*

Auffällig ist in diesem Bericht, daß hier ein Pferdeorakel beschrieben wird, das ganz ähnlich über den Gott Svantevit bezeugt ist, nur daß es diesmal ein schwarzes Roß ist. Es ist möglich, daß Ebbos Schilderung eine Übernahme des von Svantevit berichteten Kultes darstellt. Jedenfalls gilt wegen dieser Schilderung Triglav gemeinhin als Kriegsgottheit. Neben dem Tempel soll eine alte Eiche und eine Quelle gewesen sein, aber auch ein großer Haselnußbaum wird erwähnt. Die Feste sollen am 4. 6. gefeiert worden sein.

Abb. 11: Die Göttin Triglav oder Triglava. Darstellung von Johann Joachim Steinbrück von 1792. Erst in späterer Zeit hat man sich Triglav hauptsächlich als männliche Gottheit vorgestellt.

Das goldene Band oder Tuch, mit dem Triglavs Mund und Augen verschlossen waren, sollte bewirken, daß Triglav weder die Sünden der Menschen sieht, noch darüber künden müsse. In den Händen hielt die Figur einen gehörnten Mond. Gerade der Bezug zum Mond ist beachtenswert, denn Triglav wurde auch häufiger als Göttin dargestellt, die einen Bezug zum Monde hat. Jacob Grimm[82] erwähnt eine krainerische Sage, wonach der Mann im Monde „Kotar" (finnisch Kuutar = Mond) heiße und den Mond durch Wassergießen wachsen lasse. Dieser Kotar war ein von der Göttin Triglava geliebter Hirte und wurde von ihr in den Mond gesetzt.

Friedrich der Große schrieb[83]:

>*Jede Gegend besaß ihren eigenen Gott. Die Vandalen einen, der Triglav hieß. Man findet eine Darstellung von ihm auf dem Harlungerberg bei Brandenburg. Er hatte drei Köpfe.*<

Es ist möglich, daß Triglav eigentlich eine Göttin ist, kein Gott. Als Göttin haben sie frühere Forscher gedeutet. So schreibt Dr. C. A. Vulpius[84]:

>*Trigla, Triglaff, Triglow, Triglawa, eine von den Sorben (besonders den um Stettin herumwohnenden) Slawen und Wenden verehrte Göttin, als eine Luna und Diana zugleich; abgebildet mit drei Köpfen, den halben Mond mit beiden Händen vor die Brust haltend, ohne Gewand (...) Andere machen diese Göttin unter dem Namen Triglaff zu einem Gott der Sorben.*<

Auf eine Göttin deutet auch hin, daß an Stelle des Brandenburger Triglavheiligtums auf dem Harlunger Berg eine Marienkirche und an Stelle des Berliner Triglavtempels eine Gertraudenkirche errichtet wurde, Kirchen also, die weiblichen Heiligen geweiht sind und daher wahrscheinlich eine weibliche Gottheit ersetzten. Auch auf den Müggelbergen soll sich der Sage nach ein Bild Triglavs befunden haben, das hier den Kult einer Göttin, die in den Sagen als Prinzessin oder als „Bertha" erscheint, ersetzt. Bertha ist natürlich Berchta, Perchta (= die Bergende), Parychta, und ein Name der Erdgöttin Frick.

Die Wenden als ursprünglicher Stamm der Wandalen kannten die Verehrung der Muttergöttin Frick, die auch in der Dreiheit (junge Göttin, Muttergöttin, alte Frau) verehrt wurde. Ich gehe davon aus, daß die Chronisten und Missionare hier den Kult der Göttin Frick vorfanden, dann aber diesen in ihrer Sprache (dem Griechisch der Ostkirche) beschrieben, ähnlich wie Tacitus den Wodanskult vorfand und in seiner Germania von „Merkur" als höchstem germanischen Gott schrieb. Ich gehe außerdem davon aus, daß Triglav die Bezeichnung für eine Göttin, nicht für einen Gott ist.

Schon der Name Triglav ist umstritten. Prof. Zdeněk Váňa (Prag) schreibt[85]:

>*Man weiß nicht, ob dies ein ursprünglicher Name ist oder nur das Attribut eines andern benannten Gottes, der aufgrund seiner Dreiköpfigkeit diesen Namen nachträglich erhielt. Sicher handelt es sich wieder um eine lokale Gottheit, deren Kult sich nicht weiter als bis nach Brandenburg verbreitete.*<

Und weiter heißt es:

>*In dieser Vorstellung glaubte man, christliche Einflüsse erkennen, ja Triglav selbst als eine Deformation der heiligen Trinität deuten zu können. Es wurde in der christlichen Ikonographie die heilige Dreieinigkeit manchmal mit drei Köpfen oder Gesichtern dargestellt, aber erst seit dem 13. Jh.*<

Nach meiner eigenen Deutung hat es einen Gott oder eine Göttin namens „Triglav" oder „Triglava" niemals gegeben. In den Chroniken sind wahrscheinlich heidnische und christliche Vorstellungen zusammengelaufen. Da das wendische Stammesgebiet zuerst von Mönchen der Ostkirche mit dem Christentum konfrontiert wurde, konnten sich Bezeichnungen aus der griechischen Mythologie für wendische Gottheiten erhalten, die diese Mönche verwendet hatten, wie auch im Falle des Namens „Svaixtix".

„Triglav" ist nun gleichfalls eine griechisch-kirchenslawische Bezeichnung und lautet ursprünglich im Griechischen „Tricephalus", d. h. „die Dreiköpfige" und ist ein Beiname der Göttin Hekate[86]. Weitere Beinamen sind „Triceps" (die Dreiköpfige), „Triformis" (die Dreigestaltige), „Trivia", „Trioditis" (die auf drei Wegen Wandelnde). Hekate (siehe Abb. 12) wird mit drei Köpfen dargestellt und ist Göttin des Himmels, der Erde und der Unterwelt (ursprünglich des Meeres), sowie des Mondes.

Hekate ist am Himmel Luna (Mond), auf Erden Diana und in der Unterwelt Proserpina. Ihre Attribute sind der Dolch, das Schwert, die Fackel,

Abb. 12: Griechische Hekate-Darstellung.

der Strick, der Schlüssel und die Schlange; diese sechs Dinge hält sie in ihren sechs Händen. Von Hekates Namen leitet sich „Katarina" ab. Aus dem Namen „Hekaterine" (auch „Aikaterine") wurde das russische Jekaterina. Die Bedeutung des Namens Hekate ist dunkel; vielleicht leitet er sich von griech. Hekat (hundert) ab und bedeutet „die Hundertfache". Nach anderen Theorien könnte der Name seinen Ursprung in der ägyptischen Göttin Heket haben, welche die Gebärenden beschützt. Richtig ist wohl, daß der Name „Hekate" ursprünglich ein Beiname der Göttin Artemis (Diana) ist und Sie als die „weithin Schießende" bezeichnet, da Sie die Strahlen des Mondes verschießt. Hekate ist Herrin der Dreiwege, an denen ihr geopfert wurde. Ihre drei Köpfe sind entweder menschlich oder zeigen ein Rinder-, ein Wildschwein- und ein Hundehaupt, vielleicht Sinnbilder für Himmel, Erde und Unterwelt. Als wilde Jägerin zieht sie, wie Frick-Holda, mit einer Hundemeute durch die Lande. Ihre heiligen Bäume sind die Weide und die Eibe. Hekate ist Beschützerin und Führerin der Toten, Herrin der Zauberei, Helferin der Gebärenden; sie verleiht eine gute Ernte und Sieg in der Schlacht.
Ich hatte bereits erwähnt, daß es Chronisten gibt, die u. a. vom Kult der Göttin Diana bei den Liutizen berichteten. Diana aber ist nur der römische Name der Göttin Artemis-Hecate-Tricephalos (= Triglav).

Der Name „Triglav" kommt als Flurname nicht vor, der Name Triglav in einem kleinen Dorf bei Greifenhagen in Pommern und das Gut Triglav auf Rügen sind junge Benennungen, lediglich wurden und werden zuweilen dreigipflige Berge so genannt, ohne irgendeinen Bezug zu einer Gottheit zu haben. So ist die Stadt Stettin auf drei Hügeln errichtet, deren mittlerer (auf dem der Tempel stand) den Namen „Triglav" trug. Hier war der Nußbaum Triglav geweiht, da aber die Haselnuß der Frick geweiht ist, liegt es nahe, hinter Triglav einen Namen für die Göttin Frick zu sehen. Auch das schwarze Pferd, welches dort als heiliges Tier Triglavs erwähnt wird, ist dafür ein Indiz.
Der höchste Berg in Slowenien, der auch im Wappen dieses Landes dargestellt ist, trägt wegen seiner drei Gipfel gleichfalls den Namen „Triglaf".

In der Schilderung des Ebbo haben Forscher[87] aber auch einen christlichen Einfluß gesehen, und zwar soll Triglav danach nur eine Deformation der heiligen Trinität darstellen, die drei Herrschaftsbereiche (Himmel, Erde, Unterwelt) sollen danach rein christliche Vorstellungen repräsentieren. Dann wäre der Triglavkult aus den Resten einer früheren christlichen

Mission zu erklären, wie man das auch mit dem St. Veit-Kult, der zum Svantevit-Kult geworden sein soll, versuchte. Doch ist diese Deutung ziemlich unwahrscheinlich.

Als Stettin im Zuge der Wendenkreuzzüge 1124 christianisiert wurde, ließ Bischof Otto von Bamberg die Kultstätten zerstören und die im Haupttempel (es gab dort vier Tempel) errichtete Statue Triglavs stürzen. Da soll Otto sogar selbst die Axt ergriffen haben. Die drei versilberten Köpfe des Götterbildes ließ er abhacken und sandte sie als Beweis der erfolgreichen Wendenmission an Papst Calixt II. nach Rom. Bei der Zerstörung des Tempels soll das Volk Bischof Otto unterstützt und die Tempelschätze geplündert haben. Diese Schätze kamen u. a. auch dadurch zustande, daß bei einem Kriegszug der 10. Teil der Beute als Steuer an den Tempel ging. Der Tempel soll von Boleslav Schiefmund errichtet worden sein, von innen und außen war er mit kunstvollen Holzskulpturen, die Menschen, Vögel und wilde Tiere darstellten, ausgeschmückt gewesen und mit Malereien versehen. Das Schwarze Roß Triglavs, das von den Priestern für ihre Orakel benutzt worden war, ließ Otto außer Landes führen und verkaufen. In der Nähe des einstigen Triglavtempels wurde dann schließlich eine Kirche des heiligen Adalbert gebaut.

In Wollin ließ Bischof Otto den Tempel vernichten, in dem eine goldene oder vergoldete Triglav-Statue gestanden hatte. Jedoch konnten die heidnischen Priester diese Figur retten und in einem hohlen Baum verstecken, irgendwo in der Umgebung der Siedlung. Hier brachten die Anhänger der Gottheit weiterhin heimlich Opfer. Trotz aller Anstrengung gelang es Otto nicht, diesen Ort zu finden und die Statue in seinen Besitz zu bringen. Zweieinhalb Jahre später hatten sich die Pommern wieder ihrer alten Religion zugewandt, stellten ihre im Geheimen bewahrten Götterbilder auf die christlichen Altäre und begannen sich auf eine kriegerische Auseinandersetzung um die Erhaltung ihres Glaubens vorzubereiten.

Triglav soll nach dem Bericht einer einzigen Brandenburger Chronik aus dem 13. Jh. auch in Brandenburg verehrt worden sein, wo sich auf dem Harlunger Berg (heute: Marienberg) das Heiligtum befunden haben soll. Das ist durchaus möglich, der Berg ist als recht hoher Berg sicher einst eine Kultstätte gewesen. Aber die Gottheit dort trug nur in griechischer Sprache den Namen Triglav. Auch der czechische Chronist Pulkava aus der 2. Hälfte des 14. Jhs. erinnert an diese Gottheit. Aus dem 16.

Abb. 13: Der sog. „Heidentempel" von Drüggelte bei Soest.

Jh. stammt die unbeglaubigte Angabe, in der Umgebung von Meißen hätten noch im Jahr 1526 Idole mit drei Gesichtern gestanden. Nach einer Volkssage jüngeren Datums soll sich auch in Berlin ein Triglav-Tempel befunden haben, und zwar an der Stelle des späteren Gertraudenspitals. Eine Sage aus Drüggelte bei Soest (Westphalen) erwähnt gleichfalls Triglav, allerdings als Göttin. Ihr dreiköpfiges Standbild soll dort im noch heute vorhandenen „Heidentempel" (heute eine Kapelle) bis ins 16. Jh. gestanden haben und der Name Drüggelte soll von „Triglav" abgeleitet sein. Ein Forscher hat vermutet, daß das Bild in einer der zwei ummauerten Säulen des Gebäudes noch heute vorhanden sei. Drüggelte aber liegt in Westphalen, wo nie Wenden oder gar „Slawen" gesiedelt haben.

Abb. 14: Triglav als männlicher Gott. Chronik des 17. Jh.

In Brandenburg soll der Triglav-Kult durch Albrecht den Bären vernichtet worden sein, allerdings stellten die Wenden nach dem großen Wendenaufstand von 983 in der Marienkirche von Brandenburg wieder ein Triglav-Bild auf.

In die Beschreibung des Triglav sind jedenfalls Spuren von Svantevit-Wodan, der auch als Dreiheit beschrieben wurde (z. B. in der Gylfaginning der jüngeren Edda), aber eventuell auch christliche Elemente (Trinität) eingeflossen. In erster Linie aber ist „Triglav" eine griechische Bezeichnung, die in der „interpretatio graeco" für die germanische Göttin Frick, die man mit Hekate-Artemis identifizierte, verwendet wurde.

Es ist nicht anzunehmen, daß jemals ein Wende die griechisch-„slawische" Bezeichnung „Triglav" für diese Gottheit gebraucht hatte, genausowenig, wie etwa Westgermanen ihren höchsten Gott nicht „Merkur" nannten, wie Tacitus geschrieben hatte, sondern Wodan.

7.

Die Göttin Siva

Wir kennen nicht allzuviele angeblich „slawische" Göttinnen. Aber nach den Überlieferungen ist die Göttin Siva sicher eine der bekanntesten wendischen Göttinnen.

Von Siva schrieb bereits Helmold von Bosau in seiner „wendischen Chronik"[88]:

>*Außer den heiligen Hainen und Hausgöttern, an denen Fluren und Dörfer Überfluß hatten, waren die ersten und vorzüglichsten unter den Göttern Prove, der Gott des Aldenburger Landes, Siva, die Göttin der Polaben, und Radigast, der Gott des Obotritenlandes.*<

Prove oder Probe ist ein Beiname Tius, Radigast (Ratgast) ist Wodan. Siva wird hier also neben diesen beiden Hauptgöttern erwähnt, das zeigt uns, wie bedeutend diese Göttin war und ist. In der Bangert-Ausgabe von 1639 der Helmold-Chronik wird Siva neben Prono (Prove) und Ridigast (Radegast) mit antiken Attributen dargestellt: In der rechten Hand hält sie einen Apfel, in der linken Weintrauben, auf dem Haupt hat sie Blätter (siehe Abbildung 15).

In einer Handschrift von 1662 aus dem Sammlungsbestand des Stralsunder Stadtarchivs ist über die Göttin zu lesen:

>*Wie auch der Sieva, eine Göttin, der die Haare bis an die Waden gehangen. Sie aber hatte beide Hände auf dem Rücken gehabt und in der einen Hand eine Weintraube mit einer goldenen Blade, in der anderen einen goldenen Apfel gehalten.*<

In dem alten böhmischen Glossar „Mater verborum" aus dem Jahre 1102 wird Siva als Spenderin des Getreidesegens bezeichnet und mit Ceres (Demeter), der Erdgöttin, verglichen[89]:

Abb. 15: Abbildungen von Göttern aus der Bangert-Ausgabe von Helmolds Chronik (1639).

>*Ceres, fruges, frumentum, vel dea frumenti: siua.*<
>*Dea frumenti, Ceres: Sius.*<

In einer Initialzeichnung dieses Glossars gibt es eine weibliche Figur mit nicht sehr langem, ein wenig gelocktem Haare und entblößter linker Schulter, in der Rechten hält sie eine Ähre, in der Linken eine Blume. Eine Umschrift lautet: „ESTA SIVA" („das ist Siva").

Und in ähnlichen Quellen kann man lesen[90]:

>*Siva, dea frumenti Ceres.*<

Ganz anders wird die Göttin in Mauro Orbinis Werk, „Il regno degli Slavi" (Pesaro 1601) beschrieben:

>*Die Polaben und Lavonen beteten Teutone an, der mit Merkur gleichzusetzen wäre, und dem sie Menschenfleisch opferten; sie beteten auch eine Göttin mit Namen Siva an, als fröhliches Kind mit Bogen, und auf dem Wurfspieß eine Krone, was heißen soll, daß jener, der Erfolg hatte und gut war im Waffengang, er sei von der Göttin Siva gekrönt; sie entspricht der Juno.*<

Mit „Lavonen", eigentlich: „Labonen", sind die Wenden an der Elbe („Labe") gemeint. Man hat das Gefühl, daß hier eine andere Gottheit beschrieben wurde. Vermutlich rührt diese Darstellung daher, daß man Donar mit Jupiter gleichsetzte, und Donars Gemahlin dann natürlich mit Juno identifiziert werden mußte und ihn daher Junos Zuständigkeiten zugeschrieben wurden. Trotzdem ist es nicht unwahrscheinlich, daß Siva auch als kriegerische Göttin angerufen und verehrt wurde.

Wir haben hier natürlich keine „slawische" Göttin vor uns, sondern den Namen der nordischen Göttin Sif, wie er bei dem Stamm an der Elbe verwendet wurde. Siva ist also die deutsche Namensform der Göttin, die im Norden Sif heißt, im Namen liegt lediglich wieder der V-F-Wechsel vor, dazu die weibliche Endung des A. Slawomanen hingegen verändern die Schreibweise des Namens bis zur Unkenntlichkeit: „Živa" oder „Razivia" und deuten die Göttin als „Göttin der Lebenskraft", als Herrscherin über die Wachstums- und Lebenskräfte und Fruchtbarkeitsgöttin. Übersetzt bedeute der Name „Leben, Sein, Existieren" oder „Leben, Lebenskraft" (croatisch: „živa i životna"). Spätere Mythologen (in der Lausitzer

Monatsschrift 1797, oder in Falkensteins Thüringischer Chronik) deuteten „Siewa" als Göttin der Liebe und als gebärende und nährende Erdkraft und dichteten Ihr einen Gott „Siebog" oder „Zywie", einen „Beschützer der Ehen" als Gemahl an.

Aus der Edda kennen wir die Göttin Sif als Thórs Frau. Wir kennen auch den Mythos, wie Loki der Sif die Haare abschneidet und Ihr dann neue aus Gold beschaffen muß (Skáldskaparmál Kap. 35).

Jakob Grimm übersetzte den Namen Sif mit „Sippe" und sah in der Göttin eine Göttin der Sippe und Familie. Forscher gehen aber davon aus, daß der Name „Sif" lediglich nur „die Angeheiratete (Frau), die Verwandte, die Angesippte" bedeutet und also einfach „die Frau (Thórs)" bezeichnet. Bei den Finnen heißt die Gemahlin des Donnergottes Ukko Rauni („Eberesche"), bei den Lappen heißt Horagalles (= Thórs) Gemahlin Raudna („Eberesche"), denn im Mythos wurde eine Eberesche Thórs Rettung, als er sich daran aus dem Vimurfluß rettete (Skáldskaparmál Kap. 18):

>*Im selben Augenblick sah er sich am Lande, bekam eine Eberesche [reynir] zu fassen und stieg so aus dem Wasser; daher die Redensart: Die Eberesche ist Thórs Bergung [björg].*<

In der Edda wird nicht gesagt, daß diese Eberesche in Wahrheit Thórs Gemahlin war, die Ihm hier durch diese Verwandlung geholfen hat. Daß aber Finnen und Lappen den Kult von Thórr und seiner Gemahlin Rauni/ Raudna von ihren schwedischen Nachbarn übernommen haben, schreibt schon Jan de Vries (§ 419), und zwar geschah das recht früh. Im Norden ist aus diesem Mythos sogar ein Sprichwort geworden:

>*Reynir er björg Thórs.*<
(„*die Eberesche ist Thórs Bergung*").

In der Aefikvida des Skalden Grettir wird deshalb für den Eigennamen Thórbjörg die scherzhafte Umschreibung „Reynirunnr" gebraucht. Die Eberesche ist dem Thór geweiht, bei Finnen und Lappen auch der Gemahlin Thórs. Rauni gilt als Göttin der Fruchtbarkeit, vor allem jene des Getreides, sie ist zudem aber auch Gewitter- und Donnergöttin. Ihr Mann ist der Himmelsgott Ukko, der dem Thór entspricht. Beschimpft Rauni diesen, dann beginnt er zu donnern, was allerdings auch eine günstige

Wetterlage für die Ernte darstellt. Man sagt, die heilige Hochzeit der beiden sei eine Voraussetzung für eine gute Ernte. Wenn sie zornig ist schickt Rauni Stürme, wenn sie wieder besänftigt ist – Regenbögen. Rauni wird im Zusammenhang mit Ukko in Agricolas Götterverzeichnis genannt:

>*Wenn die Frau des Rauni brünstig wurde, wurde auch Ukko sehr brünstig.*<

Da Sif einen Bezug zur Erde hat, weiß sie auch die Zukunft. Deswegen wird sie in der Edda mit der griechischen Weissagerin Sibylle gleichgesetzt.

Abb. 16: Ein Urrind.

Ihr scheint auch die Kuh geweiht zu sein, denn in der Ragnars Saga Lodbrokkar 9 wird eine Kuh namens Sibilja (man übersetzt den Namen allerdings mit „die stets brüllende") erwähnt, die die Feinde durch ihr Gebrüll verscheuchte oder verrückt machte. Auch der vanischen Erdgöttin Nerthus ist laut Tacitus die Kuh geweiht. Die Stellen in der Saga lauten:

>*Eysteinn hieß ein König, der über Schweden herrschte (...) er hatte seinen Wohnsitz*

in Upsala und war ein eifriger Opferer; zu Upsala war damals eine so große Opferstätte, daß es nicht ihresgleichen in den Nordlanden gab. Sie erwiesen große abergläubische Verehrung einer Kuh und nannten sie Sibilja. Ihr wurde soviel geopfert, daß keiner ihrem Gebrüll widerstehen konnte. Deshalb pflegte der König, wenn ein feindliches Heer zu erwarten war, diese Kuh der Schlachtordnung vorangehen zu lassen. Sie besaß nämlich so große Teufelskraft, daß die Feinde, sobald sie ihr Gebrüll hörten, so verwirrt wurden, daß sie aufeinander losschlugen und sich selbst nicht in acht nahmen. Deshalb war Schweden damals feindlichen Einfällen nicht ausgesetzt, weil niemand es wagte, gegen eine solche Übermacht zu kämpfen.<

Es kommt zu mehreren Angriffen, und es heißt in der Saga (Kap. 10, 12):

>Er hatte auch die Kuh Sibilja bei sich, aber viele Opfer mußten ihr gebracht werden, ehe sie mitziehen wollte (...) Sobald die Brüder König Eysteins Heer sahen, glaubten sie, es mit keiner Übermacht zu tun zu haben und dachten nicht, daß noch mehr Mannschaft da wäre. Aber sogleich darauf kam das ganze Heer aus dem Walde hervor, die Kuh wurde losgelassen, lief dem Heere voraus und brüllte fürchterlich. Da entstand solcher Lärm und solche Verwirrung bei den Heermannen, die es hörten, daß sie aufeinander losschlugen, nur die beiden Brüder blieben standhaft. Aber das Ungeheuer stieß mit seinen Hörnern manchen Mann den Tag zu Tode; und obwohl die Ragnarssöhne gewaltige Kämpen waren, so konnten sie doch nicht zugleich der Übermacht der Menge und der Zauberei widerstehen.<

Bei einem weiteren Angriff sagt der König:

>„Wir wollen die Kuh Sibilja, unsere Gottheit, mit uns nehmen und sie dem Heere voranlaufen lassen; ich hoffe, es wird wie früher werden, daß sie ihrem Gebrüll nicht widerstehen können. Ich will mein ganzes Heer zum tapfersten Widerstande anfeuern, und so wollen wir das große, grimme Heer aus unserm Lande vertreiben".<

Die Kuh Sibilja, die wie eine Gottheit verehrt wurde, wurde dann von den Gegnern schließlich doch getötet.
Wir wissen natürlich nicht sicher, ob der Göttin Sif die Kuh geweiht ist; als eine Göttin des Wachstums und der Erde würde es passen, und der ähnliche Name (Sif/Sibil und Sibilja) sprechen dafür. Aber sicher ist es nicht.
Der Goldene Widerthon (Haarmoos, Goldenes Frauenhaar, Polytrichum commune) heißt im Norden „haddr Sifjar" (Haar der Sif); somit haben wir einen Eindruck, wie man sich Sifs goldenes Haar vorstellen kann.

Der einzigste Mythos, der uns von Sif erhalten ist, findet sich in den Skáldskaparmál Kap. 35. der jüngeren Edda. Es heißt darin:

>*Warum heißt das Gold Haar der Sif? – Loki, Laufey's Sohn, hatte in boshafter Absicht es erreicht, der Sif all ihr Haar abzuschneiden. Als Thórr das bemerkte, ergriff er Loki und hätte sämtliches Gebein in ihm zertrümmert, wenn Loki nicht geschworen hätte, es bei den Schwarzalben durchzusetzen, daß sie für Sif ein Haupthaar aus Gold machten, das wachsen sollte wie anderes Haar. Darauf begab sich Loki zu den Zwergen, die als Ivaldi's Söhne bekannt sind, und diese machten das Haar und den Skidbladnir und Ódins Speer Gungnir.*<

Loki wettet dann noch mit dem Zwerg Brokk, der auch Kostbarkeiten fertigt, und es kommt zu Begutachtung:

>*Als Loki und der Zwerg die Kostbarkeiten brachten, nahmen die Ásen ihre Richterstühle ein; die Entscheidung sollte gelten, welche Ódinn, Thórr und Freyr fällen würden. Da gab Loki Ódinn den Speer Gungnir, Thórr das für Sif bestimmte Haar und Freyr den Skidbladnir. Er erklärte die Bedeutung aller Kostbarkeiten: Der Speer machte im Stoß niemals halt, das Haar war festgewachsen, sobald es auf Sifs Haupt kam, Skidbladnir hatte günstigen Wind, sobald sein Segel gehißt wurde, wo immer die Fahrt hinging, und man konnte, wenn man wollte, ihn wie ein Tuch zusammenfalten und in der Tasche tragen.*<

Brokk legt nun seine Kleinode vor und gewinnt gegen Loki.

Sif erscheint hier als die Wachstumskraft der Erde und hat damit eine Berührung mit der „Roggenmuhme" des deutschen Brauchtums, die das Getreide schützt.

In späteren Quellen erscheint Sif in aus dem Griechischen übernommenen Mythen im Norden. Wahrscheinlich wurde Ihr Name hier für Hera-Juno oder Demeter verwendet. So findet Sie sich in der isländischen Trójumanna Saga (Saga von den Trojanern) oder den Breta Sögur.

Heiligtümer der Göttin Sif/Siva sind uns nur wenige bekannt. Nach einer Sage befand sich in Magdeburg einst ein Tempel der Siva, der vielleicht an Stelle des Doms oder der Kirche „Unserer lieben Frau" (Liebfrauenkirche) gestanden hatte. C. A. Vulpius beschreibt das Götterbild 1826, deutet es aber als Freia[91]:

>Auch in Magdeburg wurde diese Göttin vorzüglich verehrt. Ihr Bildnis hatten fremde (Römer) dahin gebracht. Sie stand auf einem Wagen, ohne Bekleidung, hatte einen Myrthenkranz um die Schläfe gewunden, auf der Brust eine Flamme (oder brennende Fackel), hielt in der Rechten die Erdkugel, in der Linken drei goldene Aepfel. Hinter ihr standen drei unverschleierte Mädchen (die Grazien) mit ineinander geschlungenen Händen, jede haltend einen Apfel in der Hand. Der niedrige Wagen wurde von zwei Schwänen und zwei Tauben gezogen – Karl der Grosse zerstörte dieses Bild.<

Abb. 17: Siva-Münze von 1693 (Nachzeichnung).

Von 1693 stammt eine Münze, die das Bild der Siva zeigt und auch Ihren Namen trägt (siehe Abb. 17). Die Inschrift lautet:

>Quae suspecta Diis Merito Siva deiicit arma – Pax Razeburgensis 1693.<
("Siva entledigt sich der Waffen, so den Göttern Argwohn schaffen – Frieden von Ratzeburg 1693".)

Die Medallie wurde aus Anlaß des Ratzeburg-Fiedens 1693 geprägt und zeigt, wie Siva in der damaligen Darstellung mit Weinblatt die Waffen niederlegt. Auch ein Gedicht entstand damals:

>Zu Ratzeburg in der lustigen Art,
Man Syvam ehrte zu der Fahrt.
An der Begnitz mit Silber und Gold,
Der Göttin was man sunder hold,

Sie was gezieret hoch mit Lüsten
Mit Rosen und Lilien an die Brüsten.<

Ein weiterer Tempel der Siva soll der Sage nach an Stelle des Ratzeburger Doms gestanden haben.

Ein Heiligtum der Göttin Siva befand sich auch in der Heide, dem Stadtwald von Halle. Viele Spuren von der Göttin gibt es im Heidegebiet: Ein Relief der Kirche zu Müllerdorf, das eine nackte Frau auf einem Hunde zeigt, kann Siva darstellen, da die Wenden Siva in Begleitung eines Tieres, welches als Affe oder Hund bezeichnet wird, darstellten. Die vor einigen Jahrzehnten in der Heide freigelegten und umgefallenen Findlinge wurden als Reste eines groben Siva-Bildes gedeutet. Sie liegen im Mittelpunkt eines Kreises, dessen Peripherie Lettin, Kröllwitz, Granau und Dölau berührt. Nach dem Volksglauben geht die Göttin noch heute in der Mittagsstunde als verwünschte weiße Frau um, im schwarzen Kleid mit weißer Schürze und hoher, schwarz und weiß karierter Mütze. Sie gilt heute als Unglücksbotin. Als „Prinzessin Zorges" lebt Sie in Lieskau und Granau weiter, mit weißem Kleide auf schwarzem Pferde reitend, von einem Hunde begleitet. In Dölau fährt die weiße Frau in einer von Ziegenböcken gezogenen Kutsche, eine Erinnerung an Donars Wagen.

Der Name der Göttin Sif (gesprochen mit langem „i" wie in „Sieb") wurde von Karl Simrock im Sinne von „Regnen" gedeutet, weil am Niederrhein „siefen" „Regnen" bedeutet; man sagt zu regennasser Kleidung sie sei „versifft". So bestechend diese Deutung auch klingt, sie kann nicht stimmen, denn Sif erscheint nirgends als eine Regengöttin. Der Tag Maria Heimsuchung (2. 7.) oder „unser lieben Frauen Tag, da sie über das Gebirge ging" heißt am Niederrhein auch „Maria Sîf". Unzweifelhaft geht dieser Name auf das heidnische Fest zu Ehren der Göttin zurück, das Fest der Leinernte, nicht aber auf einen Regenlostag.
Sif ist auch keine Göttin der Sonne (das goldene Haar als Bild der Sonnenstrahlen). Der Bezug der Göttin Sif zur Erde wird bereits in der jüngeren Edda deutlich. Da finden sich nämlich in den Nefnathulur Namen der Erde (Jörd), und darunter der Name Sif. In den Skáldskaparmál Kap. 24 wird über Jörd gesagt, sie ist die „Schwiegermutter der Sif".

Die Göttin Sif/Siva ist das Musterbeispiel für wissenschaftliche Fehldeutungen. Statt daß man die etymologische Verwandtschaft der Namen Sif und Siva erkennt und somit diese germanische Göttin endlich nach allen Quellen (denen aus dem Norden und denen aus unsern Breiten) deutet, trennt man willkürlich. Man erfindet eine „slawische" Schreibweise des Namens (die es in keiner einzigen Quelle gibt), „Živa", übersetzt diesen Namen „slawisch" und so entsteht weiterer Baustein für eine konstruierte „slawische" Mythologie. Und die germanischen Mythenforscher erkennen nicht die Verbindungen von Sif und Siva.

8.
Die Göttin Liuba

In meiner Schulzeit erfuhr ich zuerst von der wendischen Liebesgöttin „Liuba" (oder Lioba, Luba, Lupa), und zwar wurde Sie in einem der Bücher der Reihe „Heimathefte Berlin" erwähnt. Allerdings fand ich nichts über Liuba in mythologischen Nachschlagwerken, doch weisen auch Ortsnamen auf Liuba hin.

Einzigste Quelle über diese Göttin ist eine Sage aus Lübben im Spreewald, wo sich ein Heiligtum der Göttin befunden hatte und wo heute der sogenannte „Liuba-Stein" (siehe Abb. 18) steht[92]:

>*Einst huldigte der Stamm der Wenden mit Gebet und Opfer der Liebesgöttin Liuba unter der ihr geweihten Eiche. Eine junge und schöne Wendenprinzessin soll sich der Sage nach einst an die Göttin gewandt haben. Der Liebste der Prinzessin war in den Kampf gezogen. Als ihr in der Nacht des Abschieds im Traum eine weiße Frauengestalt mit wallendem Haar, die Wehklage, erschien, deutete sie dies als ein Vorzeichen des baldigen Todes ihres Geliebten. Sie flehte daher die Göttin Liuba, die Beschützerin aller Liebenden am Fuße der Eiche an, sie bald wieder mit ihrem Verlobten zu vereinen und opferte ihr für den in den Krieg Gezogenen ihr wertvollstes Diadem sowie eine Halskette, die ihr der junge Fürst geschenkt hatte.*
Auf dem Weg nach Hause versank die Prinzessin samt ihrer goldenen Kutsche und ihrem Gefolge im grundlosen Morast, den es damals vielerorts im Spreewald gab. Auf dem weit entfernten Schlachtfeld wurde ihr Liebster zur selben Stunde von einem vergifteten Pfeil ins Herz getroffen. So hatte die Göttin Liuba die Liebenden wieder vereint.
Der Weg im Ljuba-Hain, wo die Wendenprinzessin mit ihrem Wagen versunken ist, wurde nach diesem Geschehnis „Prinzessinnenweg" genannt.<

Der Ort der Kultstätte im Lübbener Hain wird als „Lubans-Grube" oder „Lubans-Keite" bezeichnet. Lübben hieß früher auch „Lubin" (1150) oder „Lubben" (1442). Im Jahre 1854 hatte die Stadt Lübben zur Erinnerung

Abb. 18: Der Liuba-Stein in Lübben. Photo: Reijk Zwintzscher.

an die Kultstelle dort den Stein mit der Inschrift „LiUBA" aufstellen lassen. Hier stand auch die „Lubans-Eiche". Auf Anordnung des Lübbener

Magistrats wurde 1907 der „Liuba-Stein" entfernt und an seinen heutigen Platz gebracht, wo er nach einer Restauration im Jahre 2000 wieder in neuem Glanz erstrahlt. Ganz in der Nähe befindet sich ein Hügel, welcher „Frauenberg" heißt, sowie ein Tal, welches den Namen „Ostergrund" trägt.

Und damit sind wir schon bei Ortsnamen, die vermutlich auch nach dieser Göttin gebildet sind. So z. B. „Berlin-Lübars", „Lubars" (1247) = Lubas Ort; hier befindet sich östlich des Dorfes eine „Osterquelle", die auch „Marienquelle" genannt wird, südlich des Dorfes gibt es den Mühlenteich mit Urnenfunden und vom Dorf nach Westen dehnt sich der Höhenzug „Osrücken" (= Asenrücken, benannt nach der germ. Götterfamilie) aus. Wie beim „Liuba-Hain" in Lübben erscheint der Name der Göttin im Zusammenhang mit Namen, die auf „Ostern", „Ostera" gebildet sind.

Weitere Orte sind „Lübbenau", „Lubbenowe" (1301), die „Lübbensteine" bei Hannover (ein Großsteingrab) oder „Lübnitz", „Lubenitz" (1314) bei Bad Belzig im Hohen Fläming. Dort finden sich auch die weiteren Flurnamen „Heidenkirchhof" und „Hexenweg" sowie „Hexenwald". Ferner weisen die folgenden Orte auf die Göttin Liuba hin: „Groß Lübbenau", „Grosin Lobin" (1373), „Gros-Lubenaw" (1570), „Lübbenow", „Lubbenow" (1301), „Lybenow" (1375), „Lübbinchen", „Lubink", „Groß-" und „Klein-Lüben", „Luben" (1339), „Hohenlobbese", „Lobbesen" (1461), und „Lobendorf", „Lobindorff" (1450). Die Forscher übersetzen derartige Namen meist mit „Ort, wo Leute eines Mannes namens Luben wohnen" und verstehen nicht, daß es sich um einen Göttinnennamen handelt, den natürlich kein Mensch tragen durfte.

Bleiben wir beim Namen der Göttin. Dieser Name wird als Vorname heute im Osten vielfach verwendet, und zwar in den Formen „Lioba, Líoba, Leoba, Ljuba, Lijuba". Er bedeutet „die Liebe" oder „die Liebende" und hat seinen Ursprung in der gotischen Sprache. Das ist deswegen bezeichnend, weil sich hier wieder einmal ein angeblich „slawischer" Name als gotisch und damit ostgermanisch entlarvt. In der Variante „Liepe" (eigentlich: „Liebe", ein typischer P-B-Wechsel) bezieht sich der Name bei den Wenden auch auf den Baum der „Linde". Das ist aber wohl sekundäre Deutung; der Liebesgöttin ist die Linde geweiht, daher kann ihr Name auch synonym für „Linde" stehen. In Berlin liegt die Insel „Lindwerder" (die auch „Liebesinsel" heißt) neben der „Lieper Bucht". Vermutlich lag ein Heiligtum der Liebesgöttin geschützt auf der Insel. Auf der Insel Pichelswerder gibt es eine Schlucht, die „Liebesgrund" heißt, sowie „Teufels-" oder „Hexenschlucht". Auch hier befand sich ein Heiligtum der Liebesgöttin (der angrenzende, heute abgetragene Berg heißt „Prinzessinnenberg").

Auch auf Runenfundstücken kommt der Name „Liuba" (bzw. seine Vorformen) in der Bedeutung „Liebe" vor, z. B. auf dem Schnallenrahmen von Weimar[93], Thüringen, erste Hälfte des 6. Jhs.:

>*ida:bigina:hahwar:awimund:isd:leob idun:*<
(*„Ida, Bigina, Hahwar, Awimund, Isdag. Leob-Idunn"*).

Auf einer Fibel von Weimar, erste Hälfte des 6. Jhs. findet sich auf der Rückseite die Inschrift:

>*haribrig liub leob hiba*<
(*„Haribrig. Hiba und Liubi [wünschen] Liebes"*).

Auf der Fibel von Engers bei Koblenz steht nur:

>*leub*<
(*„Liebe"*).

Weitere Inschriften mit diesem Wort: Büchse von Schretzheim, Bayern, Anf. des 7. Jhs., Holzstab von Neudingen, Donaueschingen, 6. Jh. Schon auf dem Stein von Skärkind, Schweden gegen 450 findet sich der Name

>*skitha leubaz*<

Man kann auf den meisten Runeninschriften, wo sich das Wort findet, dieses als Eigenname der Göttin oder in der Bedeutung „Liebe" übersetzen; wahrscheinlich gehen Name und Bedeutung zusammen. Gemeint ist die Liebe und personifizierte Liebe, also die Liebesgöttin.

Der Name Liuba, der in verschiedenen Varianten vorkommt, findet sich auch in der Edda. Und zwar heißt es in der Gylfaginning 35:

>*Die achte [Asin], Lofn, ist den Anrufenden so mild und gütig, daß sie von Allvater oder Frigg Erlaubnis hat, Männer und Frauen zu verbinden, was auch sonst für*

Hindernis oder Schwierigkeit entgegenstehe. Daher ist nach ihrem Namen die Erlaubnis genannt, sowie alles, was die Menschen sehr loben.<

Hier sind also die Begriffe „Erlaubnis" und „Lob" auf den Namen dieser Ásin bezogen. Ich sehe eine etymologische Verwandtschaft, denn das „F" in „Lofn" kann aus älterem „B" gekommen sein (wie bei „Alfen" und „Alben"), das „O" aus älterem „U" (wie Thórr aus runischem Thur), dann würde der Name „Lubn" lauten und sich zu „Luba" fügen. Lofn ist in der Edda eindeutig Liebesgöttin, wie Liuba. Forscher übersetzen den Namen Lofn, der auch in den Thulur und in Skáldenstrophen als Name einer Göttin vorkommt, mit „die Tröstliche, Milde".

Natürlich entspricht die Liebesgöttin Liuba der nordischen Göttin Freyja. Die räumliche Nähe der Liuba-Kultstätten zu Orten, die mit Freyja bzw. Freyjas Beinamen Ostera im Zusammenhang stehen, ist ein Indiz dafür. Davon abgeleitete Orts- und Flurnamen gibt es zahlreich.

Es scheint so, daß die Göttin unter dem Namen „Liuba" (Lioba) so beliebt war, daß die Kirche eine eigene Ersatzheilige eingeführt hatte, um diesen heidnischen Kult zu ersetzen. Es handelt sich um die heilige „Lioba von Tauberbischofsheim" (Abb. 19) (Heiligentag: 28. 9.). Zwar hat es diese Heilige wohl tatsächlich gegeben, jedoch ist fraglich, ob sie wirklich schon „Lioba" hieß, oder anders. In den Geschichten wird sie nämlich auch „Truthgeba" genannt. Jedenfalls trägt sie den Namen der Liebesgöttin und gilt auch als eine Heilige, die die Liebe (nun freilich die Liebe Gottes) verkörpert bzw. in diesem Sinne angerufen wird.

Lioba (Leobgyta) wurde um 700/710 in Wessex, England, als Tochter der Adeligen Dynne und Aebbe geboren. Sie starb um 782 in Schornsheim. Sie war Missionarin, Benediktinerin und Heilige und wurde im Kloster der Benediktinerinnen von Wimborne (Grafschaft Dorset) erzogen. Sie lebte dann als Nonne in Klöstern von Kent und Wessex. Diese Klöster unterstützten den Heiligen Bonifatius, mit dem Lioba verwandt war, bei seiner Missionsarbeit im Fränkischen Reich.

732/ 735 folgte Lioba Bonifatius ins Frankenreich. Bonifatius machte sie zur Äbtissin des Klosters Tauberbischofsheim. Sie missionierte durch die theologische Unterrichtung junger Mädchen. Lioba starb auf dem ihr zugewiesenen Königsgut Schornsheim. Sie wurde zunächst im Ostchor

Abb. 19: Die heilige Lioba, Pfarrkirche St. Magnus, Waldburg, Landkreis Ravensburg. Photo: Andreas Praefcke.

der Stiftskirche im Kloster Fulda beigesetzt, von wo sie wegen des von Abt Eigil von Fulda 818 veranlassten nachträglichen Einbaus der Ostkrypta in die Ratgar-Basilika verlegt werden mußte. Damit begann die offizielle kultische Verehrung. 836 wurde sie in die Kirche St. Peter auf dem Petersberg überführt. Um 838 schrieb Rudolf von Fulda die „Vita Leobae" (Lebensbeschreibung der Lioba).

Am Grab der hl. Lioba geschahen viele Wunder, zwei von ihnen hat ihr Biograph Rudolfus, welcher selbst Augenzeuge dieser Wunder war, aufgezeichnet. Ein Mann, dessen Arm von einem eisernen Ring so fest umschlossen war, daß das Fleisch darüber wuchs, wurde nachdem er am Grabe der hl. Lioba gebetet hatte, von diesen Ring dadurch befreit, das er von selbst abfiel. Von einem Spanier berichtet derselbe Biograph: Dieser wurde von einem beständigen Schütteln und Zittern an allen Gliedern geplagt und hatte überall vergeblich Hilfe gesucht. Am Grabe der hl. Lioba wurde er von seiner Plage geheilt. Derartige Krankheiten (z. B. Schüttellähmung) heilt der Donnergott, es ist möglich, daß man Lioba eine besondere Verbindung zum Donnergott unterstellt hatte. In der Hyndluljód der Edda bittet Freyja für die Riesin Hyndla:

>*Dem Thórr werd' ich opfern, werd' ihm flehen,*
Daß er günstig immerdar sich dir erweise,
Ob er auch kein Freund der Riesenfrauen.<

Unsere Vorfahren haben ein besonderes Verhältnis von diesen beiden Gottheiten angenommen und gingen davon aus, daß Thórr der Freyja keine Bitte abschlagen würde. Vermutlich hängt das damit zusammen, daß beide Gottheiten gemeinsam auf dem Frühlingsfest Ostern (Várblót) angerufen wurden, daß also beide Götter in derselben Jahreszeit zusammen wirken.

Lioba/Liuba ist eine der wenigen Heiligen, deren Name identisch ist mit dem Namen der heidnischen Göttin. In „Lübben" ist Sie die „Liebesgöttin des Spreewaldes", im Westen Deutschlands ist Sie eine christliche Heilige, zu der man noch heute betet und zu deren Grab man pilgert, wenn man Hilfe braucht.

„Liuba" kommt vom germ. „Leob" = Liebe, und ist eindeutig nicht „slawisch", die Ersatzheilige „Lioba" hatte ihr Wirkungsgebiet nicht einmal in einer von Wenden besiedelten Region. Somit liegt bei „Liuba" ein echter wandalisch-wendischer Beiname dieser Göttin vor.

In einem Heiligtum am Plöner See wurde die Göttin der Morgenröte, die mit der Göttin der Liebe identisch ist, unter dem Namen „Podaga" verehrt. Der Name ist skandinavisch: „på-dag" = vor dem Tag. Somit ist auch dieser Name in keiner Weise „slawisch", sondern wir haben hier einen germanischen Götterbeinamen der Morgenröte (Freyja-Ostara-Liuba), die sich ja „vor dem Tag" am Himmel zeigt.

9.
𝔚eitere 𝔊ötter

Es ist immer noch schwer, aus der Menge von gefälschten Götterbildern und Chroniken die relevanten sog. „slawischen" Gottheiten herauszufinden. Insbesondere fallen bei den Wenden die vielen mehrköpfigen Gottheiten auf. Sollte sich hier – möglicherweise durch hunnischen Einfluß – eine eigene ostgermanische Tradition entwickelt haben, die es bei den anderen germanischen Stämmen so nicht gab, oder haben Chronisten Götter nur ausgeschmückt?
Die heidnischen Kulturen Europas kennen eigentlich nur zwei derartige Gottheiten, nämlich den doppelgesichtigen Jahresgott Janus, der am Jahreswechsel auch zurück ins alte Jahr blickt, sowie die Göttin Artemis-Hecate, deren drei Köpfe drei Mondphasen bedeuten sollen.

In der germanischen Mythologie sind es wohl nur die Riesen, die mehrhäuptig beschrieben werden, so im Eddalied Hymisqvidha oder in den Skirnisför. Auch der Urriese ist Vater eines sechsháuptigen Sohnes. Wenn in der Edda „mehrhäuptiges Volk" erwähnt wird, dann sind es ungeschlachte Riesen. Sollten nun unbeeinflußt von dieser Sichtweise ausgerechnet mehrhäuptige Gottheiten bei den germanischen Wenden verehrt worden sein? Man darf Zweifel anmelden. Die Chronisten hatten die Absicht, die Gottheiten negativ darzustellen, also den Riesen ähnlich zu beschreiben. Und sie waren bibelfeste Christen. Sie gingen davon aus, daß die Götterbilder von dämonischen Wesenheiten durchdrungen waren. Im Christentum aber erscheinen solche Dämonen oft in großer Zahl. Der Evangelist Lukas berichtet in seinem 8. Kapitel von einem besessenen Menschen, den Jesus heilt. Es heißt da in Vers 30:

>*Und Jesus fragte ihn und sprach: Wie heißest du? Er sprach: Legion; denn es waren viel Teufel in ihn gefahren.*<

Die Vorstellung, daß viele Dämonen sich in einem Menschen (oder Götterbild) aufhalten können, war also bekannt und um diese „multiple dämonische Macht" auch optisch zu illustriern, kann die Sitte aufgekommen sein, die Götterbilder mit vielen Köpfen zu beschreiben, unabhängig von ihrer tatsächlichen Gestaltung.

Insbesondere fällt auf, daß einige Gottheiten ganz normal aussahen, andere aber mit viele Köpfen beschrieben werden. Im Falle des Gottes „Perun" wird sogar derselbe Gott einmal normal, dann aber auch mit fünf Köpfen bzw. Gesichtern beschrieben, was diese Beschreibung und alle ähnlichen Beschreibungen zweifelhaft erscheinen läßt.
Natürlich ist auch denkbar, daß die Mehrköpfigkeit von Gottheiten, die der Hinduismus entwickelt hatte, durch Vermittlung hunnischer Stämme zu den Ostgermanen gelangte, doch halte ich das für weniger wahrscheinlich.

In der byzantinischen Legende „Das Leben des hl. Demetrios von Saloniki" (7. Jh.) wird ein Gott mit dem Namen „Pyrenos" erwähnt. Hier befragt der Heerführer Chatzon das Orakel und bekommt von „Pyrenos" eine Antwort. In der bulgarischen Übersetzung dieses Buches (der „Alexandreis" aus dem 10. Jh.) wird dieser „Pyrenos" zu „Porun". Aber „Pyrenos" ist wohl eher auf das Feuer (Pyro) zu beziehen. Viele weitere Quellen erwähnen den Gott unter dem Namen „Perun", dabei ist interessant, daß in einer Quelle gesagt wird, die Varäger in Nowgorod hätten ein großes Götterbild und nannten es Turov (= Thórr). In einer andern Quelle wird genau dieser Gott dann Perun genannt. Damit ist die Identität beider Götter erwiesen. Der Name, „Perun" soll von „perti" (= Schlagen) stammen (vgl. „Peitsche"), doch viel wahrscheinlicher handelt es sich um die Übernahme des baltischen Donnergottes, Perkunas/ Perkons, dessen Name ursprünglich „Eiche" bedeutet. Eine heilige Eiche des Perun stand auf der Dnjeprinsel Chortice. Ein wichtiges Attribut des Perun ist die Axt, die als über den Himmel fliegende Feueraxt ein Symbol des Blitzes war.

In Garz auf Rügen wurde nach Saxo Grammaticus der fünfköpfige Gott Porenutius (siehe Abb. 20) verehrt, dessen Name nur die latinisierte Form von „Perunic", d. h. „Sohn des Perun" darstellt. Die Knytlinga Saga nennt ihn „Turupit" und deutet damit gleichfalls auf Thórr hin. Bei Saxo und in der Knytlinga Saga erscheinen auch die Namen „Porevit" und „Puruvit". Der Name (på Revit) scheint nordgermanisch gebildet zu sein und ist eine Variante zu „Porenutius".

Abb. 20: Götter die in Garz auf Rügen verehrt worden sein sollen, Rugievit (links) und Porenutius (Perun) nach der Beschreibung bei Saxo Grammaticus.

Die Stelle über die Götter von Garz lautet bei Albert Crantz[94]:

>*In dieser Stadt [Carentz] waren drey Kirchen (...) Die erste arbeit so man vornam, war daß man die Götzen nieder warff, deren zwene darinnen, den grösten hiessen sie Rugiemum ein gar abschewlich, heßlich, groß Bildt, hatte an einem Kopff sieben Gesichte, vnd gleich so viel Schwerter an der seiten, vntern Meulern nesteten die Schwalben, dauon die Brust von Dreck sehr besudelt außsahe, vnd solt dies etwan des Gottes Martis Bildt sein, vnd den sieben Tagen in der Wochen vorstehen. Der ander hieß Porenitus, mit vier Gesichtern am Kopff, vnd dem fünfften an der Brust abgebildet.*<

Perun oder Percunas ist also nur der baltische-ostgermanische Name für Thórr-Donar, den die warägischen Wikinger bei ihrem Zug durch die baltischen Stämme dort kennengelernt hatten. Aber auch die Sarmathen verehrten den Donnergott unter dem Namen Thamar.

Die Beschreibung des Gottes Porenutius von Garz auf Rügen enthält die Angabe, der Gott habe 4 Gesichter am Kopf und eines auf der Brust (siehe Bild 20). Wie kann es sein, daß dieser Gott hier so extrem mehrköpfig beschrieben wird, genauso wie Rugievit? Gab es wirklich diese Mehrköpfigkeit, oder wollten die Chronisten hier nur auf das Vorhandensein vieler „Teufel" hinweisen?

Wenn wir uns einmal Darstellungen des Teufels ansehen, wie wir ihn z. B. auf den alten Tarockkarten haben, dann finden wir auch Teufelsdarstellungen, bei denen er zwei Gesichter hat, ein normales am Kopf, sowie ein weiteres auf der Brust – ganz genauso wie der angebliche Gott Porenutius. Die Abb. 21 zeigt drei alte Teufelsdarstellungen aus dem Tarock: Links der Teufel aus den Miniciate-Karten des späten 15. Jh., in der Mitte der aus dem Lando-Tarock von 1760, rechts der Tarock von F. Strambo, 19. Jh. Die Bilder folgen alten Traditionen, die älter sind, als die Herstellungszeiten der Karten.

Ich gehe davon aus, daß außer im Falle der Gottheit Triglav und vielleicht noch des Svantevit die Mehrköpfigkeit der wendischen Götter ähnlich wie die Namen eine Dämonisierung durch die christlichen Chronisten aufzeigt. Die Götter waren verhaßt und sollten wie Teufel, Riesen oder Dämonenhaufen erscheinen, deswegen gab man ihnen die vielen Köpfe oder Gesichter wie bei den Teufelsdarstellungen und verwendete Namen, die sie als Dämonen kennzeichnen. Darum dürfen wir diesen Beschreibungen

Abb. 21: Teufelsdarstellungen auf alten Tarockkarten, 15.-19. Jh.

und auch diesen Namen keine Bedeutung beilegen. Ich gehe nicht davon aus, daß die Wenden je Götter dieser Gestalt oder dieser Namen verehrt haben. Auch mit dem zweifellos bestehenden persisch-hunnischen Einfluß kann man das nicht erklären.

Doch kommen wir zu weiteren Göttern. Der Gott Veles (so im „Igor-Lied") trägt in der Nestor-Chronik den Namen „Volos", er wird auch „Velos" genannt. Wie auch im Falle des „Perun" ist auch „Veles" eine Übernahme aus dem Balticum, der litauische Gott „Velinas" (älter: Velenas), Jägergott, Gott der Toten und des Viehs, führt die Schar der „veles" an, der „Wilden Jagd", die Russen schworen bei Perun und Veles. Der Gott wurde nach der Missionierung als Teufel bezeichnet, das litauische „véles" bezeichnet die Unterwelt. Sein Name durfte nicht ausgesprochen werden, wie der des Teufels, weswegen es viele andere Namen für ihn gibt. Velinas ist einäugig wie Wodan, Veles erscheint dem Apoll (= Wodan) ähnlich, ist Dichtergott und Todesgott wie Wodan. Er wird als aufrechtstehender Wolf dargestellt und er trägt einen Stab. Der Name ist Übernahme des litauischen Velinas, kann aber auch mit „Stab" (Zauberstab) altnord. „Völr" übersetzt werden. Der Gott wäre dann in seiner Eigenschaft als Zauberer und Stabträger bezeichnet. Der Name wird aber auch als Anlehnung oder Umbildung des Namens des Schutzpatrons des Viehs, des hl. Blasius (Vlas, Vlasij) angesehen, was ich für nicht überzeugend halte. Dieser Gott ist zweifellos Wodan (Odin).

In drei Quellen des 10.-12. Jh. wird ein Gott „Stribog" erwähnt, die Winde werden „Enkel Stribogs" genannt, weswegen man bei Stribog auf einen Windgott geschlossen hat. Sehr wahrscheinlich aber handelt es sich wohl um eine Übernahme des persisch-hunnischen „Stríbagha" (= der schöne Gott), ein Beiname von „Ahura Mazda", dessen Name durch persische Händler und wohl auch Hunnenstämme in Rußland eingeführt wurde.

Auch der Gott „Chors" stand in Kiew, eine der Quellen nennt ihn den „jüdischen Donnerengel" und deutet damit schon seine orientalische Herkunft an. In der Chronik „Slovo o polku Igorev" scheint angedeutet, daß es ein Sonnengott ist. Deswegen geht man von einem persischen Ursprung aus, wo es den Sonnengott „Chordad" gibt („chursid, chorsed" = die strahlende Sonne).

Ein Gott „Simargl" oder „Semargl" wird im „Povest vremennych let" als einer der Götter von Kiew genannt, in der „Slovo nekojego christoljubca" sind es zwei Götter: „Sum" und „Rgl". „Simargl" ist wahrscheinlich eine fremde Gottheit. Der Name stammt wohl vom heiligen geflügelten Hund der Perser, „Senmurv-Simorg". Aber auch eine Verstümmelung der in der Bibel genannten Götter Aschera und Nergal aus Mesopotamien hat man angenommen, da ja in der jüdischen Bibel die Vokale nicht aufgeschrieben wurden, wird aus Ashera „Shr" und aus Nergal „Nrgl".

Nach den Quellen ist „Mokos" eine Beschützerin der Schafe und des Spinnens, der Name „mok", „mokr" (= feucht) bezeichnet die feuchte Erde und ist wohl eine Übernahme der persischen Göttin „Ardvi Sur Anahita" (ardvi = feucht), aber auch eine Übernahme der griechischen Vorstellung des „malakia" (= sexuelle Entkräftung) ist möglich, wenn man dem „Slovo" des hl. Gregorius folgt; dann aber handelt es sich gar nicht um eine Gottheit.

Die angebliche Gottheit „Trojan" der Russen hält auch einer Überprüfung nicht stand. In dem apokryphen „Slovo i otkrovenije sv. apostol" wird ausdrücklich gesagt, daß es sich bei „Trojan" um den römischen Kaiser handele, gemeint ist Kaiser Trajan (98-117 u. Zt.). Auch das apokryphe

„Chozdenije Bogorodicy" sagt, es sei nur ein vergöttlichter Mensch. In jungen Quellen heißt er „Zar Trojan".

Die Wenden als Nachkommen der germ. Wandalen saßen einst in Schlesien. Hier belegt Tacitus den Kult der Götterbrüder, das sind die nordischen Götter Vidarr und Váli, und nennt sie „Alcis" (Germania 43):

>*Bei den Narharnavalern zeigt man einen Hain, eine uralte Kultstätte. Vorsteher ist ein Priester in Frauentracht; die Gottheiten, so wird berichtet, könnte man nach römischer Auffassung Castor und Pollux nennen. Ihnen entsprechen sie in ihrem Wesen; sie heißen Alcen. Es gibt keine Bildnisse; keine Spur weist auf einen fremden Ursprung des Kultes; gleichwohl verehrt man sie als Brüder, als Jünglinge.*<

Sollte die Verehrung dieser Götterbrüder, die schon auf dem Goldhorn von Gallehus dargestellt sind, in späterer Zeit verloren gegangen sein? Das würde der Identität von Wenden und Wandalen widersprechen.

Tatsächlich bestand der Kult auch bei den Wenden in Mitteldeutschland und Polen weiter. Sie nannten die Götterbrüder „Holzy", „Holtschis" oder „Altschis"[95]. Der Name ist aus der bei Tacitus überlieferten Bezeichnung „Alcis" (die „Alken" = Elche) genommen und nur sprachlich verschliffen. Auch in der Funktion entsprechen diese Götterbrüder den germanischen Alken, sie wurden z. B. als Schützer des Hauses angerufen und als Boten der höchsten Götter angesehen.

Helmold von Bosau tendierte zwar auch dazu, wichtige Götter mit einer Teufelsbezeichnung zu versehen, anstatt ihre richtigen Namen zu nennen, er tat dies aber offenbar nicht überall, wie der bei ihm bezeugte Name „Siva" beweist. Auch im Falle eines in Oldenburg verehrten Gottes namens „Prove" tat er das nicht. Hier in einem Eichenhain kam das Volk jeden Dienstag (der alte „Things-Tag") zum Gericht zusammen, was auf den Gott Tius (Týr), den Gott des Things, hindeutet. Wenn ein Gottesurteil stattfinden sollte, wurde Proves Eisenschild („Prov-eisen") erhitzt, bis er glühend war. Der Deliquent mußte ihn eine gewisse Strecke lang mit bloßen Händen tragen. Tage später wurde nachgesehen, inwieweit die Brandwunden verheilt waren und so ggfls. die Schuld erwiesen.
Derartige Gottesurteile nannte man „Probe", und in der niederdeutschen Mundart wird „Probe" zu „Prove" (B-V-Wechsel). Mit einem slaw. „prav" (= der Gerechte, eigentlich germanisch „der brave") hat das wohl nichts

zu tun. Es ist also hier lediglich ein aus dem Kult erklärter deutscher Beiname des Gottes Tius (Týr) beschrieben. Später verschliffen manche Texte den Namen „Prove" weiter zu „Prono" (siehe Abb. 15, Seite 105).

„Rugievit" (siehe Abb. 20) ist vielleicht ein anderer Name dieses Gottes bei Saxo, wo er mit Mars (= Tius) gleichgesetzt wird. Er wurde angeblich unter diesem Namen auf Rügen verehrt, in der Knytlinga Saga heißt er „Rinvit". Der Name bedeutet „Herr der Rugier" und bezieht sich auf den germanischen Stammesnamen der Rugier und ihren Gott. Die Beschreibung des Bildes ist sicher nicht zutreffend. Danach soll dieser Gott mit sieben Gesichtern und sieben Schwertern im Gürtel sowie einem in der Hand dargestellt worden sein und die sieben Wochentage bedeutet haben, die in Germanien erst von den Römern eingeführt wurden. In der Gylfaginning Kap. 1 der jüngeren Edda wird vor Walhall ein Jongleur beschrieben, der mit sieben „Hand-Saxen" (Hand-Kurzschwertern) zugleich jonglierte, da hat sich der Chronist also seine Anregung hergeholt. Der Name Rugievit ist also wohl bestenfalls ein Beiname des Gottes Tius.

In Wolgast und Havelberg wurde der Gott unter dem Namen „Gerovit" (= Herr des Speeres) verehrt, über den die Biographen Ottos, Ebo und Herbord berichten. Sein Attribut war ein großer Schild, der an der Wand des Heiligtums aufgehängt war und von niemandem berührt werden durfte. Im Kriege wurde der Schild dem Heer vorangetragen. Deswegen setzte der Chronist Ebo ihn auch mit Mars (Tius) gleich. In Havelberg wurde nach dem Zeugnis des Otto von Bambergs ihm zu Ehren ein Frühlingsfest gefeiert. Das Attribut des Schildes (Prove), der Bezug zum Krieg und die Verehrung im Frühlingsfest (Ostern, wo ja Tius auch verehrt wurde) weisen eindeutig auf den Gott Tius (Týr) hin.

Ein Gott, dessen richtigen Namen wir nicht wissen, wird bei Helmold von Bosau als böser Gott erwähnt[96]:

>*Die Sklaven [gemeint: Heiden] haben aber einen sonderbaren abergläubischen Gebrauch; bei ihren Schmäusen und Zechgelagen lassen sie nämlich eine Schale herumgehen, auf welche sie im Namen der Götter, nämlich des guten und des bösen, Worte, nicht der Weihe, sondern vielmehr der Entweihung ausschütten. Sie glauben nämlich, alles Glück werde von einem guten, alles Unglück aber von einem bösen Gotte gelenkt. Daher nennen sie auch den bösen Gott in ihrer Sprache Diabol oder Zcerneboch, d. h. den schwarzen Gott.*<

In „ihrer Sprache" schreibt Helmold, dann folgt ein griechisches Wort „Diabol" = Teufel. Helmold ging also davon aus, daß die Sprache der Sclaveni eine Variante von griechisch ist oder jedenfalls solche griechischen Wörter beinhaltet. Offenbar war die „slawische" Kunstsprache schon verbreitet, als dieses Zitat entstand (da die Originalhandschrift vernichtet wurde, kennen wir nur spätere Helmold-Fassungen mit vielen Ergänzungen, siehe Kap. 14). „Zcerneboch" wird richtiger „Cernebog" geschrieben und ist eine Mischung des Begriffs „Bog" = Gott sowie des lateinischen „cornu", griechischen „κόρνα" = Horn, also ist es wiederum eine Teufelsumschreibung als „gehörnter Gott" (vgl. den keltischen gehörnten Gott „Cernunnos", altkeltisch „karnon" = Horn).
Es ist also sicher, daß unter den Namen „Diabol" und „Cernebog" nie ein heidnischer Gott verehrt wurde. Das auf ihn früher bezogene Metallidol von Prillwitz (siehe Abb. 34 Seite 188) ist eine Fälschung der Gebrüder Sponholz.
Eine Varinate des Namens in der Knytlinga Saga lautet „Tjarnaglofi", ein angeblicher Gott von Rügen. Die Deutung als „Schwarzkopf" oder „Hornkopf" weist wiederum auf eine Teufelsbezeichnung hin. Unter dem Namen „Tjarnaglofi" oder „Czarnaglofi" wurde hierzulande mit Sicherheit niemals ein Gott verehrt.

Dem sonst unbekannten Gott „Pripegala" wurden nach einer Urkunde des Erzbischofs von Magdeburg aus dem 12. Jh. Blutopfer gebracht. Man deutet ihn als Fruchtbarkeitsgott. Wenn es diesen Gott überhaupt gab, dann ist der Name auf Freyr zu beziehen, denn „P" kann mit „F" wechseln „Frifegala" kann man als „Fri-fé-gjafa" (Freyr-Viehgeber) lesen; eine Verbindung zu Priapos (der dem Freyr entspricht) ist also wahrscheinlich, denn schon Adelgot von Magdeburg verglich Pripegala mit dem „unverschämten Priapus und Beelphegor" („Beelphegor" = Baal-Peor, ein in der Bibel erwähnter phallischer Gott). Also ist Pripegala wohl nur der sprachlich abgeschliffene Name des römischen Priapus.

Ein Gott „Pizamar" wurde angeblich in Jasmund auf Rügen verehrt. Der wohl lateinische Name deutet auf Fischreichtum und das Meer hin („pica, pisces" = Fische, „mar" = Meer). Hier wurde also ein Meeresgott, der Fischreichtum bewirkt, von irgendeinem Chronisten in lateinischer Sprache umschreibend benannt. Es kann sich um den Meeresgott Njördr handeln.
Bei den Wenden wurde auch die Göttin „Perchta" (d. i. Frick) unter dem

Namen „Parychta" verehrt, was natürlich derselbe germanische Name ist. Genauso „Hela", was germanisch „Hellia" und „Frau Holle" ist.

In der Stadt Jüterbog wurde angeblich in einem Tempel ein Gott „Juterbog" verehrt. Dieser Gott ist aber nur eine Erfindung in der Meißner Chronik Albins von 1519. Der Name der Stadt lautete „Iutriboc" (1007) und „Juterbuk" (1161). Hier ist offenbar ein G zum J gewechselt, wie wir das bis nach Berlin hinein häufig finden. So sagt der Berliner „Janz" statt „Ganz". Die Stadt Ziesar hieß 1459 noch „Ziegesar" nach einem Ritter von Ziege, auch hier wandelte sich das G zum J und fiel schließlich aus, wird als J aber noch gesprochen. Setzen wir also in den Namen „Juterbog" das G, wird daraus „Guter Bog", also „guter Gott". Es ist vermutlich eine Umschreibung für den christlichen Gott (dem zu Ehren dort auch eine byzantinische Kapelle errichtet war) oder – weniger wahrscheinlich - dem Gott Bel.

Wir sehen: Die Wenden verehrten die germanischen Götter, viele Bezeichnungen in den Chroniken sind christliche Dämonisierungen, einige sind Beinamen, einige sind baltische oder iranische (persische) Übernahmen, einige wenige Namen aber sind bis heute als germanische Namen gut erkennbar.

10.
Rethra

Eines der wichtigsten und berühmtesten Heiligtümer der Wenden ist der Burg- und Tempelort Rethra. Rethra war der Sitz des Hauptthings der im Liutizen-Bund (= Leutebund, Volksbund) vereinigten wandalischen Unterstämme der Tholenzer (um den Tollensesee), Redarier (um Rethra), Circi-Panen (Umkreis von Peene) und Michilinborchern (Mecklenburgern). Der Liutizenbund ersetzte den Wilzenbund. Außer den Sorben und Obodriten gehörten zeitweilig alle wendischen Unterstämme diesem Bund an. In Rethra wurde auch der wendische Staatsschatz aufbewahrt.

Die älteste schriftliche Erwähnung findet sich in dem nach 1009 entstandenen „Chronicon" des Thietmar von Merseburg, der in Wirklichkeit Graf von Walbeck hieß und ein Verwandter des Kaiserhauses Heinrich II. (973-1024) war. Thietmar kam selbst auf verschiedenen Feldzügen gegen den Unterstamm der Polanen oder Polaben auch mit Liutizen zusammen und konnte so aus erster Hand von dem Heiligtum hören. Thietmar schreibt[97]:

>*Um ihr Heiligtum sorgfältig zu schützen, haben die Eingeborenen Priester berufen, die sitzen bleiben dürfen, während alle stehen, wenn die Menschen hier zusammenkommen, um Sühneopfer darzubringen. Heimlich murmeln sie Unverständliches, graben die Erde auf und werfen Lose, um über Ungewißheiten Gewißheit zu erlangen. Nach diesem Ritual bedecken sie die Lose mit grünem Rasen und führen ein ausgesprochen prächtiges Pferd, das sie für heilig halten, mit Flehrufen über die Spitzen zweier in sich gekreuzter Speere, die sie in die Erde rammen. Haben sie bereits vorher die Lose geworfen und Antwort gesucht, machen sie dies durch das ihren Göttern geweihte Tier noch einmal. Erhalten sie zweimal den gleichen Hinweis, handelt man danach. Wenn nicht, sind sie betrübt und geben ihr Vorhaben auf.*
Es ist auch ein althergebrachter Aberglaube, daß bei einem drohenden fürchterlichen Bürgerkrieg aus diesem See plötzlich ein Eber mit übermächtigen weißen Hauern auftaucht und sich, während die Erde bebt, im Sumpf suhlt, was viele Menschen angeb-

lich sahen. Die Anzahl der Tempel und einzlner Götzenbilder, die die Ungläubigen verehrten, entspricht der Zahl der Gaue, die sie haben. Die erwähnte Burg genießt bei allen besonderen Vorrang. Sie erweisen ihr die Ehre, ehe sie in den Krieg ziehen, sie ehren sie aber auch mit Gaben, wenn sie erfolgreich zurückkehren. Über das geschilderte Losverfahren – das Pferd einbezogen – suchen sie die Antwort, welches Opfer den Göttern besonders wohlgefalle und von den Priestern darzubringen sei. Der fürchterliche Zorn der Götter wird durch Menschen- und Tierblut beruhigt. Alle zusammen nennt man Liutizen (...) Diese Krieger also, die früher unsere Knechte waren und wegen unserer Gottlosigkeit die Freiheit erlangen konnten, kamen nun in grauenvoller Begleitung unserm König zu Hilfe. Lieber Leser, weiche ihnen und ihren Götzenbildern aus.<

Abb. 22: Pferdeorakel im Heiligtum Rethra nach Thietmars Beschreibung.

Die Beschreibung mit Loswurf und Pferdevorzeichen macht deutlich, daß hier Wodan verehrt wurde.

Etwa 60 Jahre nach Thietmar berichtet Adam von Bremen in seiner um 1070 verfaßten „Gesta Hammaburgensis ecclesia pontificum" von Rethra, wobei ihm Thietmars Schilderung vorlag. Adam schreibt[98]:

>*Unter ihnen allen sind die in der Mitte liegenden Retharier die Mächtigsten. Ihre Stadt ist das aller Welt bekannte Rethre, der Sitz des Götzendienstes, wo den Dämonen, deren vornehmster Redigast ist, ein großer Tempel erbaut ist. Sein Bild ist von Gold sein Lager von Purpur. Die Stadt selbst hat neun Tore, ist ringsum von einem tiefen See umgeben, über den eine hölzerne Brücke führt, die jedoch nur den Opfernden oder Orakelsprüche Einholenden zu betreten gestattet ist (...) Zu diesem Tempel soll von der Stadt Hammaburg eine Reise von vier Tagen führen.*<

Adam wußte, daß der Ort Rethra heißt und der Gau der der Redarier ist, und daß Redigast oder Radegast ein Beiname des Gottes Wodan ist.

Noch ein Jahrhundert später (1168) erwähnt auch Helmold von Bosau im Buch I, 52 seiner „Wendischen Chronik" den Gott als Gott des Obotritenlandes. Auch Saxo Grammaticus berichtet über ihn. Diese letzten Berichte sind von Adam und Thietmar abhängig. In der alten „Cronecken der Sassen" von Hermann Bote, 1492, heißt es über Redigast:

>*der obytriten affgott de heyt Ridegast de hadde vor der Borst einen schilt darinne stod ein swarte Büffelenkopp ann hadde in der Hant eyne strydexe ende opp dem Kopp eyen Vogel.*<

Im 16. und 17. Jh. entstanden nun nach dieser Vorlage phantastische Darstellungen mit Bildern der wendischen Gottheiten, die mit den tatsächlichen Beschreibungen dieser Götter in den alten Chroniken wenig zu tun haben.
In Rethra soll auch – nach Adam von Bremen – einmal ein christlicher Bischof geopfert worden sein[99]:

>*Der greise Bischof Johannes wurde in der Stadt Magnopolis mit andern Christen als Gefangener zum Triumph aufbewahrt. Derselbe nun wurde, weil er bekannte, mit Schlägen mißhandelt, darauf durch die einzelnen Städte der Sklaven zur Verhöhnung umhergeführt und, weil er vom Namen Christi nicht abspenstig zu machen war, so*

wurden ihm Hände und Füße abgehauen und der Körper auf die Straße hinausgeworfen, das Haupt aber wurde ihm abgeschnitten und die Heiden pflanzten es wie ein Siegeszeichen auf einen Spieß und opferten es ihrem Gott Redigast. Dies geschah in der Hauptstadt der Sklaven, Rethre, am 10. November [1066].<

Im Heiligtum Rethra wurde auch der große Wendenaufstand 983 vorbereitet und unter Mitwirkung der beiden Herrscher der Obodriten, Mistiwoi und Mizzidrag ausgerufen. In seiner Ansprache auf dem Thing erinnerte, nach der „Chronik der Marck Brandenburg" von Engel Strausberg (1598, Kap. 2), Mistiwoi an den kläglichen Zustand des ganzen wendischen Volkes gegenüber ihren früheren Heldentaten in Nordafrica unter König Geiserich. Man war sich also noch bewußt, zum Volk der Wandalen zu gehören. Auch im Jahre 1066 erhoben sich die Redarier, aber 1068 gelang es dem Bischof Burchard von Halberstadt, das Heiligtum Rethra zu zerstören. Als das geschah, ritt der Bischof auf dem heiligen weißen Roß nach Halberstadt. Nach der Sage flohen die Bewohner von Rethra mit ihrem goldenen Götterbild und versuchten, es irgendwo im Sumpf oder See zu verstecken, während alle andern Schätze in das westelbische Sachsenland entführt wurden.

Die genaue Lage der Burg wurde von Carl Schuchhardt und seinem Gehilfen Herrn Koldewey 1921 auf dem Schloßberg bei Feldberg am Breiten Lucin See ermittelt (Abb. 23). An dieser Stelle wird tatsächlich die Burg östlich vom Lucin-See begrenzt, aber auch westlich finden sich zwei Teiche und ein Urwaldgürtel und wildes Moränengelände. In der Mitte zwischen Elbe und Oder gelegen erfüllt Schuchhardts Entdeckung auch sonst die Vorgaben der mittelalterlichen Chronisten. Er konnte hier eine dreitürige Burg mit drei Türmen und einem Vorwall freilegen. Dieser Ort als Rethra wird heute allerdings wieder in Frage gestellt, u. a. weil Rethra nach Thietmar dreieckig gewesen sein soll. Doch Thietmar schreibt im Original „urbs tricornis", er meint also eine „dreihörnige Burg mit drei Toren", keine dreieckige, sondern eine Burg mit drei emporstrebenden (Turm)hörnern – eben eine „dreihörnige Burg". Jedenfalls sucht man heute Rethra auch anderswo, z. B. auf der Fischerinsel (Lieps) im Tollensesee bei Neubrandenburg.

Der Schloßberg hat eine Fläche von 2,5 ha und seine höchste Stelle über dem Seespiegel beträgt 36 Meter. Carl Schuchhards Ausgrabungen ergaben eine Thing- und Tempelhochfläche von 115 x 45 Metern, die von

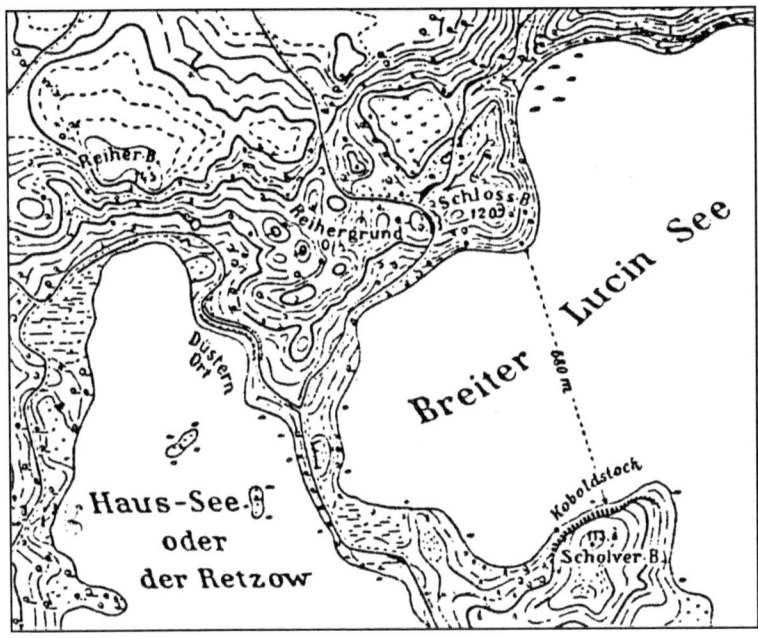

Abb 23: Übersichtskarte der Lage Rethras.

einem Innenwall umgeben war. Darinnen befanden sich Häuser der Priester-, Rats- und Richterschaft, ein Thingplatz und der Tempel in der Mitte. Wie von Thietmar beschrieben hatte die Tempelburg drei Tore (durch zu Kohle verbrannte Holzreste erwiesen) und drei Burgtürme (cornus), von denen ein Tor den Weg zum See öffnete. Findlingsfundamente im Boden ließen Breite und Länge der Tore erkennen: Tor 1 (im Norden) war 4 Meter breit, der Torgang war 2 Meter tief. Tor 2 (im Nordwesten) führte von der Höhe hinunter in die Vorburg, die einen eigenen Wall hatte und war 4 Meter breit und hatte einen Torgang von 20 Metern. Das Tor 3 (im Südosten) führt zum See und war nur 1,45 Meter breit, also nur ein Weg für Fußgänger.

Neuere Ausgrabungen fanden hier 1968 statt und ergaben eine Burg der „Feldberger Gruppe" aus dem 7./8. Jh., die nach 1-2 Generationen wieder aufgegeben worden sein soll. Der halbkreisförmige Wall ist 290 Meter lang

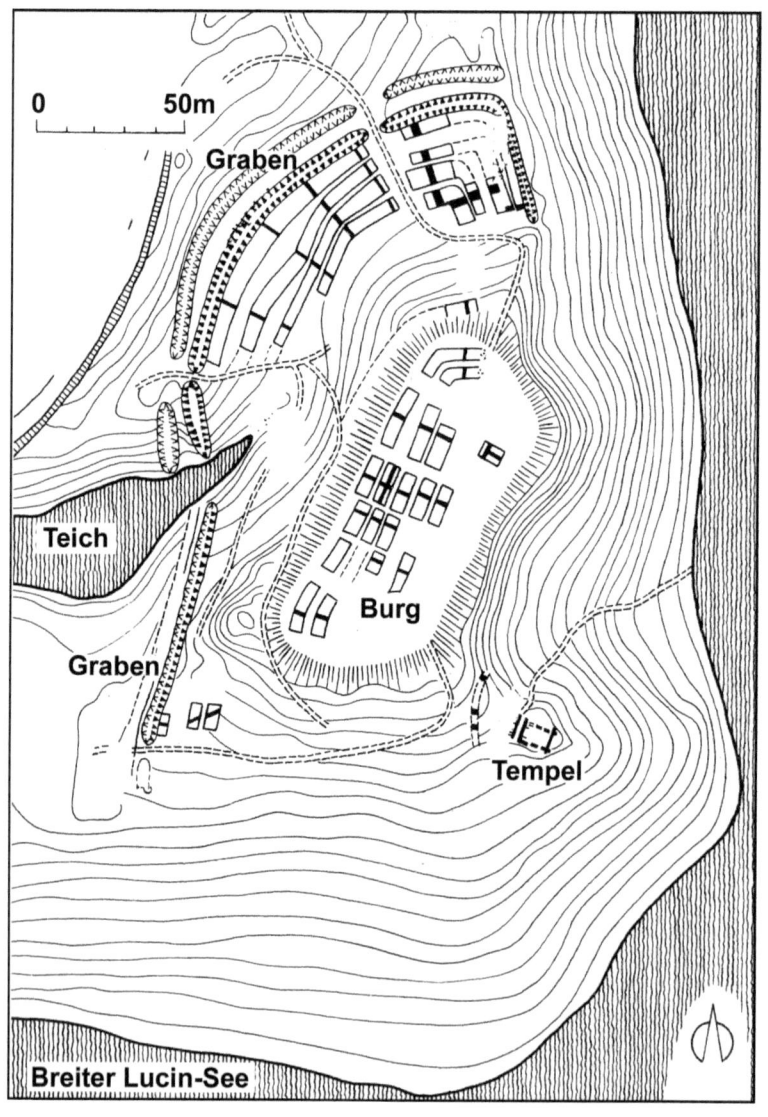

Abb. 24: Karte der neueren Ausgrabungen auf dem Schloßberg bei Feldberg.

und davor befindet sich ein Graben. An die Hinterfront des Holz-Erde-Walles waren die Gebäude angebaut. Parallel zum Wall mit seinen angebauten Gebäuden hatte man drei Hausreihen parallel angelegt. Auf der von Schuchhardt als Tempelplatz angesehenen Geländekuppe hatte man nochmals 4 Hausreihen gefunden. Die einzelnen Häuser, meist unterkellert, waren 7-13 Meter lang und 4-6 Meter breit. 600-1200 Menschen können darin gewohnt haben. Im Westen der Burg war der Ausläufer eines Waldsees in die Burganlage mit einbezogen worden. Ein als Umgangstempel angesprochenes Gebäude von 6 x 12 Meter mit zwei Vorräumen fand man im Südosten außerhalb des Plateaus. Es war noch durch einen eigenen Graben vom Plateau getrennt und von diesem Tempelgebäude führte ein kleiner Weg hinunter zum See, in dem man Reste von Fischreusen fand. Auf der höchsten Stelle der Siedlungskuppe war durch Einebnen und Aufschütten ein Versammlungs- und Kultplatz angelegt worden, von dem aus zugleich der Vorplatz des Tempels einzusehen war.

Es ist also sehr gut möglich, daß sich innerhalb der Burg ein Tempel oder ein offenes, eingehegtes Heiligtum befand und der kleine Tempel außerhalb als eine Art „Allerheiligstes" aufzufassen ist. Es ist auch möglich, daß dieser Tempel der wichtige Rethratempel ist, aber die Opferfeste fanden innerhalb des Burgwalls auf dem dortigen Versammlungs- und Kultplatz statt, und der kleine Tempel diente nur zur Unterbringung der Götterbilder, der Opfergaben und des Tempelschatzes. Die Beschreibung Thietmars mit dem Pferdeorakel setzt voraus, daß dies auf einem freien Platz geschah. Die kleinen wendischen Tempel dienten wohl nie dazu, daß sich in ihnen sämtliche Feiernden versammelten, wie das etwa bei isländischen Tempeln war.

Der Schloßberg liegt 2,4 km nordöstlich des Ortes Feldberg in Mecklenburg unweit der Grenze zu Brandenburg und gehört noch heute zu den schönsten Plätzen in Mecklenburg – so schwärmen die Archäologen. Die Bergkuppe liegt wunderschön im Waldgelände des Forstreviers Feldberger Hütte. Die Reste des wendischen Burgwalls sind noch deutlich zu sehen und von den Hügeln im Walde westlich der Burg hat man eine sehr gute Aussicht über das Land.

11.
Arkona

Arkona war neben Rethra das wichtigste Heiligtum der Wenden, es liegt auf der Nordspitze der Insel Rügen, der Ort heißt noch heute „Kap Arkona". Als das Heiligtum Rethra 1068 zerstört wurde, übernahm Arkona mit der dortigen Jaromarsburg dessen Funktion als Hauptheiligtum der Wenden bis zur Zerstörung 1168. 300 Reiter waren hier bei der Tempelburg stationiert, um den Ort vor Überfällen zu schützen. Das hier derselbe Hauptgott verehrt wurde, wie in Rethra, ist anzunehmen, es war dann also ein Kultzentrum des Gottes Wodan, den die Chronisten unter dem Beinamen „Svantevit" erwähnten. Der Chronist Saxo Grammaticus lieferte eine recht genaue Beschreibung dieses Heiligtums[100]:

>*Diese [Burg Arkona] liegt auf der Spitze eines hohen Vorgebirges und ist im Osten, Süden und Norden nicht durch künstliche, sondern durch natürliche Steilhänge gesichert, die Uferwände sind wie Mauern, deren Höhenrand durch einen Geschützpfeil unten vom Meere nicht erreicht werden kann. An den drei genannten Seiten ist sie vom Meer umflossen, im Westen aber wird sie durch einen Wall abgeschlossen, der 50 Ellen hoch ist, dessen untere Hälfte aus Erde war, die obere bestand aus Holz und Erdfüllung. Auf der Nordseite fließt eine Quelle, zu der die Burgbewohner auf einem befestigten Pfad gelangten. Diesen Zugang hatte ihnen einst Erich abgeschnitten, so daß sie nicht weniger durch Durst als durch Waffengewalt bedrängt wurden. Inmitten der Burg ist ein ebener Platz, auf dem sich ein aus Holz erbauter Tempel erhob, von feiner Arbeit, ehrwürdig nicht nur durch die Pracht der Ausstattung, sondern auch durch die Weihe des in ihm aufgestellten Götzenbildes. Der äußere Umgang des Tempels erstrahlte durch seine sorgfältig gearbeiteten Skulpturen; er war mit rohen und unbeholfenen Bildwerken verschiedener Art geschmückt. Für die Eintretenden war ein einziger Eingang offen.*
Das Heiligtum selbst war von zwei Einhegungen umschlossen. Die äußere, aus Wänden zusammengefügt, war mit einem purpurnen Dach bedeckt, die innere, auf 4 Pfosten gestützt, erglänzte statt der Wände durch Vorhänge; dieser Teil hatte außer dem Dach und dem wenigen Tafelwerk mit dem äußeren nichts gemein. Im Tempel stand ein

Abb. 25: Verehrung des Svantevit im Tempel von Arkona. Von I. Bilibin.

gewaltiges Götterbild, den menschlichen Körper an Größe weit übertreffend, wunderlich anzusehen durch seine vier Köpfe und ebensoviele Hälse. Zwei der Köpfe schienen nach der Brust und ebensoviele nach dem Rücken zu sehen. Im übrigen schien von den vorderen wie von den hinteren der eine nach rechts, der andere nach links zu blicken. Die Bärte waren rasiert dargestellt, die Haare geschnitten, so daß es schien, der Fleiß des Künstlers hätte die Art der Rugianer in der Pflege der Haare nachgeahmt. In der Rechten hielt die Figur ein Trinkhorn, aus verschiedenen Metallen gebildet, das der Priester jährlich neu zu füllen gewohnt war, um aus der Beschaffenheit der Flüssigkeit die Ernte des kommenden Jahres zu weissagen. Der linke Arm bildete, in die Seite gestemmt, einen Bogen. Der Rock war so beschaffen, daß er an die Schenkel reichte, die aus verschiedenem Holz geformt waren und so mit dem Kniegelenk verbunden waren, daß man den Ort der Verbindung nur bei genauem Hinsehen erkennen konnte. Die Füße berührten den Boden, ihre Basis war in der Erde verborgen. Nicht weit davon hingen Zaum und Sattel und andere „Herrschaftszeichen" der Gottheit; seine Bewun-

derungswürdigkeit vermehrte ein Schwert von ungeheurer Größe, dessen Scheide und Griff, abgesehen von dem sehr schönen Treibwerk, das silberne Äußere auszeichnete.
Der Gottheit wurde ein feierlicher Kult in folgender Weise dargebracht: Einmal im Jahr, nach der Ernte, beging die Menge der ganzen Insel vor dem Tempel des Götzenbildes nach einem Viehopfer ein festliches Mahl im Namen der Religion. Der Priester, der gegen die allgemeine Sitte durch seine Bart- und Haarlänge auffiel, pflegte am Tage vorher das Heiligtum, das allein er betreten durfte, mit einem Besen sorgfältig zu reinigen; er achtete darauf, nicht seinen Atem innerhalb des Tempels auszustoßen; so oft er ein- und auszuatmen genötigt war, lief er hinaus, damit die Gottheit nicht durch sterblichen Hauch befleckt würde. Am folgenden Tag, als das Volk draußen sich aufhielt, besah er sorgfältig den Becher, den er dem Götzenbild abgenommen hatte: War die Flüssigkeit vermindert, so sah er daraus einen Hinweis auf den Mangel des folgenden Jahres; wenn er das bemerkte, so ließ er die Früchte für die kommende Zeit aufbewahren. War nichts von der gewohnten Menge verschwunden, weissagte er, daß Zeiten der Fülle der Äcker kommen würden. Entsprechend dieser Weissagung mahnte er, die Ernte des kommenden Jahres entweder sparsamer oder freigiebiger zu verwenden. Nachdem er den alten Trank vor die Füße des Götzenbildes ausgegossen hatte, schenkte er in den geleerten Becher neu ein. Indem er das Bild durch scheinbares Zutrinken geehrt hatte, erbat er mit feierlichen Worten sowohl für sich als auch für das Vaterland Güter und Sieg für die Einwohner. Nachdem er das beendet hatte, leerte er den Becher in großem Zuge und gab ihn wieder in die Rechte des Götzenbildes zurück. Es wurde auch ein mit Honig zubereiteter Kuchen in runder Form, von einer Größe, daß sie fast Menschengröße gleichkam, als Opfer dargebracht. Diesen stellte der Priester in die Mitte zwischen sich und das Volk und fragte, ob die Rugianer ihn sähen. Als sie antworteten, daß sie ihn sähen, wünschte er, daß er in einem Jahr nicht mehr zu sehen wäre (...)
Es wurde dem Götterbild von jedem Mann und jeder Frau jährlich eine Münze als Abgabe für den Kult gezahlt. Ihm wurde auch von der Kriegsbeute ein dritter Teil zuerkannt, da sie ja durch seine Hilfe erlangt worden war. Dieser Gott hatte auch 300 auserwählte Pferde und ebensoviel Reiter in seinen Diensten, deren gesamter Gewinn, durch Waffen oder Diebstahl erworben, unter Aufsicht des Priesters gestellt wurde, der aus dem Erlös dieser Dinge verschiedene Kultgegenstände und Tempelschmuck gießen ließ und sie in verschlossenen Räumen aufbewahrte, in denen außer viel Geld auch noch viele vom Alter beschädigte Purpurgewänder angehäuft waren (...)
Außerdem besaß sie [die Gottheit] ein Pferd von weißer Farbe; es galt als Frevel, aus Mähne oder Schweif Haare herauszureißen. Allein der Priester hatte das Recht, es zu pflegen und sich darauf zu setzen, damit das heilige Pferd nicht durch häufigen Gebrauch sein Ansehen verlieren sollte. Auf diesem Pferd führte nach Meinung der Rugianer Swantewit – das ist der Name des Götzen – Kriege gegen die Feinde seiner

143

Heiligtümer. Dafür galt als besonderes Zeichen, daß es, zur nächtlichen Zeit im Stalle stehend, so sehr mit Schweiß und Lehm bedeckt war, als hätte es lange Wege hinter sich gebracht. Auch wurden durch dieses Pferd Weissagungen (...) vorgenommen.<

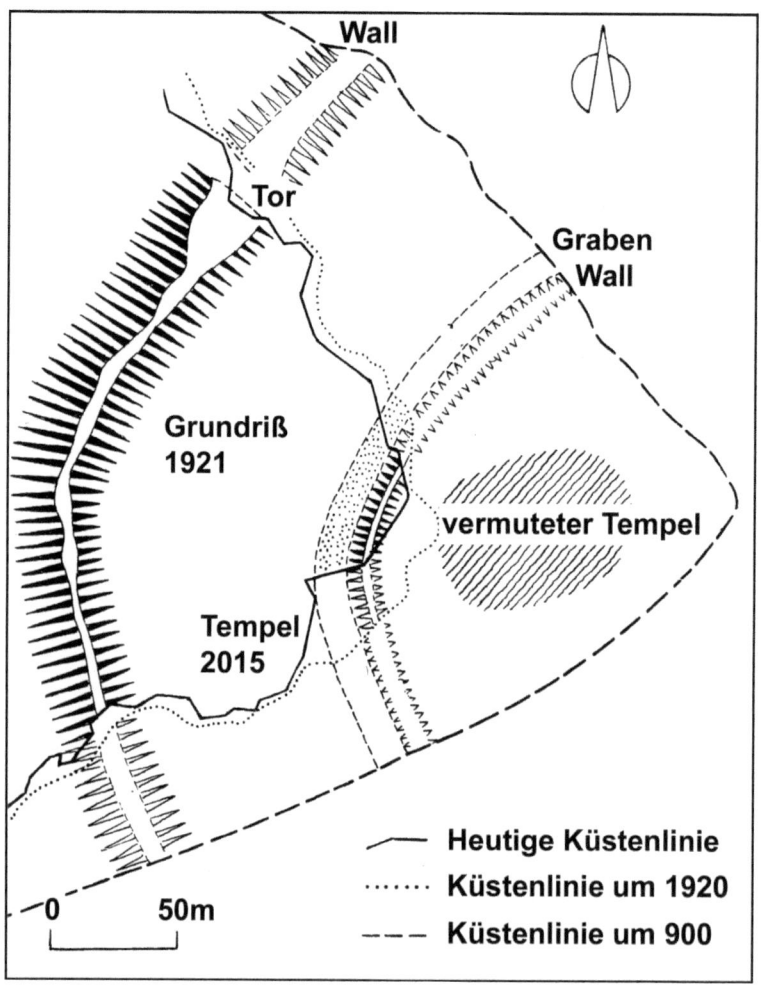

Abb. 26: Lagekarte der Kultburg Arkona auf Rügen.

Da sich in der Außenwand der Kirche von Altenkirchen auf Rügen ein Stein befindet, der eine Person mit einem großen Horn in der Hand darstellt, hat man darin den Gott „Svantevit" sehen wollen, oder doch (da die Person nur einen Kopf hat und recht klein dargestellt ist) zumindest einen Priester dieses Gottes (siehe Abb. 8, Seite 87).

Das 46 Mtr. hohe Steilufer des Kreidekliffs von Kap Arkona wird immer mehr von der See zurückgeschnitten. Von der Kultburg und dem Heiligtum selbst östlich des Leuchtturms nahe am Klippenrand sind nur noch die bis 13 Mtr. hohen Wälle auf der Landseite erhaltengeblieben (siehe Lagekarte Abb. 26). Wenn man sich auf den Wall begibt, kann man noch auf der Wiese Linien der früheren Anlagen erkennen. In den Jahren 1969 bis 1971 fanden Ausgrabungen am Burgwall statt; hier wurde ein älterer Burgwall sowie eine frühgeschichtliche Siedlung gefunden, die darauf hindeutet, daß Rügen einst von Skandinaviern besiedelt war.

Wegen des stetig erfolgenden Abbruchs der Küste finden hier regelmäßig seit 2012 archäologische Notgrabungen statt. Im Jahre 2015 stießen die Archäologen unter der Leitung von Fred Ruchhöft dabei auf 1 x 1 Meter große Pfostenlöcher. Sie fanden die Überreste einer 8 x 12 Mtr. großen Kulthalle. Das auf Eichenpfosten errichtete Gebäude wird in das 11. Jh. datiert und kann bis zu 12 Mtr. hoch gewesen sein. Der Abstand der Pfostengruben und die leicht schiffsförmig aussehene Fundamentstruktur ähnelt den Grundrissen von Kultgebäuden im dänischen Tissoe und im schwedischen Uppakra, so daß auf Arkona skandinavischer Einfluß deutlich wird, was nicht verwunderlich ist, da doch die germanischen Ranen oder Rugier einst aus Skandinavien kamen. Dieser Tempel war aber wahrscheinlich nicht der berühmte Haupttempel des Svantevit, sondern ein Nebentempel vielleicht für weitere Gottheiten. Der Haupttempel soll sich an einer Stelle befunden haben, die mittlerweile seit Jahrhunderten im Meer versunken ist. Der Archäologe Carl Schuchhardt aber suchte 1921 den Tempel vor dem hinteren (jetzt fast ganz verschwundenen) Wall und rekonstruierte einen Grundriß (Abb. 27); man kann nämlich von zwei Wällen ausgehen und den Tempel dahinter, an der jetzt abgebrochenen Küste vermuten, oder man nimmt die beiden Wälle als Begrenzungswälle und sucht den Tempel dazwischen. Neuere Forschungen nach 1945 deuten allerdings den von Schuchhardt ausgegrabenen Grundriß als Grundriß einer dänischen Missionskirche.
Pro Jahr verliert die Küste rund einen halben Meter an die Ostsee. Bei den

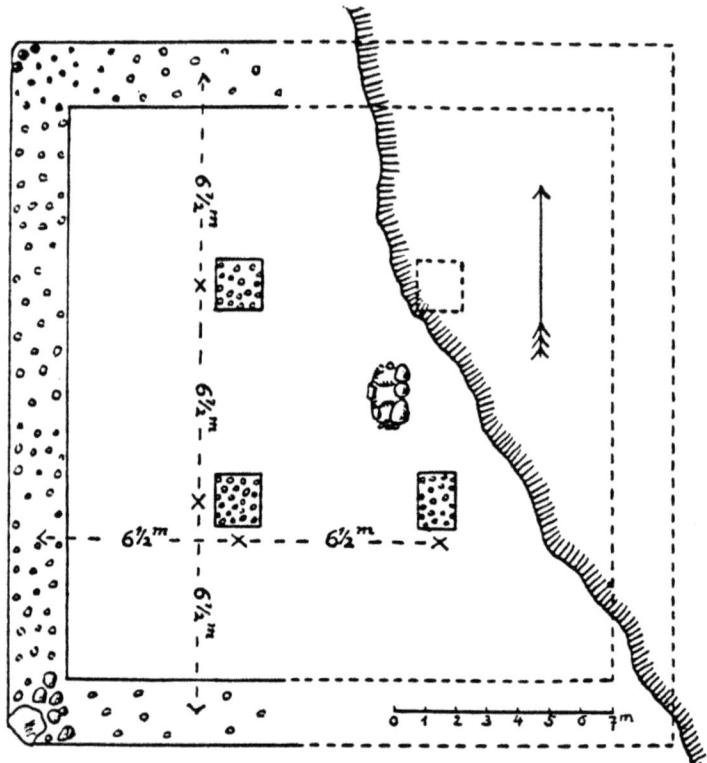

Abb. 27: Grundriß des von Carl Schuchhardt 1921 freigelegten Gebäudes.

Notgrabungen wurden etwa 200 Münzen, ebensoviele Perlen, 350 Pfeilspitzen und eine Wikingeraxt gefunden.

Man rechnet den Fall Arkonas 1168 als das offizielle Ende des wendischen Heidentums obwohl das Heiligtum in Asund noch bis 1171 bestand.

Es kam dabei zu heftigen Kämpfen, von denen sowohl Saxo Grammaticus, als auch (davon abhängig) die Knytlinga Saga im Kap. 121f berichteten. Hier der Bericht vom Fall Arkonas aus der Saga[101]:

>*Aber als der Winter zu Ende ging, bot König Waldemar wieder einen Seezug aus und fuhr nach den Rüganern. Und sie steuerten nach Strela hinauf und landeten bei*

einem Opferhain, der Böku heißt [auf der Höhe östlich von Altefähr, Rügen], und brannten und sengten dort alles, nahmen Menschen und Vieh und zogen damit zu den Schiffen; und dann steuerten sie auf der andern Seite hinauf nach Valung und brandschatzten dort und zogen von da nach Vik [Wiek auf Wittow] und verbrannten das ganze Land bis zu ihrem Marktplatz [Altenkirchen?]. Von dort ruderten sie nach Hiddensö und lagen dort zwei Nächte und ruhten. Dann gebot der König Bischof Absalon, vorauszufahren, aber der König und die Jüten fuhren nach Strela hinauf. Aber als es zu dunkeln begann, ruderte der Bischof mit seiner Flotte an dem König vorbei nach Parez [Prosnitz an der Gustower Wiek?] und ritt dann hinauf nach der Burg, die Garz heißt. Aber da kamen ihm die Wenden entgegen und bereiteten sich sogleich zum Kampf gegen den Bischof, und sie schlugen sich an einem See. Da entstand eine große Schlacht, und es gab viele Tote, und der Bischof siegte. Aber von den Wenden fielen da elfhundert Mann, aber vom Bischof nur ein Mann (...)
Darauf zog der König mit dem Heere nach Asund und heerte dort. Dort erschlugen sie einen Häuptling, der Dalemar hieß, und nahmen dort alles Volk und Gut und fuhren dann nach Hiddensö. Dort kamen die Rüganer zum König, baten um Gnade und stellten ihm Geiseln und gaben ihm soviel Schatzung, wie er forderte, und versprachen dem König Gehorsam. Der König fuhr darauf nach Dänemark zurück (...)
Darauf stand es drei Winter ruhig, bis die Rüganer wieder den Vertrag brachen, der zuvor geschlossen war. Da bot König Waldemar wieder einen Seezug aus und fuhr nach Rügen und kam dort am Pfingstsonntag [1168] an und eroberte die Burg Arcona, die vorhin genannt wurde. Da kamen zu König Waldemar Tetzlaf, der ihr König war, und sein Bruder Jaromar und alle vornehmsten Männer von den Rüganern und gaben das Land und sich selbst in die Gewalt König Waldemars, und sie unterwarfen sich in allem seinem Willen.
Da gebot der König ihnen, das Christentum anzunehmen, denn dort war man noch immer heidnisch, seitdem sie das Christentum abgeworfen hatten, als König Erich Eymun sie hatte taufen lassen, da er die Burg Arcona eroberte, wie früher erzählt wurde. Sie sagten, sie wollten nun tun, wie der König und Bischof Absalon verlangten. Da forderte der König Soni Ebbisson auf, mit einigen Männern in die Burg Arcona hineinzugehen zu dem Tempel, der dort war, und befahl ihm, den Gott, der Svanraviz hieß, niederzuhauen und aus der Burg hinauszuschleppen, aber alles im Tempel zu plündern, was Goldeswert hätte.<

Soweit die Knytlinga Saga. Bei Saxo finden sich mehr Details, daher hier Saxos Bericht der weiteren Geschehnisse[102]:

>Am folgenden Tage erhielten Esbernus und Suno vom König den Befehl, das Götzenbild zu stürzen, das man ohne Hilfe von Eisenwerkzeugen nicht abreißen konnte,

und es wurden die Vorhänge, die das Heiligtum bedeckten, heruntergerissen. Sie befahlen ihren Knechten, die Aufgabe zu übernehmen, es abzubauen, oder aufzupassen, daß sie gegenüber einer so schweren, stürzenden Masse vorsichtig seien, damit sie nicht, von dem Gewicht erdrückt, als Racheopfer der feindlichen Gottheit erschienen. Inzwischen hatte sich die Menge der Burgbewohner um den Tempel versammelt, in der Hoffnung, daß Suantovit für einen solchen Frevel die Anstifter strafen würde. Aber das Standbild, im untersten Teil der Schienbeine durchgehauen, schlug von oben her gegen die nahegelegene Wand. Um es herauszuziehen, befahl Suno, die Wand einzustürzen; er ermunterte die Diener, sie sollten sich aber in acht nehmen und im Eifer die Gefahr nicht gering achten, damit sie nicht, durch Unachtsamkeit vernichtet, getötet würden. Das Götzenbild stürzte mit lautem Krach zu Boden.

Außerdem umgab es die Purpurdecke dicht und glänzend, aber sie war schon so morsch, daß sie nicht unversehrt hervorgezogen werden konnte. Es fehlten auch nicht ungewöhnliche Hörner von wilden Tieren, nicht weniger durch ihr natürliches Aussehen als durch die Bearbeitung bewunderungswürdig. Der böse Geist entwich aus seinem Inneren in Gestalt eines rabenschwarzen Tieres und entzog sich plötzlich den Augen der Umstehenden. Die Burgbewohner sollten dem Götzenbild Stricke umwerfen und es herausziehen. Sie wagten es aus Furcht vor ihrem früheren Glauben nicht. Da wurde den Gefangenen und Fremden, die am Ort ihrem Erwerb nachgingen, befohlen, daß sie es herauszögen [in der Absicht], die Köpfe unwürdiger Menschen dem Gotte preiszugeben. Denn natürlich vermuteten sie, daß die Gottheit, die sie durch eine solche Behandlung beleidigten, ihren Verletzern schwere Strafen auferlegen würde. Damals wurden verschiedene Äußerungen der Einwohner vernommen. Die einen beklagten den Frevel gegen ihren Gott, die anderen behandelten ihn mit Spott. Zweifellos befiel den klügeren Teil der Burgbewohner die Scham, daß sie sich in ihrer Einfalt lange Zeit für einen so törichten Glauben entscheiden konnten. Als das Götzenbild ins Lager geschleift wurde, bestaunten es die zusammengelaufenen Soldaten.<

Es ist bezeichnend, daß es von dem Teil des Geschichtswerks des Saxo Grammaticus, der sich mit den Missionierungskämpfen gegen die Wenden befaßt, immer noch keine vollständige deutsche Übersetzung gibt. So muß ich nach dem Slawomanen Prof. J. Herrmann zitieren. Die Erwähnung des „schwarzen" Geistes stimmt mit meiner Deutung des Namens „Svantevit" überein.

Wie es weiter ging mit der Verchristung muß ich der Knytlinga Saga entnehmen, da mir eine Saxo-Übersetzung nicht vorliegt[103]:

>*Am nächsten Morgen aber zog der König nach der Stadt, die Karenz [Garz] heißt, und ließ dort drei Götzenbilder umhauen, die hießen Rinvit, Turupid und Puruvit.*

Diese Götzen wirkten aber so große Wunder, daß, sobald ein Mann innerhalb der Burg bei einem Weibe lag, sie aneinander gekoppelt blieben wie Hunde und beide nicht eher voneinander loskamen, als bis sie aus der Burg heraus waren.
Aber an dem Tage [1168], als diese Götzenbilder verbrannt wurden, christeten sie neunhundert Menschen und weihten elf Kirchhöfe. Sie nahmen den Götzen reiches Gut ab, Gold und Silber, Seide, Samt und Scharlach, Helme und Schwerter, Brünnen und allerhand Waffen.
Ein fünfter Gott hieß Pizamar. Er war in Asund [Jasmund], so heißt eine Stadt; er wurde auch verbrannt. Da hieß auch einer Tjarnaglofi; er war ein Siegesgott und fuhr auf Heerfahrten mit ihnen. Er hatte einen Schnurrbart aus Silber. Er hielt sich am längsten, aber endlich bekamen sie ihn doch drei Jahre darauf [1171]. Sie machten aber im ganzen Lande auf diesem Zuge fünftausend Menschen zu Christen. Danach fuhren König Waldemar und Bischof Absalon heim und das ganze Heer.<

Rinvit könnte der Gott Rugivit sein, Turupid ist Thor, Puruvit ist auch Thor (das Þ-Zeichen wurde als P verlesen), Tjarnaglofi ist lateinisch-griechisch „Corna-glofi" (= Hornkopf), eine Teufelsbezeichnung.
Soweit der Bericht der Knytlinga Saga vom Fall Arconas 1168. Insgesamt kamen hier 300000 Menschen um und es wurden 60 Schiffe mit Gütern erbeutet.

12.
Missionierung

In diesem Kapitel will ich die geschichtlichen Vorgänge der Missionierung der Wenden auch anhand von Sagen darstellen.
Wie ich bereits schrieb, hat es schon Jahre vor der Missionierung durch die christlichen Deutschen andere Missionierungsversuche gegeben.
Von einer sehr frühen Mission der Semnonen in Guben berichtet auch eine Lausitzer Sage[104]:

>*Der dem Herrn und Heiland geliebteste Jünger Johannes empfing, als er auf Patmos weilte, eine Erleuchtung von oben. Er sah nämlich im fernen Norden das fromme Volk der Semnonen, welches nach der Erlösung aus den Finsternissen des Heidentums schmachtete. Deshalb bewog er seinen Schüler Polykarpos, zu den Semnonen zu wandern, um ihnen die christliche Heilslehre zu verkünden. Polykarpos erfüllte gehorsam den Auftrag seines Meisters, wurde von den gottesfürchtigen und lernbegierigen Semnonen freundlichst aufgenommen, blieb bei ihnen ein Jahr lang, gewann währenddessen viele für das Christentum und reiste, nachdem er es befestigt zu haben glaubte, zurück nach Patmos.*
Durch diese Sage begründeten ehemals die Gubener Bürger die stolze Behauptung, daß sie unter allen Deutschen die ältesten Christen wären. Auf der Stelle an der Neiße, wo nachmals das Kloster erbaut worden ist, soll Polykarpos die Heiden unterrichtet und getauft haben.<

Johannes von Patmos ist der Verfasser der Apocalypsis in der Bibel und lebte Ende des 1. Jh. u. Zt.
Bei den Goten begann um die Mitte des 4. Jh. das arianische Christentum und es entstand die gotische Bibelfassung des Wulfila. Doch nötigten die Heiden Wulfila, mit seinem Anhang 348 über die Donau zu weichen. Die Wandalen wurden um das Jahr 350 zu arianischen Christen. Nur 20 Jahre danach drangen von Osten die Hunnen in das Reich der Alanen und der Goten (Greutungen) ein, so daß der erfolglose König Ermanarich Selbstmord verübte. Der Großteil der Goten, Greutungen, Gepiden unterwarf

sich den Hunnen und zog mit ihnen nach Westen. Bei den unter den Hunnen lebenden Goten ist auch die Sitte der Schädelverformung nachweisbar, die sie von den Hunnen übernommen hatten. Hunnen nahmen gotische Namen an (z. B. „Attila" = Väterchen), wie auch umgekehrt Goten hunnische Namen trugen (z. B. Hunimund). Allerdings blieb das Verhältnis zwischen Goten und Hunnen gespannt, immer wieder konnten sich einige Gruppen von Goten der hunnischen Herrschaft entziehen. Auch die Wandalen kamen unter hunnische Herrschaft. Zunächst saßen sie noch an der unteren Weichsel und in Schlesien, erst ab 375 wurden sie durch die Hunnen nach Westen gedrängt. Das arianische Christentum haben aber die in Mitteldeutschland verbliebenen Wandalen, also die späteren Wenden, offenbar wieder aufgegeben, denn unbestreitbar waren die Wenden heidnisch. Von den Hunnen oder den noch heidnischen Goten angeregt, nahmen sie später das Heidentum wieder an und dabei kam auch die iranisch-indische Bezeichnung „Bog" (= Gottheit) zu ihnen und einige fremde Götter wie Stribog, Khors, Mokos oder Simargl. Nach dem Tode Attilas befreiten sich die Stämme in der Schlacht am Nedao im Jahre 454 von der hunnischen Herrschaft. Sie waren nun aber wieder heidnisch geworden und blieben es, wenngleich mit hunnischen Einflüssen. Das 381 von Kaiser Theodosius I. erlassene Gesetz gegen den Arianismus hatte hier wohl keine Bedeutung. Es ist bekannt, daß sich das Christentum nirgends lange halten konnte, wenn es nicht durch die Macht eines Königs erzwungen wurde. Auch Island wurde im 8. Jh. von einigen Christen aus Irland besiedelt, von deren Religion im 10. Jh. dann nichts mehr übrig-geblieben ist.

Bonifatius (673-754 oder 755) fand schon im 8. Jh. im Sklavenlande kirchliche Einrichtungen vor. Wir wissen aber nicht, durch wessen Mission dies bewirkt worden ist.

Der nächste Missionsversuch, von dem wir wissen, stammt von Karl dem „Großen" (747 oder 748-814). Er hatte verschiedene wendische Stämme bekriegt und teilweise tributpflichtig gemacht, ohne damit für seine Mission etwas zu erreichen. Als die Obodriten missioniert werden sollten, sagte der oberste Obodritenfürst[105]:

>*Wir haben für Wodan keine Steuern bezahlt. Wo ist euer neuer Gott, den wir nicht sehen. Was macht er mit dem Geld? Unser Gott ist überall, in jedem Wesen. Für euren Gott baut ihr Steinhäuser und sperrt ihn ein.*<

Karl verbündete sich mit den Obodriten und kämpfte gegen die Wilzen unter Dragowit. Die Wilzen kommen als germanischer Stamm auch in der nordischen Thidreks Saga (Dietrich von Bern) in dem Abschnitt der „Wilzensaga" vor. Karl zog auch gegen die Böhmen, sein Eigenname „Karl" wurde im „Slawischen" durch Buchstabenverdrehung zu „Kral" mit der Bedeutung „König". Immer wieder aber erhoben sich die wendischen Stämme und wurden erneut bekriegt. So ging es das ganze 9. Jahrhundert hindurch.

Im Jahre 863 begaben sich die oströmischen Mönche Cyrillus und Methodius nach Mähren und begannen dort mit ihren Missionierungsversuchen, die aber auch relativ erfolglos blieben.

In der Wendenchronik des Helmold von Bosau finden wir eine Schilderung der früheren Missionierung[106]:

>*Es berichtet nämlich eine Überlieferung von alten Zeiten her, daß unter der Regierung des zweiten Ludwig ausgezeichnet fromme Mönche von Corvey ausgegangen seien, die, nach der Errettung der Sklaven dürstend, ihr Leben einsetzten und Gefahren und Tod in ihrem Berufe als Sendboten des Wortes Gottes auf sich nahmen. Nachdem diese nun viele Länder der Sklaven durchwandert hatten, kamen sie zu denen, welche Ranen oder Rugianen heißen und mitten im Meere wohnen. Dort ist der Herd des Irrwahns und der Sitz des Götzendienstes. Da sie also das Wort Gottes mit aller Treue verkündigten, gewannen sie jene ganze Insel, wo sie auch ein Bethaus gründeten zu Ehren unseres Herrn und Heilandes Jesu Christi und zur Erinnerung an den heiligen Mann Vitus, welcher der Schutzherr von Corvey ist. Aber als Gott es zuließ, daß die Verhältnisse sich änderten und die Ranen vom Glauben wieder abfielen, vertrieben sie sofort alle Priester und Christgläubigen, und verkehrten die Religion in Aberglauben. Den heiligen Veit nämlich, den wir als einen Blutzeugen und Knecht Christi anerkennen, verehren sie als Gott, indem sie das Geschöpf dem Schöpfer vorziehen. Nichts auf der ganzen Welt ist barbarischer und kann den Gläubigen und Priestern Christi einen größeren Abscheu einflößen als dies; sie rühmen sich nur des Namens des heiligen Veit, dem sie auch einen Tempel und ein Bild mit dem größten Gepränge geweiht haben, indem sie ihm den Vorrang unter den Göttern vorzugsweise zuerkennen.*<

Helmold erwähnt hier eine Mission unter Ludwig II. der Deutsche (802-876) beim Stamm der Ranen oder Rugianen, den schon Tacitus in seiner Germania 44 neben den Goten als germanischen Stamm genannt hatte; die Ableitung von Svantevit aus einem St. Veit-Kult ist allerdings unglaubwürdig. Das Beispiel der Rugier zeigt, wie ein germanischer Stamm zu einem „slawischen" umgedeutet werden kann. Schon bei Ptolemaios wird ein Ort „Rougion" erwähnt, die Rugier gaben der Insel Rügen den Namen und sie siedelten auch im südwestlichen Norwegen (die Rygir in Rogaland). Ein Teil zog mit den Goten nach Süden und nahm den arianischen Glauben an, sie waren 453 im heutigen Niederösterreich, kamen später bis nach Italien und gingen 553 im Ostgotenreich unter. Daß ihre Heimat in Mecklenburg und Pommern menschenleer geworden sein sollte, als der Auszug begann, ist sehr unwahrscheinlich. Die Rugier sind dieselben, die man später meist Ranen („Rani" = ein Name Wodans) nannte.

Die bei Helmold erwähnte, wohl byzantinische Missionierung belegt aber auch der steinerne und östlich ausgerichtete „Tempel der Morgenröte" in Jüterbog, der wahrscheinlich eine byzantinische Kapelle war, die neben einem Kultplatz (noch heute „Hexentanzplatz" genannt) angelegt wurde. Vermutlich bekam diese Stadt wegen des Kultes des christlichen Gottes dortselbst auch ihren schon 1007 bezeugten Namen „Jüterbog" = guter Gott.
Der angebliche „Tempel der Morgenröte" wurde vom Diakon Hannemann 1607 beschrieben, das Gebäude soll um 1567 eingerissen worden sein[107]:

>*Von einer solchen heidnischen Entstehung der Stadt hat auch Anzeigung gegeben das uralte Templein, welches ungefähr nun vor vierzig und etlichen Jahren ist eingerissen worden, darinnen der heidnische Götzendienst der wendischen Morgengöttin soll sein geleistet worden. Dies Templein, welches auf dem Neumarkt bei dem steinernen Kreuz gestanden, ist in der Länge Breite und Höhe bis an das Dach recht viereckig von Mauersteinen aufgeführt gewesen, hat oben ein Kreuzgewölbe und darüber ein viereckig zugespitztes Dach gehabt. Die Tür oder Eingang von abendwärts ist niedrig gewesen, also daß man im Eingehen sich etwas hat bücken müssen. Es hat auch keine Fenster gehabt, sondern nur ein rundes Loch, mit einem starken eisernen Gitter verwahrt, gegen Morgen, und zwar genau gegen Sonnenaufgang zur Nachtgleiche, so groß, als der Boden von einer Tonne, daß das Licht hat hineingehen können. Also hab ich's von mehreren Personen, die noch am Leben sind, beschreiben hören.*<

Es war nach der Beschreibung sicher eine kleine christliche Kapelle, vielleicht eine der ersten, die hier von der Ostkirche oder einzelnen Missionaren errichtet wurde, galt aber als Tempel, weil die byzantinische Tradition bei der späteren Mission durch die römisch-katholische Kirche nicht mehr bekannt war. Für eine frühe Kapelle spricht, daß das Gebäude aus Stein war, nicht wie ein Tempel aus Holz, daß es nach Osten statt Norden ausgerichtet war und daß daneben ein heidnischer Kultplatz lag – somit war diese Kapelle bewußt neben den heidnischen Kultplatz gesetzt worden. Wie ein wendischer Tempel wirklich aussah, zeigt die Abb. 28, die den rekonstruierten Tempel von Groß Raden zeigt.

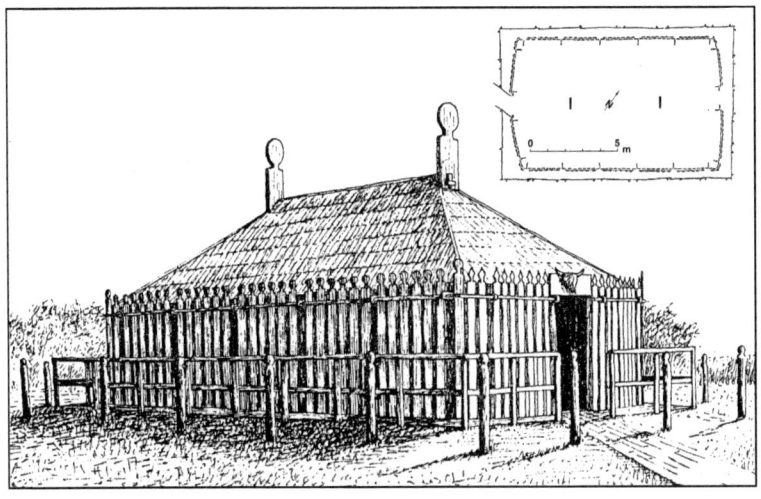

Abb. 28: Hölzerner wendischer Tempel von Groß Raden, Mecklenburg.

Im Jahre 990 oder 996 ließ sich Miseko-Dago taufen und unterstellte sein Reich „Kujawien" (das 200 Jahre später „Polen" genannt wurde) der Kirche. Er gab das Bistum Gnesen („civitas Schinesghe") an den heiligen Stuhl. Im Jahre 1000 wurde das Bistum Breslau gegründet. Nach Dagos Tod 1034 verlor sein Reich durch die Abspaltung Schlesiens seine Großmachtstellung. Es folgte eine Zeit der Anarchie, viele Menschen legten den durch Zwang durchgesetzten christlichen Glauben ab und fielen wieder ins Heidentum zurück.

Nachdem der erste byzantinische Missionierungsversuch beendet war kamen vom Westen her Missionare der römischen Kirche. Die Menschen waren aber inzwischen wieder heidnisch geworden, und dieses Heidentum (und vielleicht byzantinisch-kirchenslawische Sprachreste in den unzugänglichen Sumpfgebieten z. B. des Spreewaldes) fand die Romkirche hier dann vor.

Von vereinzelten Besuchen von Mönchen, die offenbar die Absicht hatten, das Land zu missionieren, berichten auch Sagen wie die folgende aus Berlin:

>*Als die ersten Mönche in das Land kamen, war das Tempelhofer Feld von dichtem Walde bedeckt. Darin lag ein kleines, stilles Gewässer, das heute den Namen Hellpfuhl führt. Rein und warm war das Wasser, unberührt der Wald ringsum. Am Ufer stand verborgen ein Opferstein, in der Nähe eine moosgedeckte Hütte. Daneben glänzte ein Pflug. So fand ein verirrter Mönch die Stätte.*
Da trat ihm aus der Hütte ein alter Heidenpriester entgegen. Er nahm den Fremdling gütig auf und erquickte ihn. „Wem dienst du?" fragte darauf der Mönch. „Hela", sagte der alte Priester und neigte sich gegen den See. „Wovon lebst du?" fragte der Mönch weiter. „Warte", antwortete der Heide.
Das Abendrot flammte durch den Wald. Da stieg langsam ein schwarzer Stier aus dem Gewässer. Den spannte der Priester vor den Pflug und zog damit über den schmalen, fruchtbaren Uferstreifen am Wasser hin, sperrte den Stier dann wieder aus dem Joch und ließ ihn in das Wasser zurück. Aus dem gepflügten Boden aber sproßte Getreide auf, wuchs zusehends, blühte und trug Frucht.
Der Mönch verwunderte sich. „Wer sorgt für dich?" fragte er wieder. „Hela", sagte der alte Priester und neigte sich gegen den See.
Am nächsten Morgen schon brachte er das Getreide ein. „Für uns beide genug bis zur neuen Ernte", meinte er dabei. „Ich bin ein Christ", antwortete abwehrend der Mönch. Der alte Priester lächelte ruhig vor sich hin. „Komm mit", sprach er und nahm die Erstlinge seiner Ernte zum Opferstein, entzündete ein Feuer und dankte.
Plötzlich fuhr der Mönch zurück. Aus dem Rauch befreite sich eine Gestalt, hob segnend die Hand und verschwand. „Hela", schrie der Priester. Dann faßte er den Mönch bei der Hand. „Ich muß sterben," sagte er. „Hela hat mich gerufen. Und du wirst mein Nachfolger sein und wirst die Opferstätte hüten". „Ich bin ein Christ", erwiderte der Mönch. „Hela hat dich gesegnet", beharrte der alte Priester, „du wirst die Opferstätte hüten".
In der Nacht starb er. Der Mönch bestattete ihn und blieb. Wohin sollte er? Aus der Wildnis fand er sich nicht zurück. In der Hütte lag vorerst Brotgetreide, also blieb er. Aber die Blumen um den Opferstein pflegte er nicht.
Als sein Korn zu Ende ging, stand er einmal vor dem Stein. Da flog eine weiße Taube mit roten Füßen herbei, und in jähem Schrecken flüsterte er: „Vater, Sohn und Heili-

ger Geist!" Plötzlich rauschte das Wasser auf und riß ihn hinab. Mit Mühe nur kam er ans Ufer zurück. Er trug ein Kreuz aus fünf Immortellenblüten auf der Brust. Das hatte ihn für diesmal gerettet.
Nach Tagen gedachte er zu Baden und legte auch die Blüten ab. Da stieg der schwarze Stier herauf, sprang selbst in das Joch und pflügte brüllend das Ufer um. Und es begann sich zu senken. Ein unergründliches Loch öffnete sich, eiskaltes Wasser brodelte auf und verschlang den Stier und den Mönch.
Jedwedes Jahr holt seitdem der Hellpfuhl sich ein Opfer.
Hela zürnt den Christen. So geht die Sage.<

Noch heute ist der Pfuhl, die „Blanke Helle" auf dem Berliner Alboinplatz zu sehen, und in Erinnerung an die Sage schufen hier nach dem ersten Weltkrieg arbeitslose Bildhauer nach dem Entwurf des Bildhauers Mersmann eine 7,5 Mtr. hohe und 9 Mtr. lange Steinplastik eines Stieres. Die wendische Göttin heißt hier „Hela", das ist das deutsche „Hellia" (Frau Holle, Frick), die Göttin der Erde und des Todes, deren heiliger Stier offenbar für einen Fruchtbarkeit bewirkenden kultischen Pflugumzug verwendet wurde.

919-939 erhielt Erzbischof Giselher die Grafschaft an der Mulde (Nebenfluß der Elbe) zu Lehen.

Im Jahre 928 hatte Heinrich I. die Brennaborg (Brandenburg) erobert und versuchte, den Wenden die christliche Lehre aufzuzwingen. Auch von dieser Schlacht erzählt eine Sage[108]:

>Am Koschenberg hatten die Wenden ihr Lager aufgeschlagen. Von Süden, aus der Lausitzer Heide, rückte Heinrichs Heer heran und von Norden, von den Sümpfen der Elster, Markgraf Gero mit seinen Scharen. Als die Deutschen näherkamen, gingen die Wenden unter Radbot zum Angriff vor, galt es doch, frühere Niederlagen zu rächen. Zu Hunderten schnellten ihre Pfeile gegen die Feinde. Mit wuchtigen Stößen fuhren ihre Speere in die Fugen der Rüstungen, und gar mancher Ritter sank, zu Tode getroffen, vom Pferde. Erbittert wogte der Kampf hin und her.
Da ging unter den Wenden eine Kunde von Mund zu Munde. Chitawa, die Frau eines ihrer Anführer, war mit Uleslaw, ihrem Vater, zum Christentum übergetreten. Mitten im Kampfe ließen die Wenden die Waffen sinken. Verzweifelt rief Radbot seine Mannen von neuem auf. Er ging selbst voran und drang auf den Markgrafen Gero ein. Zuerst wich er geschickt einem mächtigen Schwertstreich aus, der seinem Kopf zugedacht war, ihm aber nur die Helmzier, einem züngelnden Drachen, raubte. Kaum hatte er

sich aufgerichtet und zum Schlage ausgeholt, fuhr ihm Geros Schwert tief in die Brust. Die Wenden ergriffen die Flucht. Das Ende Radbots war auch das Ende ihres Kampfes.
Als der Tag sich neigte, waren zwei Bächlein, die das Feld durchflossen, blutigrot gefärbt. An dem einen baute man später eine Mühle, die den Namen Blutmühle erhielt. An dem andern wurde nach langen Jahren ein goldenes Geschmeide gefunden, eine Art Stirnband, und die Leute glaubten, es sei nichts anderes als der Kopfschmuck des tapferen Radbot.<

Interessant ist, daß auch hier der Wendenanführer den germanischen Namen Radbot trägt, während der Name „Chitawa" die weibliche Form eines mittelhochdeutschen Begriffs mit der Bedeutung „Sproß" darstellt. „Uleslaw" bedeutet „Ulls Sohn" (Ullr ist ein germ. Gott) und ist auch germanisch. Der Koschenberg (früher 178 Mtr. hoch) liegt bei Calau nahe der alten Grenze zu Schlesien. Die Wenden sollen hier ein Bild ihres angeblichen Gottes „Flynn" oder „Flins" errichtet und ihm Opfer gebracht haben, schrieb der Heimatforscher Gerhard Krüger Ende der 20er Jahre des vorigen Jahrhunderts und übersah dabei, daß der angebliche Gott „Flins" (siehe Abb. 35 Seite 189) nur eine Erfindung des Chronisten Konrad Botho (1492) ist. Ab 1400 stand auf dem Berge eine Kapelle des hl. Laurentius. Auch gibt es Spuk- und Geistersagen von diesem Berge, der leider seit 1887 für den Granitabbau freigegeben ist und zusehens kleiner wird.

Im Jahre 948 wurden unter Otto I. eine Reihe von Missionsbistümern gegründet, Havelberg (das im 14. Jh. erlischt), Brandenburg, Merseburg, Zeitz, Meißen und Oldenburg in Ostholstein sind die bekanntesten. Die wendischen Fürsten wurden vertrieben oder samt ihren Familien getötet, die Markgrafen ließen sich in den eroberten Burgen nieder. Anfangs wurden Bischöfe eingesetzt und für Bistümer eingeteilt, in denen sie noch gar nicht residieren konnten, weil diese Bistümer noch mitten im heidnischen Gebiet lagen.

965 trat Probst Hildeward dem Kaiser Heinrich I. einen Teil seines Sprengels ab (zwischen Ohre, Elbe, Bode und Klein Oschersleben, sowie die Pfarrei der Saale, Unstrut, Helme, Wallhausen und andere). Im Jahre 968 wurde das Erzbistum Magdeburg gegründet, das die Oberhoheit über die neuen Missionsbistümer ausübte. Meißen, Zeitz und Merseburg werden Bistümer, Magdeburg gründet die Stadt Posen.

973 wird Prag an der Elbe, das markomannische Parhag, Bistum. Ab 1344 ist es wie Cammin nur dem Papst allein unterstellt.

Im Jahre 983, zehn Jahre nach dem Tode Ottos I. gab es im wendischen Land östlich der Elbe einen großen Aufstand gegen die Unterdrückung und den christlichen Glauben. Der Aufstand ging vom Kultzentrum Rethra aus. Thietmar von Merseburg berichtet davon[109]:

>*Die Freveleien begannen am 29. Juni, indem die Besatzung von Havelberg niedergemetzelt und der dortige Bischofssitz zerstört wurde. Nach drei Tagen überfiel die geballte Macht der Sklaven das Bistum Brandenburg, das bereits 30 Jahre vor dem Bistum Magdeburg errichtet worden war. Dies geschah am sehr frühen Morgen, als zur ersten Messe geläutet wurde. Bischof Folkmar, der dritte Bischof seit Gründung des Bistums, war bereits geflohen, und Dietrich, der die Stadt verteidigte, kam an diesem Tag mit seinen Bewaffneten nur äußerst mühsam. Der gesamte Klerus wurde von den Sklaven gefangen genommen. Dodilo, der zweite Bischof, der von seinen eigenen Leuten erdrosselt worden war und nun schon drei Jahre im Grab geruht hatte, wurde aus dem Grab gerissen. Sein Priesterschmuck, der wie sein Körper völlig unversehrt war, wurde von diesen gierigen Hunden geraubt, der Leichnam dann wieder achtlos in das Grab geworfen. Der gesamte Kirchenschatz wurde verschleudert, ein erbärmliches Blutvergießen veranstaltet. An Stelle von Christus und Petrus, dem Fischer Christi, wurden viele Götzen in teuflischer Ketzerart angebetet. Diese beklagenswerte Veränderung wurde nicht nur von den Heiden, sondern auch von den Christen befürwortet.*
In dieser Zeit nahm auch ein böhmisches Heer unter der Führung des Grafen Dedi (von Böhmen) die Kirche zu Zeitz ein, plünderte sie aus und vertrieb Hugo, den ersten Bischof der dortigen Kirche.
Nicht viel später [983] raubten sie das Kloster des heiligen Laurentius in Calbe völlig aus und verfolgten unsere Leute wie fliehendes Rotwild. Während unsere Schandtaten in uns Furcht und Schrecken hervorriefen, verliehen sie ihnen Mut und Kraft. Mistui, der Herzog der Obodriten, steckte Hamburg, einst ein Bischofssitz, in Brand und verwüstete es (...)
Als bereits alle Städte und Dörfer bis zur Tanger mit Brandschatzung und Plünderung verwüstet waren, versammelten sich mehr als 30 sklavische Heerhaufen, teils zu Fuß, teils zu Pferd, um unter dem Zeichen ihrer Götter und dem Schall der Posaunen alles, was bisher verschont geblieben war, auszuplündern. Da dies natürlich auch den Unsrigen nicht verborgen blieb, trafen sich Erzbischof Gisiler [von Magdeburg], Bischof Hildeward [von Halberstadt], Markgraf Dietrich und die übrigen Grafen Rikdag, Hodo, Binizo, Friedrich, Dudo und mein Vater Siegfried neben vielen anderen. Als nun der Samstag anbrach, besuchten sie die heilige Messe, stärkten Leib und Seele mit

den himmlischen Sakramenten und wandten sich dann mutig und siegessicher gegen die ihnen entgegenkommenden Feinde. Sie töteten alle mit Ausnahme weniger, die auf eine kleine Anhöhe entkommen konnten. Die Sieger priesen Gott und seine wunderbaren Werke, denn auch hier bewahrheitete sich das Paulus-Wort: „Es hilft keine Weisheit, kein Verstand, kein Rat wider den Herrn". Verlassen waren jetzt die, die sich vorher erdreistet hatten, Gott zu verschmähen und in ihrer Dummheit selbstgefertigte Götzenbilder ihrem Schöpfer vorgezogen hatten. Bei Einbruch der Dämmerung, unsere Männer waren gerade dabei, etwas weiter weg ein Lager aufzuschlagen, konnten die restlichen Feinde klammheimlich entkommen. Die Unsrigen zogen, bis auf drei, in gelöster Stimmung nach Hause.<

Der Aufstand fand vor der Ernte statt, da man die Abgaben an die Bistümer nicht geben wollte, und er wurde hauptsächlich von den Priestern, besonders denen in Rethra, sowie den heidnischen Adeligen organisiert. Durch Ausgrabungen wissen wir auch, daß der Spandauer Burgwall (siehe Abb. 6 Seite 78) bei diesem Aufstand niedergebrannt wurde.

Über zwei Jahrhunderte konnten sich die Aufständischen allen Versuchen der Rückgewinnung durch die Christen erfolgreich entziehen. Eine Sage von der Schlacht bei Pritzlawa erzählt darüber[110]:

>*Nach ihrem gewaltigen Befreiungskampf behaupteten die Wenden hundertfünfzig Jahre lang ihre Selbständigkeit. Vergeblich versuchten die Deutschen, die alte Herrschaft zurückzuerlangen. Im Jahr 1056 wurde der Sage nach ein deutsches Heer unter dem Markgrafen Wilhelm in der blutigen Schlacht bei Pritzlawa oder Prinzlowa in der Nähe des heutigen Quitzöbel vernichtet. Der Markgraf und Tausende seiner Ritter und Reiter ertranken in den Fluten der Havel. Die Nachricht von diesem Sieg der Wenden soll dem schwerkranken Kaiser Heinrich III. den Tod gebracht haben. Angeblich wurden ein Jahr später an gleicher Stelle die Wenden besiegt, woher die Dünen die Namen Sieg- oder (plattdeutsch) Seegeberge (Sauberge) führen sollen.<*

In Rußland hatte noch 980 der Fürst Vladimir in Kiev ein Standbild des Gottes Turov (Thor)/ Perun mit silbernem Kopf und goldenem Bart errichtet und dort geopfert, sein Onkel Dobrynja tat dasselbe zu Nowgorod am Ufer des Volchov. Doch nur 8 Jahre später, nach der Taufe Vladimirs, hatten er die Vernichtung des Kiever Idols und Bischof Akim im Jahre 989 die des Nowgoroder Idols befohlen. Das Bild Peruns ließ Vladimir auspeitschen und in den Dnjepr werfen. In der Nestor-Chronik heißt es[111]:

>*Und Vladimir gab Befehl und sagte: „Wenn er irgendwo an Land kommt, dann stoßt ihn vom Ufer weg, bis er durch die Stromschnllen hindurch ist, weiter kümmert euch nicht mehr um ihn". Da taten sie das Befohlene. Und als sie ihn losließen, trieb er durch die Stromschnellen, und der Wind warf ihn auf eine Sandbank, weshalb sie bis auf den heutigen Tag Peruns Sandbank heißt.<*

Im Jahre 1066 gab es für die Wenden noch einmal einen großen Erfolg: In einem Aufstand setzte sich auch im Siedlungsgebiet der Obodriten die heidnische Reaktion durch. Die Bistümer Oldenburg in Holstein, Mecklenburg und Ratzeburg mußten aufgegeben werden. Der christliche Fürst Gottschalk wurde getötet.

Im Jahre 1108 war von Adelgot von Beltheim, Erzbischof von Magdeburg, der Aufruf zu einem ersten Kreuzzug gegen die Wenden erlassen worden. Dieser Kreuzzug blieb erfolglos. Der Erzbischof hatte u. a. mit ganz materiellen Gütern gelockt:

>*Stehe auf, du Braut Christi, und komme! Jene Heiden sind ganz schlecht, aber ihr Land ist überreich an Fleisch, Honig, Getreide, Geflügel und, wenn es erst bebaut wird, voll angefüllt mit aller Art von Früchten, so daß keines mit ihm verglichen werden kann. So sagen jene, denen es bekannt ist. Auf denn, ihr Sachsen, Franken, Lothringer, Flandrer, auf, ihr hochberühmten Weltbezwinger, hier könnt ihr beides: eurer Seele Heil erwirken und das fruchtbarste Land in Besitz nehmen zur dauernden Wohnstatt, so es euch beliebt.<*

Ein zweiter Kreuzzugsaufruf erfolgte 1147, auch er scheiterte. Schon 1122-23 wird Lebus ein Bistum.

Der schon christliche Hevellerfürst Heinrich-Pribyslaw (= Sohn des Pribys) hatte durch politische Schachzüge den Einbruch der Kreuzzügler in seinen Herrschaftsbereich zu verhindern gesucht. Er herrschte über heidnische Untertanen und er, kinderlos, setzte Markgraf Albrecht den Bären aus dem Hause der Askanier als Nachfolger ein und dessen Sohn Otto bekam als Taufgeschenk das Gebiet der Zauche südwestlich von Berlin. Als Heinrich-Pribyslaw 1150 starb, hielt seine Witwe den Tod zunächst geheim, bis sich eine sächsische Kriegerschar in der Burg Brandenburg einquartieren konnte, doch wurden diese Anhänger Albrechts kurz darauf wieder vertrieben.

Daneben meldete Jaczo (Jaxa) von Köpenick, der in der Burg von Köpenick residierte und der auch Fürst in Polen war, Ansprüche auf den Thron an. Erst 11. Juni 1157 gelang es Albrecht dem Bären, die Brandenburg und den Thron einzunehmen und er setzte auch gleich die im Exil lebenden Bischöfe wieder ein.

Die Frage, warum Heinrich-Pribyslaw den Christen Albrecht als Nachfolger und Erben eingesetzt hatte, ist ungeklärt. Nur die Sage „das Schildhorn bei den Pichelsbergen" scheint darüber Auskunft zu geben. Danach wurde er wegen seiner wunderlichen Rettung Christ[112]:

>*Bei den Pichelsbergen – einem bekannten Vergnügungsort der Berliner – bildet die Havel einen großen See. Von dem jenseitign Ufer zieht sich beim Dorfe Pichelsdorf, welches dort nach Spandau zu liegt, eine Landzunge in diesen See hinein, die man den „Sack" nennt, der gegenüber dann auf der Seite der Pichelsberge nach dem Grunewald zu eine andere weit in das Wasser vorspringt, das „Schildhorn" genannt. Hier soll in alten Zeiten während eines großen Religionskrieges, wie die Leute dort sagen, ein Ritter, von seinen Verfolgern hart bedrängt, mit seinem Pferde hindurchgeschwommen sein. Als er nämlich auf seiner Flucht in die Landzunge bei Pichlsdorf geriet, riefen seine Feinde triumphierend aus: „Jetzt haben wir ihn im Sack". Er aber faßte sich schnell, gab seinem Pferde die Sporen und setzte in die Havel hinein, und wirklich trug ihn sein treues Tier die weite Strecke hinüber bis an das jenseitige Ufer, wo er zum Andenken seiner glücklichen Rettung Schild und Horn an einem Baume aufhängte. Davon heißt die Stelle „das Schildhorn", die andere jenseitige Landzunge „der Sack", weil seine Verfolger ausriefen: „Jetzt haben wir ihn im Sack".*
So wird die Sage gewöhnlich in Pichelsdorf erzählt. In Charlottenburg, d. h. im alten Lietzow, sagt man, es sei der letzte Wendenkönig gewesen. Bei Caput sei die Schlacht geschlagen worden, von der er flüchtig gekommen. Er sei glücklich hinüber gekommen, aber sein Adjutant – wie es naiv heißt – der es auch versucht, sei darin umgekommen. Weiter wird dann angegeben, er sei Heide gewesen und habe, wie er in die Havel gesetzt, gelobt, da seine Götter ihn verließen, wolle er Christ werden, wenn der Christengott ihn rette, und er glücklich hinüber käme. So sei er es denn auch nachher geworden.<

In Erinnerung an die Sage ließ König Friedrich Wilhelm IV. die Gedenksäule mit dem Schild errichten, die im Kriege verschwunden war und seitdem durch eine Kopie ersetzt wurde.

Die ältere Fassung der Sage von 1730 nennt keinen Namen und keine Bekehrung, so daß ich Zweifel habe. Erst die jetzige Sagenfassung, die zuerst 1828 bei Valentin Schmidt erschien, hat den Bekehrungsgedanken.

Abb. 29: Der mittlerweile verschollene Opferstein von Pichelswerder.

Mir erscheint es eher darum zu gehen, daß der Thing- und Kultplatz von Pichelsdorf nach Schildhorn verlegt wurde. Denn „Sack" ist auch eine Bezeichnung für den Gerichtssprecher (gotisch „Sagja" = Sager) und in Pichelsdorf nördlich dieser Halbinsel zeigte man noch im 19. Jh. das Haus des letzten Wendenkönigs. Hier befand sich also auf der Halbinsel der Thingplatz, der „Sack", wo der König Gericht hielt. Östlich auf der einstigen Insel Pichelswerder aber befand sich eine Opferstätte; den zugehörigen Opferstein konnte man finden und aufstellen (siehe Abb. 29, er ist mittlerweile wieder verschollen). Von der Spandauer Burg her konnten aber die Christen gegen die Opfer- und Thingstätte vorgehen, so daß sie nach Schildhorn verlegt werden mußte. Mit dem Horn wird zur Versammlung gerufen, der Schild ist das Zeichen des Anführers, und der Baum ist die Thingeiche oder -linde.

Die Wenden erzählen diese Sage anders[113]. Danach war es der von Pichelsdorf aus fliehende Jaczo von Köpenick, der mit seinem Pferde durch die Havel geschwommen ist und in Schildhorn, unterhalb des Dachsberges, der eine alte Kultstätte des Gottes Dag war, an Land kam. Er hängte seinen Schild am nächsten Baume auf und stieg zum Dachsberg hoch. Er hob die Arme in Richtung der Sonne und betete um Kraft und Erleuchtung. Mit dem Schwert zeichnete er sodann die Umrißlinien seines Fürstentums in den Sand, ritzte seinen Arm und ließ sein Blut in die Linien fließen. Innerhalb dieses Kreises stand er und wartete, daß die Sonne den Horizont berühren würde. Als das geschah, rief Jaczo den Gott Dag an und sprach die alten magischen Worte. Er beschwor einen magischen Schutzbann für sein Volk und besiegelte ihn mit dem Selbstopfer. Jaczo ließ sein Blut in den Kreis fließen und der Gott nahm das Opfer des sterbenden Jaczo an. Nie wieder wurde sein Volk verfolgt oder unterdrückt.

Nachdem nun also Albrecht der Bär auf der Brandenburg herrschte, war das Land nicht gleich überall christlich, vielmehr wurde in den unzugänglichen Gebieten, die nicht von Albrechts Truppen kontrolliert werden konnten, weiterhin das Heidentum ausgeübt. Davon berichtet die Sage von der Gründung Berlins[114]:

>*Albrecht der Bär, der erste Markgraf (1100-1170), hatte sich auf der Jagd im Sumpfllande der Spree verirrt. Er war von seinen Jagdgenossen abgekommen und sah sich schon der Notwendigkeit gegenüber, im Walde zu übernachten, als er nach der Spree hinüber ein Licht flackern sah. Er folgte dem Scheine und kam bald an einen im Wasser errichteten Pfahlbau, den man nur über einen schmalen Steg erreichen konnte. Er pochte ans Hürdentor, und ein Knecht ließ ihn ein. Der führte ihn in einen von Kienspänen erhellten Raum, wo der Besitzer der Ansiedlung auf einem Bärenfell saß. Dieser grüßte ihn nach wendischer Sitte und fragte, was sein Begehr sei. Albrecht antwortete, daß er von seinen Gefährten abgekommen sei und um ein Nachtlager bitte; er gab sich aber nicht als Fürst des Landes zu erkennen. Der Wende antwortete: „Du bist zwar ein Christ, doch weiß Rudolf von Stralow auch diesen gegenüber Gastfreundschaft zu üben. Hier hast du einige Fische; dort auf dem Fell findest du einen Platz zur Ruhe!" Albrecht, der die Gebräuche der Wenden kannte, forderte aber Salz und Brot, um es mit dem Wenden gemeinschaftlich zu essen; denn nur dadurch sicherte er sein Leben. Rudolf von Stralow gab beides ungern; aber er gab es doch – und so konnte sich Albrecht beruhigt niederlegen.*
Doch kam er nicht zur Ruhe, es war viel Leben und Bewegung im Hause. Knechte kamen und gingen, bis endlich einer Rudolf von Stralow meldete: „Es ist alles bereit!" Da stand dieser auf und rüstete sich zum Ausgang. Sofort war aber auch Albrecht auf

den Beinen und fragte: „Wohin willst du?" Der Wende wollte es ihm nicht sagen, bis ihn der Markgraf darauf aufmerksam machte: „Ich bin dein Gastfreund". Da bequemte sich Rudolf dazu, ihm zu berichten, daß er zu einem Triglavfest wolle. Albrecht forderte: „So nimm mich mit!" Der Wende konnte es ihm als seinem Gastfreund nicht abschlagen, doch hüllte er ihn zuvor in einen Wendenpelz.
So bestiegen sie den Kahn, der am Wasserausgang ihrer harrte. Rasch ging die Fahrt spreeabwärts, und unterwegs gesellten sich ihnen viele Kähne zu. Dort, wo die Spree sich teilte, stiegen sie aus, um zum Triglavtempel auf sandiger Höhe emporzusteigen. Dumpfes Gemurmel schlug ihnen am Eingang entgegen: der Tempel war voll von Wenden.
Albrecht sah sich um. Im Hintergrunde gewahrte er einen großen Vorhang, hinter dem ein seltsames Gestöhn hervortönte. Da schritt die weißgekleidete Priesterschar herein und begann die Anrufung des dreiköpfigen Gottes. Immer wilder und lauter wurde ihr Schreien. Als ihr wildes Rufen den Höhepunkt erreicht hatte, wurde der Vorhang aufgerissen, und Albrecht sah, wie sie aus Weidengeflecht ein scheußliches Abbild ihres Gottes errichtet hatten. Das ganze Innere Triglavs aber war angefüllt mit gefangenen Christen, die nun als Opfer dargebracht werden sollten. Der Oberpriester schritt auf den darunter aufgeschichteten Holzstoß zu und entzündete ihn. Schon wollte Albrecht sein Schwert zücken, um seine Glaubensgenossen zu befreien. Doch Rudolf von Stralow zog seinen Gastfreund schnell in die finstere Nacht hinaus, um ihn vor einer übereilten Tat und damit vor dem Tode zu schützen.
Schweigend ging die Fahrt zum Pfahlbau zurück. Als sie aber dort angelangt waren, drangen harte Worte aus Albrechts Mund: „Ein Bärlyn (Bärlein) will ich in den Sumpf da setzen; das soll die Wenden zusammentatzen, daß kein Christ mehr zu brennen braucht!" Erstaunt sah der Wende seinen Gast an: „Du sprichst stolze Worte voll Herrengeist! Wer bist du?" „Kennst du mich nicht? Ich bin Albrecht, den sie den Bären nennen – mein Bärlyn soll im Wendenlande herrschen und seine Tatzen weit auf Sumpf und Sand pranken! – Doch Stralow soll besonderen Schutz genießen, weil es mich beherbergt hat – nur der erste Fischzug gehöre dem Fürsten!"<

Die Sage enthält Dinge, die so nicht stimmen können, so etwa den angeblichen Gott Triglav. Es wäre wohl völlig undenkbar, daß man in einem hölzernen Tempel, wie ihn die Abbildung 28 (Seite 155) zeigt, ein geflochtenes Götterbild mit Gefangenen darin anzündet; das Feuer würde in kürzester Zeit den ganzen Tempel verbrennen und sein Rauch zuvor alle Besucher des Tempels ersticken. Niemals hätte man hier Menschen verbrennen können. Es ist also anzunehmen, daß irgendein Sagenerzähler hier ein wenig „ausgeschmückt" hat, um seiner tendenziösen Schilderung etwas mehr Spannung zu verpassen. Außerdem wollte er wohl die

Abb. 30: „Wicker-Man", Holzfigur mit zum Tode verurteilten Gefangenen gefüllt. *Illustration nach Caesars Beschreibung, 17. Jh.*

Missionierung der Wenden (Wandalen) rechtfertigen, indem er die übliche Barbarenpropaganda verwendete: Heiden bringen unschuldige, andersdenkende Menschen grausam um, daher sind alle Kreuzzüge (z. B. der Wendenkreuzzug) und Missionierungsmaßnahmen mehr als gerechtfertigt.

Ich habe nun auch herausgefunden, wo sich der offenbar gelehrte Sagenverfälscher die Geschichte mit dem Weidengeflecht hergeholt hat: Aus Julius Caesars „de bello gallico". Auch Caesar war ein Berichterstatter, der das Interesse hatte, die zu bekriegenden Stämme irgendwie schlecht aussehen zu lassen. Die Stelle handelt von Kelten und einem angeblichen keltischen Ritual[115]:

>*Andere Stämme besitzen Opferbilder von ungeheuerer Größe, deren Glieder durch Ruten untereinander verbunden sind. Diese füllen sie mit lebenden Menschen aus. Dann werden die Götterbilder von unten angezündet, so daß die Menschen in den Flammen umkommen. Sie glauben zwar, daß die Tötung von Menschen, die bei Diebstahl, Raub oder anderen Verbrechen gefaßt wurden, den unsterblichen Göttern angenehmer ist, wenn es ihnen jedoch an solchen fehlt, gehen sie auch dazu über, Unschuldige zu opfern.*<

Caesar selbst gibt zu, daß es im Normalfall um verurteilte Verbrecher ging, die auf diese Weise hingerichtet wurden. Denn in Kulturen, wo man Gebäude aus Holz hat, gibt es keine festen Gefängnisse; die Verurteilung zu lebenslanger Haft ist also nicht möglich. Eine Ächtung (d. h. Ausstoßung aus der Gemeinschaft) kann bedeuten, daß sich der Verbrecher weiterhin betätigt, vielleicht noch zusammen mit anderen Geächteten (vgl. Robin Hood). Deswegen bleibt nichts anderes, als solche Leute hinzurichten, und das geschah im Rahmen eines Opfers. Daß auch Unschuldige geopfert worden sein sollen, halte ich für einen abwertenden freien Zusatz von Caesar. Auch in der Vergangenheit wurde der Weidenrutengott mit den unschuldigen Opfern häufig dargestellt (siehe Abb. 30).

Heute wissen wir, daß im Gebiet der Städte Berlin und Cölln keine „slawischen" Siedlungen gewesen sind – archäologisch konnte nichts nachgewiesen werden, trotz intensivster Suche. Unter der Petrikirche fanden Archäologen auf einer Grabungsfläche von 9 qmtr. 15 Gräber in West-Ost-Ausrichtung, die also christliche Gräber sind. Berlin und Cölln waren deutsche Stadtgründungen. Die Spreeinsel allerdings wies Siedlungsspuren aus der Zeit um 2000 v. u. Zt. auf. Bevor die Städte gegründet waren, gab es nur die Spreeinsel, auf der sich ein Heiligtum befand, später stand dort der Tempel und einige Häuser. Der Ort war von den Armen der Spree geschützt und das war wohl auch der Grund, hier dann die Städte Cölln und Berlin anzulegen. Den Zustand im 11. Jh. zeigt die Karte (Abb. 31).

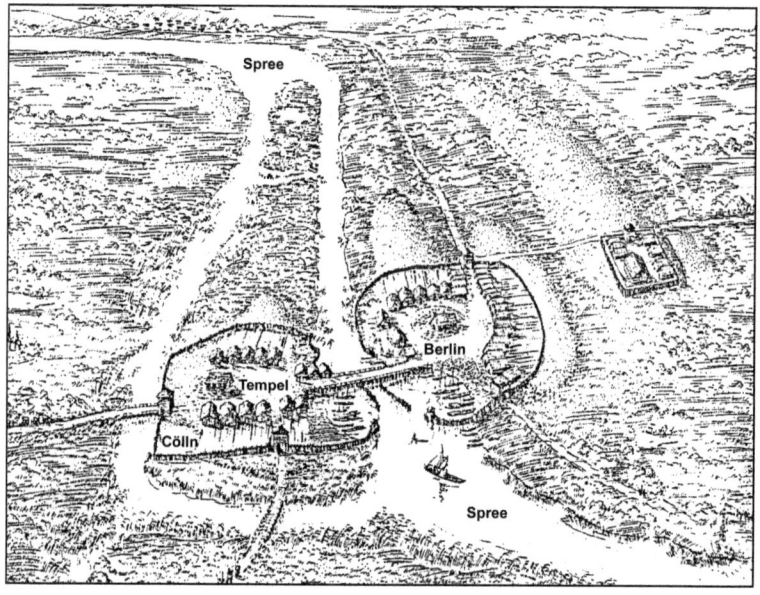

Abb. 31: Die beiden Schwesterstädte Berlin und Cölln im 11. Jh. Der Tempel befand sich auf der durch die Spreearme geschützten Insel, dem späteren Cölln.

Es gab nun laufend weitere Kämpfe, da das Land noch nicht vollständig christianisiert war, und es immer wieder einzelne Häuptlinge gab, die sich widersetzten. Eine Sage berichtet, wie blutig dieses Geschäft ablief[116]:

>*Nicht weit von Frankfurt ist einst eine furchtbare Schlacht zwischen den Wenden und Deutschen geschlagen worden, welche so blutig gewesen ist, daß noch heute dort die Heide rot gefärbt ist von dem vergossenen Wendenblut. Um Mitternacht erwachen die dort erschlagenen Wenden und weinen und klagen um das Schicksal ihres Volkes; wenn aber der Hahn kräht, so kehren sie wieder in ihre Ruhestätten zurück.*<

Neben den Kämpfen kam es auch immer wieder zur Zerstörung von Heiligtümern und der Bekämpfung der dort feiernden Menschen. Davon berichtet die folgende Sage vom Teufelssee und den Ravensbergen bei Saarmund[117]:

>*Wo jetzt der See ist, soll vor alten Zeiten ein Götzenbild gestanden haben, zu welchem auch nach der Bekehrung der Wenden durch das Schwert Heinrich des Voglers zum Christentum noch lange Zeit seine Verehrer aus der Umgebung herbeikamen, um ihre Opfer zu bringen und seine Gunst zu erbitten. Der Teufel aber hat das Götzenbild davongetragen und das seine an die Stelle gesetzt. Da nun die Wenden nur des Nachts bei Mondschein zum Opfern gekommen sind, haben sie den Tausch nicht bemerkt, und der Teufel hat sich lange Zeit sehr darüber gefreut, daß man ihn angebetet in christlichen Landen, hat auch allerlei Zeichen und Wunder getan, so daß sich der Ruf des Götzenbildes am Ravensberg immer weiter verbreitete und von nah und fern immer zahlreichere Wallfahrten im geheimen dahin gemacht wurden; die dann des Nachts bei Fackelschein und hoch lodernden Feuern die alten heidnischen Feste in dem abgelegenen Tal begingen.*
Die Geistlichkeit hatte zwar davon gehört, doch vermochte sie in dem dichten Wald den Opferplatz nicht aufzufinden, wenn sie hinauszog mit ihren Lehnsmannen, unter denen manche gar wohl im Dunkeln den Weg zu finden wußten; und ließ sie in den Nächten der alten Götzenfeste den Wad umstellen, um den Wallfahrern aufzulauern, so wurden die Wächter geschreckt durch gräßliche Töne und geistverwirrende Erscheinungen, oder man fand diese am andern Morgen zerrissen und entstellt auf den Kreuzwegen.
Da ist endlich vom Bischof von Brandenburg ein Mönch aus Italien, ein berühmter Geisterbanner und Teufelsbeschwörer, in die Gegend geschickt worden, der hat sich lange Zeit heimlich im Kloster zu Lehnin und Saarmund aufgehalten, bis er genug ausgeforscht und erfahren; dann ist der heilige Mann wiedergekommen mit großer Vollmacht von den Bischöfen zu Magdeburg, Havelberg und Brandenburg und hat ein Ketzergericht niedergesetzt zu Saarmund im Kloster. Dahin sind viele berufen, die des Götzendienstes verdächtig waren, und diejenigen, welche solcher Sünde überwiesen worden, sind all hingerichtet, die Zeugen aber haben Vergebung und Ablaß erhalten. Dann hat der Mönch die Ritter und Herren, Lehnsvögte und Bürger aufgefordert zu einem Zug zur Zerstörung des Götzenbildes, und an drei Sonntagen vorher sind alle Glocken ringsumher geläutet und Ablaß von den Kanzeln verkündet worden. Am vierten Sonntag ist dann der Zug von Saarmund aus aufgebrochen; die Mönche voran mit Kerzen und Weihwasser.
Die Reisigen haben alsbald den Ravensberg in einem weiten Kreis umstellt, der nachher immer dichter geschlossen wurde. Als der Zug ausgezogen am Morgen, ist es helles

schönes Wetter gewesen, kaum aber ist er in den Wald gekommen, so hat sich ein heulender Sturm erhoben und dicke Gewitterwolken haben sich über der Kuppe des Berges zusammengezogen; darauf ist eine ängstlich schwüle Stille eingetreten und kein Blatt am Baum hat sich geregt. Der Kreis aber ist bald hier, bald dort durch Wölfe und anderes Raubwild auseinandergesprengt und erschreckt worden. So hat es bis zum Nachmittag gewährt, als endlich die Prozession an die runde Mooswiese im Grund des Tals gelangte, in deren Mitte unter dem uralten Kreis von fast abgestorbenen Kiefern das Götzenbild vor dem Opferstein stand.

Um diese Wiese schritt nun der Mönch, geheimnisvolle Gebete murmelnd, mit dem Weihwasser, pflanzte am Rande derselben kleine Kreuze von geweihtem Holz auf und stellte sich dann außerhab des so bezeichneten Ringes dem Götzenbilde gegenüber mit seinen Gehilfen und den heiligen Geräten auf. Noch immer währte die ängstliche Stille, nur vom Fußtritt des hagern bleichen Mönches in der weißen Kutte und seinen fremdländischen Worten unterbrochen. Kaum aber begann er mit dumpfem Ton seine Beschwörung, da senkte sich die dunkle Wetterwolke in das Tal herab, so daß dort eine unheimliche Dämmerung herrschte wie bei einer Sonnenfinsternis. Aus der Wolke aber blitzte es Strahl auf Strahl, und der Donner schmetterte ohne Aufhören, während der Regen prasselnd von allen Seiten niederrauschte, so daß von den Bergwänden das Wasser in Strömen herabstürzte. Durch das Toben der Elemente aber hörte man in Zwischenräumen die Beschwörungsformeln des Mönches, der sich nicht einen Augenblick in seiner Handlung stören ließ. Nach einiger Zeit rollten sich die Wolken wie mächtige Ballen an den Talwänden in die Höhe und wölbten sich gleich einer Kuppel über dem Grunde; die sinkende Sonne warf ihre Strahlen gegen dieselbe, die mit einem so gelben Licht zurückgeworfen wurden, daß der ganze Zaum in gelbgrünem Feuer zu brennen schien.

Auf das sinnverwirrende Toben war eine lautlose Stille gefolgt; diese tote Stille war aber viel schauerlicher als das Rauschen und der Donner vorher. Die geblendeten Menschen bebten und schirmten ihre Augen vor dem grellen Licht; der bleiche Mönch jedoch erhob lauter seine Stimme, und die geheimnisvollen Worte hallten durch den Wald wie durch Säulen einer Kirche. Dann ergriff er das Kruzifix und den Weihwedel und nahte sich dem Kreis; nun erschollen von allen Seiten, aus der Erde und aus der Höhe so gräßliche und nie gehörte Töne und es brauste, rauschte, pfiff und heulte so grausig, daß die Reisigen und Klosterbrüder niedersanken und ihre Häupter verbargen. Der fremde Mönch aber ging laut betend dem Kreis näher. Da wurde es plötzlich tiefe, finstere Nacht, dann schmetterte ein heller Blitzstrahl dicht vor dem Mönche nieder in den Kreis – der aber schritt festen Fußes weiter, die Hände hoch aufgehoben, in der einen das Christusbild, in der andern das geweihte Wasser, gewaltig ausrufend die zwingende Beschwörung. Schon berührte sein Fuß den Kreis, da barst in diesem die Erde gähnend auf, das Teufelsbld sank unter in die Tiefe, aus der ein erstickender Brodem emporstieg, *und der dunkle, schweigende See füllte seit der Zeit den Boden des Tals. Wer aber später unheimlichen Verkehr mit dem Bösen hat pflegen wollen, der brauchte nur hinauszugehen an den See um die Mitternachtsstunde und seinen Namen dreimal über das Wasser hin zu rufen.<*

Das ist die ältere Fassung der Sage, die zur Zeit Heinrichs des Voglers (876-936) spielen soll, was unwahrscheinlich ist, da hier ja bereits alles christianisiert ist. In dieser Sage ist das Götterbild durch ein Teufelsbild vertauscht, dieses geht schließlich unter. In der jüngeren Fassung von 1929[118] hingegen ist das Götterbild zu einem Triglavbild geworden. Eine dritte Fassung[119] spricht allein von einem Satanskult, nennt kein Götterbild, dafür den Namen des Mönches: Warin.

Auch bei einer Sage vom Steinkreis von Boitin ist mir eine „Slawisierung" begegnet: Da hieß es, hier sei Svantevit verehrt worden. Doch in der älteren Vorlage hatte ein Herausgeber nur geschrieben: „Man kann sich gut vorstellen, daß an einem Ort wie diesem die Wenden ihren Gott Svantevit verehrt haben". Und die älteste Fassung nannte nichts dergleichen. So werden Sagen verfälscht. Die beiden Ravensberge sind aber nach den Raben benannt, und Raben sind die heiligen Vögel des Gottes Wodan. Vor den Bergen liegt der Teufelssee, der sicher der Ort einer Kultstätte für die Erdgöttin (Frick) gewesen sein dürfte. Bei der Missionierung wurde dann ein mögliches Götterbild in den See geworfen, was in der Sage zu der Aussage wird, der Ort sei untergegangen (es wäre aufschlußreich, wenn der Grund des Sees einmal archäologisch untersucht werden würde). In der Nähe gibt es übrigens auch eine heilige Quelle, die Engelsquelle.

Das Hauptheiligtum des wendischen Stammesverbandes der Liutizen war damals Rethra, der Gott wurde Redigast (= Wodan) genannt. Im Jahre 1068 verheerte Bischof Burchard II. von Halberstadt das Gebiet der Liutizen, führte das heilige Pferd aus Rethra fort und zerstörte wahrscheinlich auch das Heiligtum. Nach dem Untergang des Heiligtums Rethra wurde der Kult des Gottes Redigast nach Arkona auf Rügen in das Heiligtum der Jaromirburg (= Geromars Burg) verlegt. Ob Rethra nach 1068 noch genutzt wurde, ist unklar, aber um 1125 zerstörte König Lothar von Supplinburg bei einem Feldzug gegen die Lutizen eine Stadt mit einem Tempel, was Rethra gewesen sein kann, das dann aber nicht mehr seine ursprüngliche Bedeutung gehabt haben dürfte. Der Bischof Geroldus zerstörte auch den heiligen Hain des Gottes Prove in Oldenburg durch Brandstiftung.

Die Christen konzentrierten sich später auf das Heiligtum Arkona, der dänische christliche König Waldemar zog mit seinem Bischof Absalom gegen Rügen. Die offizielle Missionierung der Wenden war 1168 mit dem Fall des Kultzentrums Arkona beendet; nur das Heiligtum in Asund (daraus „Jasmund", der Burgwall zu „Kapelle", Sagard) auf Rügen hielt sich noch 3 Jahre länger, bis 1171. Asund ist übrigens nach den germanischen Asengöttern benannt, hier soll ein Gott „Picamar" (lateinisch „Fisch-Meer") verehrt worden sein. Heimlich in den Wäldern wurde das Heidentum natürlich noch mancherorts weiterhin ausgeübt, bei Lebensgefahr für die Heiden.

Ein Zeugnis für ausgeübtes Heidentum noch nach 1303 aus Tankow in der Neumark liefert eine andere Sage[120]:

>*Nach der großen Niederlage im Westen der Neumark beim Mohriner See sammelten sich die Heiden zum nochmaligen Kampf gegen die Ordensritter im Osten des Landes bei dem See von Tankow, an welchem Orte sie bis dahin gewohnt gewesen waren das Fest der Sommersonnenwende zu feiern. Diese Stätte lauter Fröhlichkeit wurde, allem bisherigen Brauch entgegen, mit einemal Schauplatz kriegerischen Getümmels.*
Die Ritter des Christenheeres waren guten Mutes, als sie das Heer der Heiden erreichten. Denn Friedrich von Alvensleben erinnerte sie daran, daß einst Josua im Lande Kanaan die Heiden in der Schlacht am See Merom noch weit ärger auf das Haupt geschlagen habe, als es ihm in der ersten Schlacht bei Gideon und im Tal Ajalon gelungen war. So würde es auch ihnen, den neuen Gotteskämpfern, ergehen. Der Sieg am Berg von Mohrin sei der erste große Sieg in diesem Land gewesen. Jetzt noch die eine Schlacht hier am See: dann sei die Herrschaft gesichert.
Es geschah, wie sie geglaubt. Wohl waren die Heiden den Rittern an Zahl überlegen. Aber der Herr stritt auch hier für die Seinen. Viele Heiden sanken unter den Schlägen der Kreuzesschwerter in den Staub, eine noch größere Anzahl verschlang das Wasser des Sees.
Nun hatten aber die Heiden auch ihre gesamte Habe, dazu die Frauen und Kinder bei sich im Lager gehabt. Das Vieh und das andere Gut war dem Christenheer eine willkommene Beute. Aber was sollte mit den Weibern und Kindern geschehen? Die meisten Christen waren ja Ordensleute!
Die Meinungen gingen weit auseinander. Die alten Ritter vom Tempel sprachen für Schonung der Wehrlosen. Was Josua und die Kinder Israels den Leuten von Gideon und auch sonst schönen und willigen Gefangenen aus den Kanaanitern gewährt, das könne jetzt wieder geschehen: sie sollten den Christen zu Dienst weiter leben. Vielleicht

Abb. 32: „*Des Deutschritters Ave*" – Lithographie nach einem Gemälde von Wilhelm Camphausen aus dem Jahre 1852.

bekehre sich auch mancher zum rechten Glauben. Dagegen sprachen die Johanniter, indem sie geltend machten: Der Heidenweiber wären zu viele. Diese würden in der heranwachsenden Heidenjugend Trotz und Feindschaft stets rege erhalten und zudem manchem schwachen Christen gefährlich werden.

Gern hätte sich Friedrich von Alvensleben auf die Seite seiner alten Genossen vom Tempel gestellt. Aber da gab der Legat des Papstes den Ausschlag, indem er mit dem Zorn des heiligen Vaters drohte und auf das Wort der Schrift im Richterbuch hinwies: „Ihr sollt sie verbannen; sonst sollen sie euch zum Strick und ihre Götter zum Netz werden." So erging denn Weisung und Befehl, Kinder und Frauen im Heidenlager zu töten.

Als nun die christlichen Krieger halb unwillig, halb lüstern auf das Heidenlager zuschritten, käm ihnen aus dem Lager ein langer Zug von Jungfrauen entgegen gewallt, alle mit schönen weißen Kleidern und festlichem Schmuck angetan und grüne Kränze in den Haaren. Voran schritt die Königstochter, eine liebliche Jungfrau mit schelmischen Augen und mit anmutigem Lächeln auf den rosigen Wangen. Holdselig klang ihre Stimme, als sie vor Friedrich von Alvensleben sich tief verbeugend zu reden begann:

„Herr, wir sind dein! Laß Frieden, laß Freude walten nach so vielem Leid und Weh. Vernimm meine Bitte und gewähre uns Gnade. Wäret ihr nicht gekommen und hättet uns die Väter und die Brüder genommen, so würden wir heute und hier das Sommerfest unsres Volkes feiern und hielten fröhliche Tänze. Ach, wir müssen vergessen, was geschehen, was nicht mehr zu ändern ist, daß unsre Väter und Brüder keine Feste mehr feiern können. Doch sei du nun unser Vater und laß, den Bund der Gnade zu bestätigen, hier deine jungen Krieger mit uns tanzen auf grünem Plan."

Wie gern hätte Friedrich von Alvensleben solcher Bitte Gewähr geleistet! Schon hob er die Rechte, sie schützend und segnend auf das Haupt des schönen Königskindes zu legen: da schob sich ein dunkler Schatten zwischen beide. Finster blickend war der Legat des Papstes herzugetreten und fuhr ihn an:

„Für Ordensritter gibt es keinen Tanz als den der Schwerter! Wehe dir, lässest du diese Teufelin nicht eiligst zur Tiefe fahren!"

Da mußte Friedrich von Alvensleben sein Herz bezwingen, denn er mußte an die ihm und dem Orden vom Zorn des Papstes drohende Gefahr denken. Tränenden Auges winkte er das bittende Königskind von sich ab mit den herben Worten:

„Kind, meine Reiter im schwarzen Kleide
Sind keine Tänzer,
kennen nicht Lust, nicht Freude!"

Ein furchtbarer Wehschrei der ganzen Mädchenschar durchzitterte alsbald die Luft. Und plötzlich wandelten sich bei der Königstochter Gestalt und Ansehen. Riesengroß *hochaufgerichtet, blitzenden Auges, als sei's nicht eine Jungfrau von siebzehn Jahren, sondern Gott weiß was für ein Wunderwesen, stand sie da und schrie mit furchtbar kreischender Stimme auf den Legaten und auf Friedrich von Alvensleben zu:*

„Du winkst. Jawohl, ich gehe.
Doch wo ich stehe,
Soll immer in Mannesjahren
Der Beste zur Tiefe fahren!"

Ob noch jung an Jahren, war sie in die Zauberkunst der Heiden bereits vollständig eingeweiht, diese Prinzeß. Sich wendend beschrieb sie mit der rechten Hand einen Kreis in der Luft und murmelte einige Worte in der Heidensprache.
Und siehe, plötzlich wirbelten die Wasser des naheliegenden Sees in großer Unruhe hoch auf. Wie weiße Rosse anzusehen eilten mächtige schäumende Wogen über das ebene Land und entführten die weißgekleidete Mädchenschar überschnell nach dem Heidenlager zurück. Der Boden zitterte bis zu der Stelle heran, wo die Ritter und Krieger sich befanden. Kaum konnten sie mit den Augen folgen, so schnell sank das ganze Heidenlager mit allem, was sich darin befand, in die Tiefe. Ein mächtiger Wassersturz vom See her deckte den Abgrund wieder zu, und wie gierig nach noch mehr Beute spülten lang sich hinziehende Wellen heran an die Füße der Männer und Rosse im Christenheer.
Solange die Gewässer noch tobten, schwebte die Königstochter, bald höhnisch winkend, bald grimmig drohend über dem Wogengekräusel. Zuletzt, als die Gewässer still wurden, sank auch diese den übrigen nach zur Tiefe.
Schaudernd hatten die Christen diesem entsetzlichen Schauspiel zugesehen. Die meisten jammerten in Ärger und ohnmächtiger Wut, daß die schon sicher geglaubte Beute ihnen enzogen wurde. Tränen tiefsten Mitleids hatte nur einer, Friedrich von Alvensleben, in dessen Haus und Familie es ja ohnehin schöne, von der Ahnfrau ererbte Sitte war, den Kleinen und Hilflosen freundlich und gefällig zu sein. Aus Achtung vor dem schrecklichen Verhängnis, welches hier den unschuldigen Rest des Wendenvolkes getroffen und aus Scheu vor der Drohung aus dem Mund der Prinzeß verbot Friedrich von Alvensleben seinen Templern und Johannitern, am See von Tankow Wohnung zu nehmen: „auf daß nicht böses Geschick spätere Christen hier treffe und die Zauberin mit einem der besten in Mannesjahren zu üblem Tanz abfahre".
Solange er als Herrenmeister gebot, blieb's öde am Tankower See. Man überließ das Land dort den Schatten der Wenden, die in der Schlacht gefallen, ihrer Frauen und Kinder, welche durch Zaubermacht zur Tiefe gestürzt wurden. Und von der Zeit mag's herrühren, daß man sich ganz geheim in der Neumark erzählt, dort hielten in der

Johannisnacht zur Zeit der Sommersonnenwende Geisterscharen ihre alten Feste und Tänze.
Spätere Ansiedler, die aus dem Reich neu ankamen, kümmerten sich nicht um die alten Geschichten. Das Land war offen und war gut. Und es ging den Leuten dort sehr gut, geht ihnen noch immer gut. Nur ein unheimliches Geschick lauert trotz allem und allen noch immer am See von Tankow und bricht unversehens herein.
Von Zeit zu Zeit, die Reihe der Jahre ist nicht bestimmt, fängt zur Sommerszeit einer der besten Männer aus denen, die am See ein freies Eigentum haben, an, unablässig nach dem See hinzustarren. Er wähnt eine weißgekleidete Jungfrau auf dem Wasser zu sehen, die ihm winkt. Unwiderstehlich zieht es ihn zu ihr hin, und zu ihrem Entsetzen bekommen seine Hausgenossen und Gefährten aus seinem Mund die halblaut gesprochenen Worte zu hören: „Du winkst: ich komme!"
Dann hilft kein Sorgen, kein Wachen: solche unglückliche Seele ist verloren! Eines Abends hört man bis Büssow hin ein entsetzliches Rauschen und Klatschen wie von wild rauschendem Wasser: „'s ist wieder in Mannesjahren der beste zur Tiefe gefahren."<

Friedrich von Alvensleben (1265-1313) war ab 1301 Tempelritter und unterstützte ab 1303 den Markgrafen von Brandenburg bei der Missionierung. Alvensleben saß auf Zielenzig in der Neumark.

Auch die Sorben blieben bis ins 13. Jh. heidnisch[121]. Erst im 14. Jh. wurden die Heiden an der Saalequelle getauft[122].

13.

Bodenfunde

Zum Teil treibt die „Slawenmacherei" merkwürdige Blüten. Da werden runde Töpfe (Vorratstöpfe) zu deutschen, spitz zulaufende (Kochtöpfe) zu „slawischen", wendische Scherben werden kurzerhand als „slawische" umgemünzt. Verschiedene Keramikformen beweisen aber nichts weiter, als daß dort zwei verschiedene Stämme saßen oder unterschiedliche Arten von Keramik in Gebrauch war. Welche Stämme das waren und welche Sprache sie sprachen, ist nur dann klar, wenn sich Runeninschriften finden. Auf einem Tonkrug steht nicht „ich bin germanisch" oder „ich bin slawisch". Daß sich die unterschiedlichen Stämme friedlich behandelten, deutet eher darauf hin, daß es alles Stämme einer Ethnie, also Germanen waren. Im Museumsdorf Düppel rekonstruierte man ein Blockhaus und nennt es deutsch bzw. germanisch, die Apsidenhäuser (Spaltbohlenhäuser) aber glaubt man, seien „slawisch". In Wirklichkeit bauten die hier ansässigen Stämme in der Missionierungszeit nur noch die Spaltbohlenhäuser, weil es zu aufwendig wurde, die Blockhäuser immer wieder neu zu errichten, wenn gerade einmal wieder missionierende Christen die alten angezündet hatten. Man ging also zur einfacheren Bauweise, die weniger Holz erforderte, über.

Da die Slawomanen unbedingt eine „Vergangenheit" ihres Slawentums brauchen, suchen sie sich einfach sowohl irgendeinen Stamm, als auch archäologische Kulturen heraus, die halbwegs passend erscheinen, und definieren diese nun als „slawisch". So erging es dem Stamm der Veneder und der pommerschen Gesichtsurnen-Kultur, die durch Einwanderungen der Jastorf-Kultur zur angeblich „slawischen" Przeworst-Kultur umdefiniert wurde. Auch die Zarubinsky-Kultur wurde angeführt, sowie die Keramik des Prager Typs. Letztere aber stammt aus dem 4. bis 6. Jh., wo in Böhmen doch nur Germanen lebten. Derartige Gefäße wurden auch jenseits des Rheins gefunden und beweisen, daß der „Prager Typ" nicht „slawisch" ist[123]. Im selben Siedlungsraum gab es auch noch andere Keramikarten. Außer den ausgeprägten Formen des „Prager Typs" finden sich in Böhmen schlankere und bauchigere Formen. Diese Keramik wurde als „slawisch" bezeichnet, obwohl sie auch in germanischen Gräbern gefunden wurde, z. B. bei Herzogenburg in Niederösterreich aus der ersten Hälfte des 4. Jh. – Hier hatten nie „Slawen" gesiedelt. Neuerdings reklamiert man die „Prag Kortschak Kultur" mit den vier Gruppen „Prager Kultur, Kortschak Kultur, Sukow-Dziedzice-Gruppe und Szeligi-Gruppe" als „slawisch", dazu die Penkowka-Kultur. Die angebliche Einsickerung von „Slawen" in das fast menschenleere Germanien im 6. /7. Jh. oder später wird allein mit bestimmten Keramiktypen belegt. Aus Südosten (Böhmen-Mähren) die Rüssener bzw. Prager Gruppe. Aus dem Osten (Weichselgebiet) die Sukower Gruppe und aus Südostpolen die Feldberger Gruppe. Ob sich darunter nicht auch hunnisch-awarische Keramik befindet, ist nicht geklärt, vermutlich aber handelt es sich um gotisch-wandalische Keramik. In Zantoch unweit Landsberg in der Neumark wurden noch germanische Funde aus dem 9. und 10. Jh. gemacht, was doch bei einem menschenleeren Land gar nicht möglich sein dürfte.

In Berlin nahmen Slawomanen einen spätgermanischen Brunnen, den die „slawischen" Neusiedler ohne Unterbrechung weiter genutzt haben sollen, als Beweis der Einwanderung. Wenn aber germanische Semnonen einen germanischen Brunnen nutzen und germ. Wandalen (Wenden) kamen hinzu, dann war man sich sicher einig und arbeitete zusammen, nutzte den vorhandenen Brunnen wie bisher.

Der Spandauer Burgwall (siehe Abb. 6, Seite 78) wurde von den Archäologen als „slawisch" bezeichnet. Als aber die Ausgrabungen begannen, wurde gleich am Anfang mit den ersten Funden auch eine guterhaltene germanische Fibel gefunden; diese wurde aber später nie mehr erwähnt – ein Fund, der einigen Slawomanen sehr unliebsam war.
Im Jahre 1983 wurde auf dem Spandauer Burgwall ein achteckiger Goldring in der Erdschicht des 11. Jh. gefunden. Der Ring trägt die Gravurinschrift „Thebal gut Guttani", die von Landesarchäologe Prof. Adriaan v. Müller als Sprachgemisch von Lateinisch und Hebräisch bezeichnet wurde. Nun gibt es aber einen gotischen Tempelring von Pietroasa, Rumänien (Anf. des 5. Jh.) mit der Runeninschrift: „gutani o(dal) wi hailag". Hier bedeutet „gutani" = der Goten; daß das „guttani" des Spandauer Ringes evenuell auch die Goten nennt, das wurde unterdrückt, schließlich haben hier angeblich „Slawen" und keine „Goten" gesiedelt.

Besonders bezeichnend ist die Geschichte von dem Königsgrab zu Seddin. Auf halbem Wege zwischen Perleberg und Pritzwalk erhebt sich inmitten von Feldern und Wiesen das größte Hünengrab Deutschlands, das Königsgrab von Seddin. Es ist ein 11 Mtr. hoher breiter Hügel aus der Broncezeit, 300 Meter beträgt sein Umfang.
Jahrhundertelang erzählte man in der Priegnitz die Sage von einem großen König der Vorzeit, dem Riesenkönig Hinz, der im Hinzberg bei Seddin, der im Volksmund schon immer das Königsgrab genannt wurde, begraben sein soll. Sein goldener Sarg sei von einem silbernen und dieser noch von einem kupfernen umschlossen, der tote Herrscher trage seine Kleinodien an sich und habe sein Schwert zur Seite. Im nächsten Hügel sei des Königs Fingerring, das Zeichen seiner Herrschergewalt, und in einem dritten seine Schatztruhe verborgen. Eduard Krause veröffentlichte diese Sage schon 1897.
Der Hinzberg lag jetzt auf dem Besitztum des Bauern Garlin, der sich in großer Not befand. Er konnte seine Schulden nicht bezahlen. In seiner Verzweiflung dachte er: Jetzt muß mir König Hinz helfen; ich will seinen goldenen Sarg ausgraben und ihn verkaufen; dann hat alle Not ein Ende. Mit seinem Knecht fing er heimlich an, im Hinzberg zu graben. Aber sie fanden nichts als Steine und Erde, und als sie mit ihren Spaten auf einen gewaltigen Steinblock trafen, kamen sie nicht mehr weiter und gaben mißmutig ihre Arbeit auf.
1898 übernahm Bauer Behrens den Besitz und verpachtete den Hügel zur Steingewinnung an den Steinschläger Neubecker.
Zu Ende des 19. Jh. wurde das Geheimnis endlich aufgedeckt. Die kleineren Hügel beim Hinzberg enthielten zwar nicht mehr den Schatz, wohl aber einen starken Armreif, wie er vorzeiten auch als Männerschmuck getragen wurde und der in der Sage zum Fingerring geworden war.
Am 15. September 1889 hatte man sich etwa bis zur Mitte des Hügels vorgearbeitet. Hier nun stießen die Arbeiter Schröder und Jaap auf gewaltige Felsblöcke, die wie eine Wand aufgerichtet waren. Die herbeigerufenen Archäologen legten eine Steinkammer frei, die etwa 4 Personen Platz bietet. Eine Urne aus getriebener Goldbronce barg die Asche des Königs. Dieser erste Goldsarg befand sich in einem dickwandigen Tongefäß von bedeutender Größe, und den dritten Sarg aus Stein bildete des Königs Grabkammer selbst, die aus neun kreisförmig zusammengefügten Feldsteinplatten bestand. Was die Sage dunkel und tief verhüllt durch drei Jahrtausende bewahrt hatte, fand seine Bestätigung. Bestätigt wurde auch die Sage vom goldenen Schwert, das neben der Graburne des Königs im

Boden steckte. Weiter fand man getriebene Schalen, Messer mit kunstvollen Ornamenten, Arm-, Hals- und Fingerringe und viele weitere broncene Geräte und Schmuckstücke, die sich heute im Museum für Vor- und Frühgeschichte in Berlin befinden.
In der lange Zeit der Sage war der Semnonenkönig zum Riesenkönig Hinz geworden.
Wie konnte sich diese Sage halten, wo doch der Slawomane Prof. Adriaan von Müller 1983 schrieb[124]:

>*Eine Fortdauer der germanischen Siedlung östlich von Elbe und Saale bis in die Zeit der hochmittelalterlichen Ostsiedlung ist durch nichts zu beweisen.*<

Aber selbst wenn man bis zu 20 % germanischer Restbevölkerung annimmt, so ist doch der Gedanke, daß diese den Einwanderern eines fremden Volkes mit anderer Sprache ausgerechnet erzählt haben sollten, wo sich Schätze in Hügeln befinden, völlig abwegig. Und wenn dazu noch einige Semnonen bereits christianisiert waren (siehe die Sage auf Seite 151), erst recht nicht. Und genauso die zahllosen Sagen aus dem wendischen Gebiet, die von der „Wilden Jagd" oder dem „Waur" oder „Waul" (Wodan) und Frau Holle sowie Frau Harke (die Göttin Frick) erzählen. Aus der Prignitz (Boitzenburg), die ja zum wendischen Siedlungsgebiet gehört, gibt es sogar eine Sage „die alte Hexe Frick", die sich eindeutig auf die germanischen Göttin Frick (Frigg) bezieht[125]:

>*Einst fuhr ein Bauer nach der Mühle von Boitzenburg, um sein Getreide mahlen zu lassen. Abends als er wieder mit seinen schweren Säcken nach Hause fuhr, hörte er plötzlich ein wildes Brausen und lautes Hundegebell. Da kam ihm die Hexe Frick mit ihrem Hundegespann entgegengefahren, und die Hunde spieen helles Feuer aus Maul und Nase, so oft sie bellten. Dem Bauern wurde angst und bange, und er wußte sich nicht anders zu helfen, als daß er sein Mehl den Hunden zum Fressen gab, die auch mit Gier alles bis zum letzten Rest auffraßen. Und der Bauer wußte ganz genau, wenn er das nicht getan hätte, wäre es ihm sehr schlimm ergangen. Als er nun betrübt nach Hause kam und seiner Frau erzählte, wie es ihm ergangen, da meinte diese: „Bist du dein Mehl losgeworfen, dann kannst du die leeren Säcke auch gleich mit fortwerfen". Und der Mann tat, wie ihm die Frau geboten, brachte die Säcke auf den Hof und warf sie zum Kehricht. Als er aber am andern Morgen auf den Hof trat, da sah er zu seinem größten Erstaunen die Mehlsäcke wieder voll gefüllt beieinanderstehen, wie er sie aus der Mühle nach Hause gefahren hatte. Das war zum Dank dafür, daß der Bauer den Hunden der Hexe Frick zu fressen gegeben hatte.*<

Am Ostufer des 1952 trockengelegten Wublitz-Sees im Havelland liegt der Ort Priort. Eine Sage erzählt, daß auf der Kuppe des Weinberges eine Weihestätte Odins (Wodans) gewesen sein soll. Vielfach sollen einsame Wanderer von Odin in die Sümpfe getrieben worden sein, wo sie umkamen. Archäologen fanden auf dem Weinberg germanische Steingräber der Semnonen[126].

Und im Greifswalder Kreise (Pommern) kennt man den Wilden Jäger als „Waur", so in Neuenkirchen, oder als „Waul", wie z. B. in Eldena[127]. Auch hier erzählt man allgemein, er ziehe mit seinen Hunden unter gewaltigem Getöse durch die Lüfte.

Wie sollte es möglich sein, daß sich in einem menschenleeren Gebiet, welches von einem fremden Volk neubesiedelt wird, Sagen von Wodan und Frick finden? Die christlichen Deutschen hätten wohl kaum derartige Sagen mitgebracht. Das Vorhandensein dieser Sagen ist nur erklärlich, wenn wir den Gedanken eines Weggangs der Germanen und einer Einwanderung von „Slawen" aufgeben. „Slawen" hätten Sagen germanischer Götter kaum übernommen und weitererzählt, sondern stattdessen Sagen ihrer „slawischen" Götter tradiert. Das ist aber nicht geschehen.

Auch die Dorfformen unterscheiden sich, die Wenden legten ihre Dörfer als Rundlinge an, die Deutschen als Straßendörfer. Was beweist das? Daß die Ostgermanen ihre Dörfer anders anlegten, mehr nicht. Der Rundling ist auch besser zu verteidigen und von daher die logische Antwort auf zahllose feindliche Angriffe - wie eben die Siedler in den USA ihre Planwagen zu einem Kreis anordneten, wenn sie angegriffen wurden (Wagenburg). Auch die christlichen Siedler mußten ihre Dörfer in gesicherter Weise anlegen. Der angeblich „slawische" Rundling ist zudem heute widerlegt, Rundlinge gab es in ganz Deutschland, auch in Gegenden, wo es weder „slawische" Ortsnamen gibt, noch je „Slawen" gesessen haben und sogar in Dänemark. So schrieb Prof. Dr. Joachim Hermann[128]:

>*Daher erscheint es wenig aussichtsreich, hoch- und spätmittelalterliche Dorfformen als ethnische Besonderheiten zu klassifizieren, z. B. Gassendorf oder Runddorf als typisch slawisch anzusehen.*<

Nach neueren Erkenntnissen sind Rundlinge nicht wendischen Ursprungs, sondern deutsche Siedlungsformen aus dem 12. Jh.[129]. Wenn in tausend

Jahren jemand in unserm Land Grabungen veranstaltet, dann wird er zwischen Bayern und Brandenburgern Unterschiede finden. Er wird die Lederhosen als typisch bayrisch vielleicht überbewerten und zu dem Fehlschluß kommen, daß die Bayern keine Deutschen waren.

Natürlich gibt es Unterschiede zwischen den einzelnen germ. Stämmen. Aber das ist kein Beweis dafür, daß ein bestimmter Stamm nicht germanisch ist. Ich besitze noch die Karte des Museums für Vor- und Frühgeschichte über Bodenfunde. Überall sind die Funde klar zuzuordnen, nur im Osten findet sich eine schraffierte Region, wo man am gleichen Ort gotische und „slawische" Funde der gleichen Zeit machte.

Abb. 33: Tablett vom Spandauer Burgwall, Berlin.

In Wahrheit ist es eher so, daß die Funde dieser Region und Zeit eben gar nicht in „gotisch" und „slawisch" eingeteilt werden können, weil beides identisch ist. Je nach Wissenschaftler wird dann eine Fibel mal als „gotisch", mal als „slawisch" bezeichnet.

In Berlin ging das so weit, daß ein in Oldenburg Krs. Ostholstein gefundener Knochen des 11. Jh. mit der Runeninschrift „thorki" in der großen Slawenausstellung in Berlin 1983 als „slawisch" ausgestellt wurde. Das war dann der Auslöser für den kritischen ganzseitigen Tagesspiegel-Bericht „Vom Abbau alten Unsinns". Im Museum stellte man jahrelang ein in Spandau gefundenes Tablett als „slawisch" aus, obwohl es sich von einem Tablett der Wikinger nicht im geringsten unterscheidet (siehe Abb. 33)

Die Einordnung von Funden ist willkürlich und war es immer. Vor einem Jahrhundert war es üblich, alle besonderen Fundstücke, die also eine große Kunstfertigkeit zeigten, als „keltisch" zu bezeichnen, die einfachen, groben Dinge waren dann „germanisch". Weil man den Germanen eben jede Kunstfertigkeit absprach. Es gibt noch immer einige der damals falsch eingeordneten Fundstücke, die unter der falschen Einordnung noch heute als „keltisch" angesehen werden - bei anderen hat man es aber auch schon revidiert. So galten die berühmten Goldhörner von Gallehus als „keltisch", obwohl sie in Dänemark gefunden wurden. Oder der Gundestrup-Kessel (der soll heute „thracisch" sein). Er könnte auch ohne Probleme germanisch sein (zumal die Thracer wohl auch Germanen waren), doch bleibt man heute bei der Annahme eines Importstückes. Vielleicht wird er irgendwann per Definition zu einem „slawischen" Fundstück.

Natürlich unterscheidet sich heute die Kultur der Ostgermanen von unserer, genauso wie sich die der Engländer von unserer unterscheidet, trotzdem es Germanen sind. Oder die der Skandinavier. Es sind schließlich seit der Missionierung 800 Jahre vergangen.

Wenn wir uns einmal die Beschreibungen ansehen, die man gemeinhin über die Wenden findet, dann gibt auch das zu denken. Bei Max Philipp heißt es[130]:

>*Wenden waren seine Bewohner. Sie waren aus dem Osten gekommen, als die Germanen das Land verlassen hatten. Sie bauten ihre Hütten an Gewässern, weil sie hauptsächlich vom Fischfang lebten. Ackerbau trieben sie nur nebenbei. Die Wenden waren klein von Gestalt und hatten schwarzes Haar. Sie beteten viele Götter an, denen sie Tempel mit Götzenbildern erbauten. Ihr höchster Gott war der dreiköpfige Triglav, dem zu Ehren sie Menschen opferten. Außerdem verehrten sie den Lichtgott Belbog, auch Bilebog genannt, und den Gott der Finsternis Cernebog. Die Göttin Rago war riesengroß, hatte sieben Gesichter und trug sieben Schwerter.*<

Alles in dieser Darstellung aus einem Berliner Schulbuch ist falsch, sowohl die angeblichen Götter, als auch die Beschreibung der Wenden. Klein und schwarzhaarig? Das, was da beschrieben wurde, sind keine „Slawen" (bei denen blonde Haare nicht selten sind), sondern Hunnen. Offenbar wurde die Vorstellung, die man von den Hunnen hat, auf die Wenden übertragen. Sie werden daher fast überall mit hunnischen Krummschwertern dargestellt. Eine ähnliche Beschreibung der Wenden finden wir in der Sage von der Wendenschlacht bei Potsdam[131]:

>*Verzweiflungsvoll sammelten sich um den Wendenfürsten seine Edlen. Die kühne Schar mit den dunklen Augen und schwarzen Locken brach sich Bahn längs den Ufern des Heiligen Sees.*<

Wie sahen denn diese Menschen wirklich aus? Der Grieche Theophylakt drückte zuerst seine Bewunderung für die hochgewachsenen Menschen aus. Der Czeche Niederle erkannte in dem „Altslawen" eine hellfarbene und langschädelige Rasse, und Konrad Fritze schrieb[132]:

>*Schon im 10./11. Jh. war das körperliche Aussehen der slawischen Bevölkerung recht verschieden. Vorherrschend war der gewöhnlich als nordisch oder nordeuropid bezeichnete Typus.*<

Und Laien wenden immer wieder ein, daß „Slawen" doch breite Backenknochen hätten oder schmale Kinne. Kann sein, da sie im Osten auch dem Einfluß asiatischer Stämme (z. B. der Hunnen) ausgesetzt waren. Aber wenn wir ehrlich sind, können wir in ähnlicher Weise physiognomische Unterschiede zwischen Deutschen und Engländern oder Skandinaviern feststellen und dennoch bleiben es Germanen. Die Germanen sehen also je nach Region etwas anders aus, da die Germanen nie eine einheitliche „Rasse" bildeten, sondern immer nur ein bestimmtes Gemisch waren.

Die moderne Genforschung bestätigt übrigens die Identität von „Slawen" und Wikingern. In Osteuropa, bis nach Indien hin herrscht die Haplogruppe R1a vor. Diese Haplogruppe ist die der Indogermanen oder Arya. Es gibt keinen Unterschied zu den Wikingern. Allerdings gibt es in Norddeutschland und Skandinavien zusätzlich die Haplogruppe I1, welche die Haplogruppe der nordeuropäischen Ureinwohner darstellt. Sie findet sich bei Wikingern und Skythen. Im Westen von Deutschland herrscht die Haplogruppe R1b vor, zu der gleichfalls Indogermanen gehören, aber

solche aus einer anderen Wanderung. Die Kelten gehören zu dieser Gruppe.
Die Germanen insgesamt bestehen und bestanden immer aus drei Haplogruppen (R1a, R1b und I1). R1a und I1 entsprechen den beiden Kulturen, aus denen in der Bronzezeit die Germanen wurden, Glockenbecherkultur (R1b, R1a) und Trichterbecherkultur (I1).

14.

Fälschungen

Wie emotional das Thema gerade von Czechen, Polen und Russen behandelt wird, sieht man daran, daß man zur Untermauerung der Slawentheorie auch vor Fälschungen nicht zurückschreckte. Diese Versuche begannen schon recht früh und gehen bis heute weiter.

Im Jahre 1817 erschien die „Königinhofer Handschrift" (Kralov-Dvur-Manuskript) im Druck, eine Handschrift mit 7 Blättern, die 14 czechische Heldenlieder, die aus dem 9. Jh. stammen sollten, enthält. „Entdeckt" wurde diese Handschrift 1817 im Turmkeller der Dekaneikirche St. Johannis des Täufers in Königinhof an der Elbe vom Prager Archivar Vaclav Hanka. Nach seinem Tode 1861 entstand Streit um die Echtheit dieser und einer weiteren Handschrift, die dann 1888 als Fälschungen entlarvt wurden. Aber Franz Palacky verwendete 1836 diese Handschrift als Quelle für seine „Geschichte Böhmens" und entnahm ihr, daß die Czechen in Böhmen eindrangen, als dieses angeblich menschenleer gewesen ist. Mit der Fälschung sollte einmal die „slawische" Einwanderungstheorie bestätigt werden, andererseits wollte man Zeugnisse für die „slawische" Sprache, die deren Existenz in Böhmen vor dem 13. Jh. beweisen sollten.

1818 „fand" Vaclav Hanka eine weitere Handschrift, die „Grünberger Handschrift", die ihm als Archivar des Landesmuseums angeblich anonym übergeben worden war und die aus dem Schloß Grünberg bei Nepomuk stammen sollte. Sie enthielt Texte des 8. und 9. Jh., so die in altczechischer Sprache abgefaßten Gedichte „Sněmy" (Der Landtag) und „Libušin soud" (Das Gericht der Libussa). 1886 wurde wissenschaftlich festgestellt, daß auch diese Handschrift gefälscht war.

Dann wurden „slawische" Götterbilder gefälscht, nämlich die sogenannten „Idole von Prillwitz". Im Jahre 1768 tauchte im Besitze der Goldschmiedefamilie Sponholz in Neubrandenburg eine broncene Figur auf, der noch weitere, mit Runen beschriebene Figuren folgten. Ein Vorfahre der Familie soll diese „slawischen" Götterbilder beim Pflanzen eines Baumes im Pfarrgarten von Prillwitz gefunden haben. Die Runen ergaben auch den Namen „Rethra" und die etwa 60 Figuren galten als sensationeller Fund (siehe Abb. 34). Seit 1850 ist bekannt, daß die Figuren Fälschungen sind. Aber in der Literatur tauchen sie noch überall auf und die unechten Namen der angeblichen Gottheiten finden sich in „slawischen" Mythologien.

Abb. 34: „Czernebog", Eines der 60 gefälschten „slawischen" Götterbilder von Prillwitz mit Runen „Rhetra".

Schon zu Ende des 15. Jh. wurden angebliche wendische Gottheiten gefälscht (siehe Abb. 35). Prof. Zdenk Vana schreibt[133]:

>*Das Schweigen der älteren Quellen über die sorbischen Götter führte die späteren Chronisten dazu, sie sich zu ersinnen. Darin hat sich namentlich Konrad Botho, Verfasser der Sächsischen Chronick aus dem Jahre 1492, hervorgetan. Nach ihm verehrten die Slawen im Bereich des Harzes den Gott Flins, dessen Idol Herzog Lothar vernichtete. Schon seine Abbildung des Idols, wie auch der anderen vermuteten slawischen Götter, weist darauf hin, daß es sich um eine Erfindung des Chronisten*

Abb. 35: 1492 erfundene angebliche wendische Gottheit „Flins".

handelt. Das gilt auch für Krodo, zu dem im 16. Jahrhundert noch Jutrobog in der Meißner Chronik Albins (1519) und im 17. Jahrhundert sogar eine Göttin namens Cica hinzukamen. (...)

Erst in der Chronik von Neplach aus dem 14. Jahrhundert erscheint eine rätselvolle Gottheit namens Zelu, die auch in einer zeitgenössischen deutschen, in Verse gesetzten Chronik und im 16. Jahrhundert von Václav Hájek von Libočan erwähnt wird (...) Ganz ausgedacht dagegen sind die Gottheiten, die Václav Hájek in seiner Chronik (Krosina, Krasatina, Klimba) oder seine Nachfolger im 17. Jahrhundert nennen (Vesna, Lada, Děvana, Morana usw.).<

Aus dem 16. Jh. soll dann in Polen ein kirchliches Verbot der Verehrung Ladas kommen – was zeigt, daß selbst die Kirche die Erfindung dieser angeblichen Gottheit geglaubt hat. Später wurden auch noch „Volkslieder" auf Lada gedichtet. Auch die angebliche Svantevit-Statue von Zbrucz in Wolhynien gilt einigen als unecht. Natürlich wird auch alles getan, um Bodenfunde entsprechend umzudeuten.

Bis vor ungefähr 10 Jahren stand in allen Ausgaben der alten Chronisten immer „Slawen", wenn im Original „Sclaveni" stand. Auch in den Ausgaben der „Wissenschaftlichen Forschungsgemeinschaft Darmstadt". Das war eindeutige Fälschung, mit einer „Textnormalisierung" begründet. Zu nennen sind hier die „Übersetzer" W. Trillmich (1974), Langewiesche (1982), Dr. Hermann Schreiber (1962), Dr. Wolfgang Fritze (nach 1980). Heute schreibt man schon zuweilen „Sklavenen" statt richtig „Sklaven" oder besser „Heiden". In der bekannten „Monumenta Germaniae Historica" findet sich die Chronik Helmolds von Bosau unter dem gefälschten Titel „Chronica Slavorum". Hier wurde das C ohne es zu nennen weggelassen. Erst in einer späteren Rezension von Bernhard Schmeidler 1910 findet sich der Hinweis (S. IX):

>*In Bezug auf die Übersetzung ist noch zu bemerken, daß die alten Namensformen meist beibehalten sind, jedoch die Schreibung „Sclaven" als zu störend aufgegeben wurde.*<

Dabei war bereits der Titel „Chronica Sclavorum" selbst schon nicht der originale Titel, denn bei Dr. Wolfgang Jobst, Genealogica, Franfurt/O. 1562 wird Helmolds Chronik so zitiert:

>*Helmoldus in der Wendischen Chronica.*<

Offenbar war das der Originaltitel des Werkes, „Wendische Chronica". Doch nun begannen die Fälschungen: Christian Gottlieb Jöcher zitiert in seinem „Allgemeinen Gelehrten Lexikon", Leipzig um 1780, S. 1470f diese Chronik so:

>*Helmolds Chronicon Sclavorum & Venedorum.*<

Denn nach dem Tode Helmolds 1170 hatte der Abt Arnold von Sankt Johannis das Werk fortgesetzt und dabei auch den Titel um diesen Missionierungsbegriff erweitert.

War es bis dato nur eine Erweiterung im Sinne von „Chronik der Heiden und Wenden", so begann mit dem Druck durch Dr. Sigismund Schorkel, Frankfurt 1556 (und 1573) die regelrechte Fälschung. Nun trug das Werk den Titel „Chronica Slavorum" und wurde damit zur „Slawenchronik". 1659 druckte auch Heinrich Bangert in Lübeck das Werk mit dem falschen Titel (siehe Abb. 36). Die in Kopenhagen liegende Handschrift der Chronik, die in Berlin 1987 in einer Ausstellung in der Zitadelle ohne erklärende Angaben als „Originalhandschrift" ausgestellt worden war, ist in Wahrheit eine jüngere Abschrift, wie Fritz Becker nachweisen konnte[134]. Wo die Originalhandschrift von Helmold von Bosau liegt, die eine Schriftrolle war, keine Handschrift in Buchform, ist unbekannt, sie ist verschollen, es liegt nahe, daß sie absichtlich weggeschaft wurde, da ihr Titel einigen Slawomanen Kopfzerbrechen bereiten könnte.

Unsere Ortsnamen werden als „slawisch" bezeichnet und entsprechend übersetzt, während man die viel eindeutigeren germanischen bzw. mittelhochdeutschen Deutungen verschweigt. In den deutschen Schulen wird den Kindern von einem fremden Volk der „Slawen" erzählt, auf dessen Boden wir (unrechtmäßigerweise) leben.
In unsern Schulen lernen wir, daß Kroaten oder andere Völker „Slawen" seien, in den Schulen dieser Länder wird dagegen gelehrt, daß sie von den Goten abstammten. Wenn ein deutscher Schüler in einer Geographiearbeit die Kroaten als Goten bezeichnet, wird das als Fehler angestrichen.

Übrigens ist auch der ins deutsche Versicherungsrecht eingegangene Begriff „Vandalismus" (statt „Randalismus") eine bewußte Abwertung des Stammes der Wandalen, im Zuge der Auseinandersetzungen der arianischen Wandalen mit der römischen Kirche entstanden. Die Französische Akademie registrierte den Begriff zuerst 1739 („Vandalisme"). Der französische Bischof Gregoire von Blois hat den Begriff 1794 als Zwecklüge

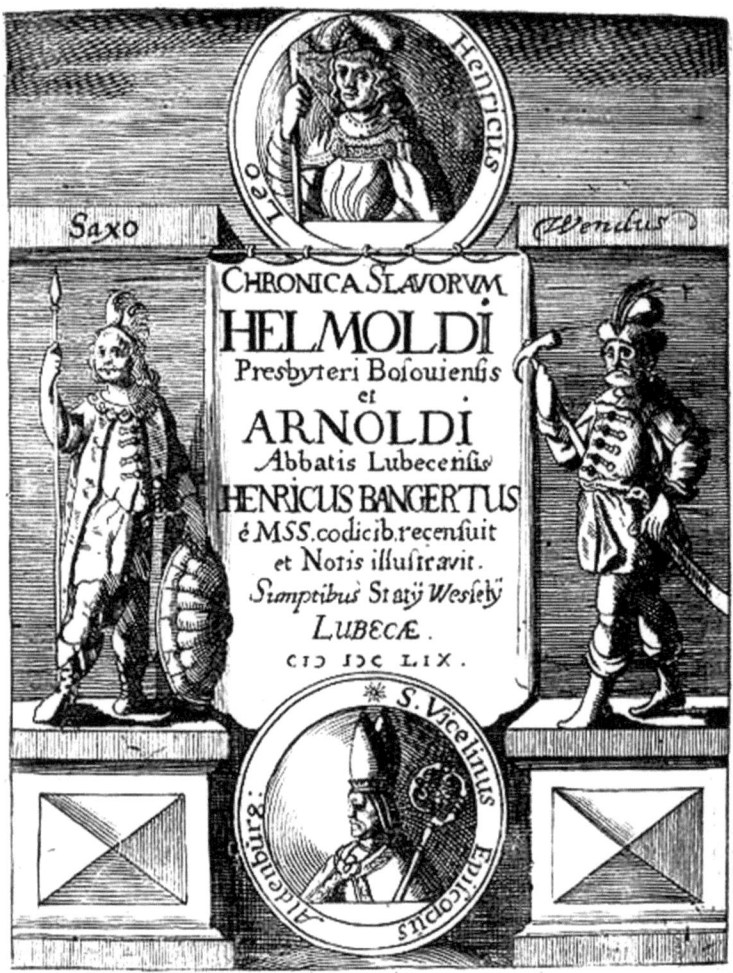

Abb. 36: Titelbild der Bangert-Ausgabe der „Wendischen Chronica", mit verfälschtem Titel: „Chronica Slavorum".

gegen die Wandalen verwendet. Daß die Wandalen ein sittliches germanisches Volk waren, macht der in Marseille lebende Bischof Salvianus (um 450) deutlich:

>Wo Goten herrschen, ist niemand unzüchtig, außer den Römern. Wo aber Vandalen herrschen, sind selbst die Römer keusch geworden (...) Es gibt keine Tugend, in welcher wir Römer die Vandalen übertreffen. Wir verachten sie als Ketzer, und doch sind sie stärker als wir an Gottesfurcht. Gott führte sie über uns, um die verwahrlosten Völker durch die reinen zu strafen.<

In Berlin wurde in den 80er Jahren des vergangenen Jahrhunderts von der historischen Kommission ein vergleichendes Wörterbuch der Slawischen Sprache in Auftrag gegeben, welches durch das Geld der Deutschen Forschungsgemeinschaft gefördert wurde. Die Verfasser, Linda Sadnik und Rudolf Aitzetmüller, mußten ihre Entwürfe der Forschungsgemeinschaft vorlegen. Nach Vorlage der ersten Lieferung strich die Deutsche Forschungsgemeinschaft sofort die Finanzierung; bis heute gibt es daher nur den Band 1 für die Buchstaben A/B, der 1975 erschien. Was war der Grund? In diesem Band kommt der Städtename Berlins vor, und die beiden Autoren hatten eine „slawische" Deutung als unzutreffend herausgearbeitet. Das gefiel den slawomanischen Auftraggebern nicht, offenbar wollten sie mithilfe dieses Wörterbuches gerade die „slawische" Gründung Berlins untermauern. Die Forschungsergebnisse entsprachen nicht dem, was die Auftraggeber hören wollten, daher wurde die Förderung eingestellt.

15.
Schlußfolgerung

Seit etwa 200 Jahren wird das Phantom „Slawe" bewußt aufgebaut, ihm werden willkürlich bestimmte Eigenschaften zugeschrieben und überall wird nach Bestätigung dieser willkürlichen Zuweisung gesucht. Und das Perfide daran ist, daß alle Einzelpunkte für sich in keiner Weise überzeugen, sondern leicht widerlegt werden können. Aber alle zusammen wirken so, als handele es sich um eine sicher belegte Theorie; da Wissenschaftler immer nur jeweils in ihrem eigenen Fachgebiet Kompetenz haben, können sie die Gesamttheorie nie wirklich widerlegen: Ein Archäologe, der vielleicht Zweifel an der Zuordnung irgendeiner archäologischen Kultur zu einem Volk der „Slawen" hat, wird dennoch nicht die Existenz desselben bezweifeln, weil er sich auf den Sprachforscher verläßt, der ihm erklärt, daß der Begriff „Sclaveni" der Name eines Volkes sei. Ein Ortsnamensforscher wird gar nicht versuchen, Ortsnamen germanisch zu übersetzen, da ihm ja der Archäologe und der Sprachforscher die Existenz von „Slawen" bezeugen. Aber alle sind einzeln leicht widerlegbar. So stützen sich unzureichende Indizien gegenseitig und bauen das Zerrbild eines „slawischen" Volkes auf. Es fing an 1817 mit der gefälschten „Königinhofer Handschrift" in der die nirgends sonst bezeugte angebliche Einwanderung der „Slawen" aus dem Osten geschildert wurde – trotzdem die Handschrift 1888 als Fälschung erkannt wurde, diente sie 1836 als Quelle für Franz Palackys „Geschichte Böhmens" und den vielen weiteren Geschichtswerken, die Palacky als Quelle nutzten, bis in unsere Tage.

Insgesamt baute man ein Kartenhaus von einzelnen, allein völlig haltlosen Theorien auf, die zusammengenommen zum Beweis einer Existenz von „Slawen" wurden:

○ Man mißdeutet die Bezeichnung „Sclaveni" (= Sklaven) als Name eines fremden Volkes „Slawen".
○ Man unterscheidet die (künstlich zusammengestellte) Missionierungs-

sprache vom Germanischen und leitet auch davon wiederum die Existenz eines Volkes von „Slawen" ab.
○ Man spricht von einer „slawischen" Mythologie, erklärt bestimmte Gottheiten der Ostgermanen, teils mit Dämonennamen, als „slawisch".
○ Man definiert ein Gebiet und alle archäologischen Funde einer bestimmten Zeit in diesem Gebiet willkürlich als „slawisch".
○ Man deutet eindeutig germanische Bräuche, wie etwa das Osterreiten der Sorben „slawisch" und beweist damit, daß es wirklich „Slawen" als Volk gibt.

Jeder dieser 5 Punkte ist ein Indiz daß es „Slawen" geben muß. Und wenn dann mal einer der Punkte widerlegt wird (z. B. der angeblich „slawische" Rundling, der nun doch nach neueren Forschungen germanisch sein soll), dann ändert das nichts an der Gesamtaussage, sind ja noch genügend andere Punkte da. Ein Haufen Falschaussagen soll zusammen der Beweis für die Wahrheit des Falschen sein.

Nach der Slawentheorie waren die Wenden keine germanischen Wandalen, die Wineder keine Ostgermanen, sondern „Slawen", die ursprünglich in der Gegend der Pripjet-Sümpfe gesessen hatten und die nun in Mitteleuropa einwanderten. Das geschah bis zum 6. Jh. Die Legenden erzählen von drei Brüdern, Cech, Lech und Rus, von denen die Czechen, Polen (Lechia) und Russen abstammen sollen. Cech soll aus dem Osten, aus Chorwatien, gekommen sein, ein Reiterfürst, der wegen eines Totschlages aus seiner Heimat fliehen mußte. Zusammen mit den Resten seiner Leute sowie anderer Stämme soll er in Böhmen eingewandert sein. Nach ihm ist die Czechei benannt.

An dieser Geschichte ist sogar ein wenig Wahrheit, denn die Wineder und Wandalen, die von Schlesien nach Westen zogen, taten das auch zusammen mit den Hunnen – die unterjochten Wandalen wurden ja gegen die eigenen Stammesangehörigen als Fußkämpfer für die Hunnen eingesetzt. Somit kam also ein Gemisch von Wandalen und Hunnen nach Böhmen. Nun gibt es einen hunnischen Stamm der Tscherkessen, die auch Cichen oder „Zichii" genannt wurden, von dem die Bezeichnung „Czechen" abgeleitet wurde. „Cech" war demnach ein Hunne (die Übertragung des Namens auf Böhmen und Mähren geschah allerdings zu einer Zeit, wo längst keine Hunnen mehr Bedeutung hatten und auch nicht durch Hunnen, sondern durch slawomanische, antideutsche Böhmen).

Wenn wir nun beide Theorien vergleichen, dann stellen wir fest, daß die Unterschiede gar nicht so groß sind. In der Zeit vom 4. bis 6. Jh. drangen die Wenden und Wineder – von den Hunnen vorangetrieben - von Osten her in Mitteleuropa ein. Ob es die germanischen Wandalen und Wineder waren, wie ich in diesem Buch versucht habe darzulegen, oder ein fremdes Volk aus den Pripjet-Sümpfen, darüber gibt es unterschiedliche Vorstellungen. Da aber die Hunnen von Osten kamen, wäre auch dieser Widerspruch relativ leicht zu klären.

Wenn man sich nicht sicher ist, dann muß man sich an die Primärquellen halten, und diese sind nun einmal völlig eindeutig: Wenden waren einst Wandalen, „Sclavanien" ist eine Landschaft Germaniens sagt Adam von Bremen. Diese Quellen abzulehnen, ist nicht möglich. Wie lautet das Gegenargument? Alle Chronisten lägen falsch, hätten sich geirrt und voneinander abgeschrieben, hätten das frühere Siedlungsgebiet der Wandalen mit den späteren Bewohnern identifiziert. Das überzeugt nicht, da einige Chronisten zu einer Zeit schrieben, als die Wenden nur wenige Kilometer östlich noch Heiden waren und befragt werden konnten. Das haben Chronisten vermutlich auch getan. Und nun auch noch anzunehmen, die derart befragten Wenden hätten selbst keine Ahnung über ihren eigenen Stamm, das erscheint mir noch unlogischer.

Bleibt also nur die Sprache, und zu der gibt es verschiedene Theorien (die zwischen Ostwandalisch bzw. goto-nordisch und einer eingeführten Missionierungssprache schwanken). Der Brockhaus[135] schreibt ganz eindeutig (und sogar „Wikipedia" hat es): Texte in czechischer Sprache gibt es in Böhmen und Mähren erst ab dem 13. Jh. Gegenargument: Nun, die „Slawen" hatten keine Schrift und nichts aufgeschrieben. Wäre möglich. Aber andere hatten Schrift und irgendwo in der Zeit zwischen dem 6. und 13. Jh. (wir reden hier immerhin von einem Zeitraum von 7 Jahrhunderten!) müßte doch irgendwo wenigstens eine kurze Zeile erhalten sein, die aus Böhmen stammt und in „slawischer" Sprache ist. Auch die Germanen schrieben nichts auf, aber durch Menschen wie Tacitus kennen wir eben auch rein germanische Namen. Warum gibt es nicht einen einzigen derartigen Text aus Böhmen und Mähren mit „slawischen" Namen? Thietmar von Merseburg bezeugte, daß die Namen der Götter auf den Götterbildern eingeschnitten waren (siehe Seite 91). Irgendeine Schrift hatten die „Slawen" also, mit der sie auch andere Dinge hätten aufschreiben können.

Was ist mit den Wandalen und Winethern geschehen? Ein Teil ging ja nach Nord-Afrika, aber die Quellen sagen eindeutig, daß der Großteil in der Heimat (Schlesien) verblieb. Von Osten kamen die feindlichen Hunnen, wo werden die Wandalen also hingeflüchtet sein? Nach Nordwesten und Süden, genau dahin, wo wir die Wenden dann auch finden. Und wie erklären sich Sagen von Wodan in Brandenburg? Die Christen haben solche Sagen nicht erzählt und da sie aus Flandern kamen, auch kaum gekannt (in Flandern heißt der Gott Woden, in unsern Sagen dagegen aber immer Wodan). Die „Slawen" sollen ja angeblich Wodan nicht verehrt haben, also warum gibt es Sagen von Wodan, und nicht eine einzige von Svantevit oder Triglav? Desgleichen fehlen auch diesbezügliche Orts- und Flurnamen, während auf Wodan oder Holle bezügliche Flurnamen sehr häufig sind (für die Region des Hohen Flämings kann man diese Namen in meinem Buch „Kultstätten im Fläming", Telesma-Verlag 2015, aufgeführt finden). Woher kommt etwa das südlich von Berlin gelegene „Osdorf" (in alten Landkarten auch „Asendorf")? Woher kommt der Berg „Osrücken" in Lübars? Die christlichen deutschen Einwanderer verehrten keine Asen, und die „Slawen" angeblich auch nicht. Kann eine angenommene zwanzigprozentige germanische Restbevölkerung diese Widersprüche klären?

Hier kommt nun natürlich der moderne Panslawismus hinzu, verbunden mit einem Patriotismus der heutigen Wissenschaftler aus Polen, der Czechei oder Rußland. Wer möchte schon gerne zugeben, daß die Bezeichnung „Slawen", auf die man so stolz war, nichts weiter als „Sklaven" bedeutet? Wer möchte schon nach dem verheerenden 2. Weltkrieg zugeben müssen, daß die vermeintlichen „Slawen" nichts anderes als Ostgermanen sind und also mit dem verhaßten Kriegsgegner stammverwandt? Wer möchte schon eingestehen, daß seine Sprache eine künstlich verfälschte ist? Umgekehrt kommt von Seiten der deutschen Forscher ein unterschwelliger Germanenselbsthaß dazu – man will alles „Germanische" wegreden – selbst die berühmte Himmelsscheibe von Nebra wollten einige gerne zu einem Importfund aus dem Süden machen.

Aus diesen Gründen werden wir wohl noch einige Jahre mit der Slawentheorie konfrontiert werden. Aber immerhin gibt es viele einzelne Ansätze, diese Theorie zu bezweifeln. Ich erinnere hier an die große Diskussion im Berliner „Tagesspiegel"[136] und verschiedene weitere Publikationen[137]. Dabei mußte ich feststellen, daß die Verfechter der Ansicht, daß es ein

Volk der Slawen nie gegeben hat, in den Medien totgeschwiegen oder als Rechtsextremisten diffamiert werden. Statt Gegenargumente zu bringen, werden die Menschen diffamiert. So wird es mir dann vermutlich auch demnächst gehen. Dabei wird übersehen, daß es der unsägliche Nationalsozialismus war, der felsenfest an „Slawen" glaubte und sie als „Untermenschen" bezeichnete und schließlich mit allen Mitteln bekämpfte. Ich sehe die sog. „Slawen", also die Wenden, als Menschen, die derselben Ethnie angehören, wie die Deutschen oder meine eigenen Vorfahren.

Im 3. Reich versuchte man, Spuren der „Slawen" zu tilgen. So wurden viele Orte umbenannt, damit alle Erinnerungen an die Wenden verschwinden. Aus dem Ort „Wendisch Bork" wurde „Alt-Bork". Man wollte die verhaßten „Slawen" und ihre Spuren verwischen. Die heutigen Slawomanen machen es nun ganz ähnlich, sie fälschen in einer andern Richtung. Sie übersetzen „Bork" „slawisch" als „Siedlung bei einem Nadelwald". Ich plädiere dafür, bei der Wahrheit zu bleiben: „Bork" kommt von „Bor", dieses geht auf älteres „For" (F-B-Wechsel) zurück und ist nichts anderes als das germanische Wort „Föhre". Die Kiefer ist die „Kien-Föhre", also bezeichnet „Bor" Föhren oder Kiefern, also Nadelbäume (vgl. „Forst"). „Bork" ist also der „Ort im Föhrenwald" und das sollte man bitte auch sachlich so in Ortsnamensbüchern darstellen, anstatt ein fremdes Volk zu erfinden und deutsche Namen diesem erfundenen Volk unterzuschieben.

Ich will noch einmal die Gemeinsamkeiten beider Sichtweisen, der Slawentheorie und der Gegentheorie anführen:

○ Wir sind uns einig, daß in der Zeit bis zum 6. Jh. Menschen vom Osten her hier eingewandert sind, weil sie vor den Hunnen flohen oder von den Hunnen mitgenommen wurden.
○ Wir sind uns einig, daß sich die archäologischen Hinterlassenschaften dieser Menschen von den der Menschen, die schon zuvor dort lebten, etwas unterscheiden.
○ Wir sind uns einig, daß diese Menschen in den Quellen auch als „Sclaveni" bezeichnet wurden, weil man hier zuerst Sklaven einfing und später auch Heiden so bezeichnete.
○ Wir sind uns einig, daß die als „Sclaveni" bezeichneten Menschen heute eine zu unserer etwas abweichende Sprache sprechen.
○ Wir sind uns einig, daß die als „Sclaveni" bezeichneten Stämme auch zu den Indogermanen gehören.

Wo unterscheiden wir uns nun?

○ Ich sage, daß die Bezeichnung „Sclaveni" Unfreie und Kriegsgefangene sowie Heiden bezeichnet, die Gegenseite aber glaubt, es handele sich um die griechische Veränderung eines (nicht belegten) Stammesnamens der „Slawen".
○ Ich sage, daß die germanischen Wandalen, Goten und germanischen Vinether zu „Wenden" wurden, die Gegenseite sieht nur die Vinether, die sie als „slawisch" ansieht, als Vorgänger der Wenden, während die Wandalen aus dem Blickfeld verschwunden sind.
○ Ich sage, daß die slawische Sprache zu großen Teilen auf dem Balkan entstanden und hier bei uns künstlich verbreitet wurde, die Gegenseite glaubt, diese Sprache sei hier schon immer von den „Slawen" gesprochen worden.
○ Ich sage, die als „Sclaveni" und später „Slawen" bezeichneten Stämme waren Ostgermanen, die Gegenseite sieht in ihnen ein fremdes, nichtgermanisches Volk.

Was kann ich anbieten als „Erste-Hilfe-Maßnahme" zur Überwindung des derzeitigen Zustandes? Ich schlage vor, daß wir künftig den umstrittenen Begriff „Slawen" nicht mehr verwenden, sondern stattdessen die Eigenbezeichnung „Wenden" gebrauchen. Dabei können wir es offenlassen, ob man sich unter den Wenden die germanischen Wandalen oder irgendwelche angeblichen „slawischen" Stämme vorstellen will.

Als Nachkomme einer markomannisch-quadischen und wendischen Familie aus Mähren, die ihren Stamm auf Vanda-Libussas Schwester Kaza zurückführt, empfinde ich es als herabsetzend, wenn die Angehörigen meiner Stämme als „S(k)laven" bezeichnet werden. Ich empfinde es als unakzeptabel, uns unsere germanische Kultur und Zugehörigkeit absprechen zu wollen und dafür sogar die Quellen zu verfälschen. Die großen Völker der Russen, Goten, Wandalen und alle andern Stämme, die man „slawisch" nennt, haben es nicht verdient, sich als „Sklaven" bezeichnen lassen zu müssen. Zwei missionierende Kirchen, Rom und Byzanz, haben in unserem Land gewütet und es geschafft, aus freien Germanen in einem freien Germanien vom „Don bis zum Occident" zwei Völker zu machen: Christliche Deutsche und heidnische Sklaven. Aber damit nicht genug, sie haben uns auch gegeneinander aufgehetzt um mit dem „Teile und Herrsche" uns Germanen zu bezwingen. Es ist höchste Zeit, daß wir das erkennen und überwinden.

Anmerkungen

1) Brandenburg – Unsere Märkische Heimat, Berlin 1965, S. 23.
2) Prof. Georg Korth, Zur Etymologie des Wortes ,Sclavus' (Sklave), in: Glotta, Zeitschrift für griechische und lateinische Sprache, 1970, Heft 1-2.
3) Otto Abel, Übers., Paulus Diakonus Geschichte der Langobarden, Essen, Stuttgart 1986, Buch I, 1, Seite 49
4) Walter Steller, Grundlagen der deutschen Geschichtsforschung, Lippolsberg 1973-75.
5) Seite 18; zitiert nach: Mitteilungsblatt für Vor- und Früh-geschichte Berlin 1973, Bd. 2, S. 109.
6) zitiert nach: Mitteilungsblatt für Vor und Frühgeschichte, Berlin 1973, Bd. 2, S. 110.
7) Richard Roepell, Geschichte Polens, Erster Teil. Hamburg 1840, S. 57.
8) Manfred Fuhrmann, Übers., Tacitus Germania, Stuttgart 1997, Germania 28, S. 21.
9) Lenelotte Möller (Hrsgb.), Otto Güthling (Übers.), Römische Geschichte - Von der Gründung der Stadt an. Wiesbaden 2009, Titus Livius, Hist. Rom. V, 34.
10) Franz Huf, Übers., Cosmas von Prag Die Chronik Böhmens I, Essen, Stuttgart 1987, I, 2, Seite 43.
11) Wie 8), Germania 2, S. 3.
12) Wie 8), Germania 1, 2, 46, S. 3, 33.
13) David Costa (Übers.), Procop Der Vandalenkrieg Der Gotenkrieg, Essen o. J., Gotenkrieg III, 14, S. 171.
14) Dr. Wilhelm Martens, Übers., Jordanis Gotengeschichte, XXIII, S. 64f.
15) Wie 3), Aus dem Leben des Papstes Zacharias 741-752, 22, S. 261.
16) Otto Abel, Übers., Die Chronik Fredegars und der Frankenkönige, Essen, Stuttgart 1986, Historia francorum I, 48, S. 56.
17) Wie 16), Vita sanctorum Columbani Kap. 27, S. 177.
18) Wie 16), I., 48, S. 56.
19) Evelyn Scherabon Coleman, Übers., Einhard Vita Karoli Magni – Das Leben Karls des Großen, Stuttgart 1968, Kap. 12, S. 29f.
20) Wie 19), Kap. 15, S. 35f.
21) J. C. M. Laurent, W. Wattenbach, Übers., Adam von Bremen Hamburgische Kirchengeschichte, Essen, Stuttgart 1986, II, 18, S. 97.

22) zitiert nach: Mitteilungsblatt für Vor- und Frühgeschichte, Berlin 1986, S. 121.
23) Wie 13), Vandalenkrieg Buch I, 22, Seite 349.
24) Wie 10), I. Kap. 1, S. 41.
25) J. M. Laurent, W. Wattenbach, Übers., Helmold Chronik der Slaven, Essen, Stuttgart 1986, Buch I, Kap. 2, S. 32.
26) Bernhard Schmeidler, Helmolds Slavenchronik, 3. Auflage, Hannover 1937.
27) hierzu: Fritz Becker, Angebliche Helmoldhandschrift aus dem 12. Jh. als mittelalterliche Fälschung entlarvt, in: Mitteilungsblatt für Vor und Frühgeschichte, Bd. 2, Berlin 1987, 38. Jg. S. 277ff.
28) Felix Niedner, Übers., Snorris Königsbuch (Heimskringla), Düsseldorf, Köln 1965, Hákonar saga góda Kap. 8, S. 144.
29) vor 1918, ob sie noch heute vorhanden ist, ist mir nicht bekannt.
30) Sebastian Münzer, Tafel 200, S. 188, 197.
31) Sebastian Münzer, Cosmographia universalis, Basel 1544.
32) Albertij Crantzij, Wandalia Oder Beschreibung Wendischer Geschicht, übersetzt von M. Stephanum Macropum, Lübeck 1636 (Exemplar des Geheimen Staatsarchives, Berlin).
33) zitiert nach: Mitteilungsblatt für Vor- und Frühgeschichte, Berlin 1986, S. 127.
34) Jan De Vries, Altgermanische Religionsgeschichte, Band II, Berlin 1957, § 449, S. 167.
35) Mitteilungsblatt für Vor- und Frühgeschichte, Berlin 1980, S. 25.
36) Wie 35), S. 27.
37) Kantemir, Beschreibung der Moldau ..., Frankfurt/ Leipzig 1771, S. 337f.
38) Wie 33), S. 134.
39) Mitteilungsblatt für Vor- und Frühgeschichte, Berlin 1979, S. 228.
40) Wie 4).
41) Wie 35), S. 19, 29.
42) Franz Wolf, Ostgermanien, Tübingen 1977.
43) Mabel Elsabe Narjes, Walter Steller und die Slawen, in: Mitteilungsblatt für Vor- und Frühgeschichte, Berlin 1978, S. 249.
44) J. Karasek, Slawische Literaturgeschichte, 1906, 1. Teil S. 17.
45) Wie 32).
46) Helmut Schröcke, Germanen-Slawen, Wiesbaden 2000, S. 66f.
47) W. Söhngen, in: Mitteilungsblatt für Vor- und Frühgeschichte, Berlin 1979, S. 229.

48) Alle Beispiele: Wie 46).
49) Wie 28), S. 221.
50) Joachim Herrmann (Hrsgb.), Die Slawen in Deutschland, Berlin 1985.
51) Wie 32), I, 3; Seiten 4f.
52) Gustav Neckel, Felix Niedner, Die jüngere Edda, Düsseldorf, Köln 1966, Skáldskaparmál Kap. 65, S. 265.
53) Grupen, Origines Germaniae ..., 1768, II, S. 196 u. 252.
54) Wie 32), 1. Buch, III. Kap., S. 3.
55) Wie 21), I, 1, S. 21.
56) Reinhard Fischer, Die Ortsnamen der Länder Brandenburg und Berlin, Berlin 2005, S. 118.
57) Dr. Barbara Pischel, Berlin und seine Ortsnamen, in: Mitteilungsblatt für Vor- und Frühgeschichte, Berlin 1987 II, S. 257.
58) Linda Sadnik, Rudolf Aitzetmüller, Vergleichendes Wörterbuch der slavischen Sprache, Band 1, 1975, S. 208.
59) Herbert Lehmann, Berliner Blätter für Vor- und Frühgeschichte, Band 12, 1976/72.
60) Wie 56), S. 31.
61) Wie 56), S. 37.
62) Wie 56), S. 61.
63) Wie 56), S. 70.
64) Wie 56), S. 94.
65) Wie 56), S. 114.
66) Wie 56), S. 114.
67) nach Prof. Jiri Rejzek, Prag.
68) Heinrich Berghaus, Landbuch der Mark Brandenburg und des Markgraftums Niederlausitz, 3 Bde. Brandenburg 1853-56.
69) Marjorie Chnibnall (Hrsgb.), The Ecclesiastical History of Orderic Vitalis, Bd. II, Oxford 1969, Buch IV, ii 191, S. 227.
70) Wie 69), Buch IV, 7.
71) Zdeněk Váňa, Mythologie und Götterwelt der slawischen Völker, Stuttgart 1992, S. 73.
72) Wie 71), S. 95.
73) Wie 71), S 179.
74) Wie 34), Band II, § 587, S. 387.
75) S. Rožniecki, Perun und Thor, in: Archiv für slavische Philologie 23, 1901 S. 473.
76) Wie 71), S. 89.
77) Wie 71), S. 91.

78) Wie 21), II, 18, S. 99.
79) Wie 74), Band II, § S. 410.
80) Buch 5, Kap. 26.
81) Franz Huf, Übers., Thietmar von Merseburg Chronik II, Kettwig 1990, Buch VI, Kap. 23, S. 31.
82) Jacob Grimm, Deutsche Mythologie, Wiesbaden 1968, Bd. II, S. 600, Anm. 3 und Bd. III, N 209.
83) Friedrich II. von Preußen, Denkwürdigkeiten zur Geschichte des Hauses Brandenburg, Berlin 1913, S. 189.
84) C. A. Vulpius, Handwörterb. d. Mythologie, Leipzig 1826, S. 322f.
85) Wie 71), S. 93.
86) Wilhelm Vollmer, Lexikon der Mythologie, Stuttgart 1874, S. 231.
87) z. B. H. Łowmiański, Religia Słowian i jej upadek, Warschau 1972.
88) Wie 25), Buch I, Kap. 52, S. 160.
89) Hankas Glossen, S. 5a, 6a b.
90) Wie 71), S. 95.
91) Wie 84), S. 150.
92) Nach Albert Burkhardt, S. 216f.
93) Géza v. Neményi, Heilige Runen, München 2004, S. 397f, 401, 376.
94) Wie 32), Buch 5, Kap. 15.
95) Wie 84), S. 70.
96) Wie 25), Buch I, Kap. 52, S. 161.
97) Wie 81), Buch VI, Kap. 23ff, S. 31f.
98) Wie 21), Buch II, Kap. 18, S. 99.
99) Wie 21), Buch III, Kap. 50, S. 213f.
100) zitiert nach Joachim Herrmann, Arkona auf Rügen, in: Zeitschrift für Archäologie 8, 1974, S. 177.
101) Walter Baetke, Die Geschichten von den Orkaden, Dänemark und der Jomsburg, Thule Band 19, Düsseldorf, Köln 1966, S. 376ff.
102) Wie 100).
103) Wie 101), S. 376ff.
104) Wilhelm Sausse, Geschichte des Jungfrauenklosters und der Klosterkirche von Guben. In: Neues Lausitzisches Magazin, 43. Band, Görlitz 1866, Nr. 5, S. 177f.
105) Otto Kraus, Germania Slavica, in: Mitteilungsblatt für Vor- und Frühgeschichte, Berlin 1984, S. 51.
106) Wie 25), Buch I, Kap. 6, S. 44f.
107) Adalbert Kuhn, Märkische Sagen und Märchen, Berlin 1843, Nr. 87, S. 86ff.

108) Albert Burkhardt, Märkische Sagen und Märchen, Berlin o. J. S. 197f; Albert Burkhardt, Der Schatz von Chorin – Sagen und Märchen aus der Mark Brandenburg, Berlin 1995, S. 184.
109) Wie 81), Buch III, Kap. 17, S. 135ff.
110) Reinhard Heuer, Prignitzer Sagen und Geschichten, Pritzwalk 1922, Nr. 9; I. Drewitz S. 185f.
111) Christoph Schmidt, Gemalt für die Ewigkeit: Geschichte der Ikonen in Rußland, Köln, Weimar, Wien 2009, S. 40f.
112) W. Schwartz, Sagen und alte Geschichten der Mark Brandenburg, Berlin 1871, Nr. 31, S. 83ff.
113) nach: Horst Behrend, Friedrich-Karl v. Chasot, Märchen u. Sagen für Kinder aus Berlin und der Mark, Berlin o. J., S. 77ff.
114) Wilhelm Tessendorf, Aus dem Berliner Sagenschatz, 6. Aufl., Berlin 1967, S. 5ff.
115) Marieluise Deißmann (Übers.), Gaius Iulius Caesar Der Gallische Krieg, Stuttgart 1980, Buch VI, 16, S. 166.
116) Veckenstedt, Wendische Sagen, Märchen und abergläubische Gebräuche, Graz 1880, Nr. I/82, S. 27.
117) Karl von Reinhard, Sagen und Märchen aus Potsdam's Vorzeit mit Ergänzungen von Wilhelm Riehl, Potsdam 1869, S. 51f, 1837.
118) B. Elsler; Beelitzer Heimatbuch, Herausgegeben vom Lehrerverein Beelitz und Umgebung. 1925, S. 10f; O. Brachwitz, Sagen aus dem Kreis Zauch-Belzig, Belzig 1937, Nr. 49, S. 29f.
119) Wie 113), S. 100ff.
120) Eduard Handtmann, Neue Sagen der Mark Brandenburg, Berlin 1883, Nr. 7.
121) Kompendium der Kirchengeschichte, 55.
122) H. Gradl, Gesch. d. Egerlandes, 1893, erwähnt bei Erich Jung, S. 194.
123) Starkbaum und Reichenberger, Heimat der Sudetendeutschen, Wien 1967, S. 56.
124) Adriaan v. Müller, Slawen und Deutsche zwische Elbe und Oder, Berlin 1983, S. 7.
125) Paul Kunzendorf, Sagen der Provinz Brandenburg, Cottbus 1911, Nr. 133, S. 128f.
126) Eugen Gliege, Alte Sagen und Geschichten aus dem Havelland, Belgien 2000, S. 41.
127) Ulrich Jahn, Volkssagen aus Pommern und Rügen, Stettin 1886, S. 10, Nr. 9; mündlich aus der Gegend von Greifswald.

128) Joachim Herrmann, Zwischen Hradschin und Vineta - Frühe Kulturen der Westslawen, München 1971, S. 112.
129) Gieben Reiseführer, Lüneburger Heide, 1983.
130) Max Philipp, Steglitz in Vergangenheit und Gegenwart, Berlin 1959, S. 97.
131) Karl von Reinhard, Sagen und Märchen aus Potsdam's Vorzeit mit Ergänzungen von Wilhelm Riehl, Potsdam 1869, S. 46f.
132) Konrad Fritze, 1967, S. 155.
133) Wie 71), S. 99f.
134) Fritz Becker (Hrsgb.), Berliner Extrablatt, 1-1987 und 11-5-1987.
135) Brockhaus Konversations-Lexikon, Bd. 4, Leipzig, Berlin, Wien 1892, S. 663.
136) „Vom Abbau alten Unsinns – Slawen und Deutsche zwischen Elbe und Oder", Der Tagesspiegel, Berlin 1983.
137) Erich Bromme, Lothar Greill, W. Steller, H. Schröcke, Dr. H. Lembke usw.

Abbildungsnachweis:

1 Reclam-Ausgabe;
2, 15, 36 Bangert Slawenchronik;
3 Chronica Polonorum;
4, 19, 30, 33 Weltnetz;
5 Géza von Nemenyi, Heilige Runen, München 2004;
6, 7, 32 Slawen und Deutsche zwischen Elbe und Oder, Ausstellungskataloge, Berlin 1983;
8, 10, 13, 14, 27, 28 Archiv A. v. Nahodyl und eigene Zeichnungen;
9, 20, 22 Zdeněk Váňa, Mytholog. und Götterwelt der slaw. Völker, Stuttgart 1992;
11 Johann Joachim Steinbrück, Vom Götzendienst in Pommern und Rügen, Stettin 1792;
12, 34 Wilhelm Vollmer, Lexikon der Mythologie, Stuttgart 1874;
16 Brockhaus Konversations-Lexikon, Leipzig 1894;
17 Christian Wermuth, Sammlung Merkwürdiger Medaillen, Nürnberg 1742;
18 Photo mit Genehmigung von Reijk Zwintzscher, Lübben;
21 Stuart Kaplan, The Encyclopedia of Tarot, o. O. 1978;
23, 31 Mitteilungsblatt für Vor- und Frühgeschichte, Berlin 1985, 1988;
24, 26 Nach: Joachim Herrmann (Hrsgb.), Archäologie in der Deutschen Demokratischen Republik, Leipzig 1989;
25 Herbert Gottschalk, Lexikon der Mythologie, München 1979;
29 Zeitschrift „Die Mark" Nr. 6, Berlin 1909/10;
35 Trogillus Arnkiel, Cimbrische Heyden-Religion.

Literatur:

Werner Brast (Hrsgb.), Mitteilungsblatt für Vor- und Frühgeschichte, Berlin 1949-1989;

Erich Bromme, Grundlagen der Siedlungsforschung, Selbstverlag Berlin o. J. (1980);

Lothar Greill, Slawenlegende - Die Deutschen Opfer einer irrigen Geschichtsbetrachtung. Aufklärungs-Dokumentation, Wien, München 1971, Wiernsheim-Ipfingen 1982;

Bernhard Lindenblatt, Alt-Preußenland, Geschichte Ost- und Westpreußens von der Urzeit bis 1701, Kiel 2002;

Dr. Barbara Pischel, Kulturgeschichte und Volkskunst der Wandalen, Frankfurt/M., Bern 1980;

Helmut Schröcke, Germanen-Slawen, Vor- und Frühgeschichte des ostgermanischen Raumes, 2. Aufl., Wiesbaden 2000;

Helmut Schröcke, Indogermanen-Germanen-Slawen, Ihre Wurzeln im mittel- und osteuropäischen Raum, Kiel 2003;

Walter Steller, Grundlagen der deutschen Geschichtsforschung, 2 Bde. Wien 1973 und 1975;

Walter Steller, Name und Begriff der Wenden, Kiel 1959;

Franz Wolff, Ostgermanien, Tübingen 1977.

Weitere Bücher des Verfassers:

Unter dem Realnamen oder dem Pseudonym „Geza von Nemenyi".

Baron Árpád v. Nahodyl Neményi, „Der Ursprung biblischer Mythen – Die Enträtselung christlicher Glaubensvorstellungen", Verlag Books on Demand 2015, 388 Seiten, 52 Abbildungen, ISBN 978-3-7347-7522-2, 16,80 €

Baron Árpád v. Nahodyl Neményi, „Was unsere Märchen bedeuten – Deutung der bekanntesten Märchen aus der Sammlung der Gebrüder Grimm", Verlag Books on Demand 2015, 470 Seiten, 96 Abbildungen, ISBN 978-3-7347-9796-5, 16,80 €

Baron Árpád v. Nahodyl Neményi, „Das geistige und materielle Weltbild", Verlag Books on Demand 2015, 128 Seiten, 22 Abbildungen, ISBN 978-3-7347-7323-5, 6,80 €

Baron Árpád v. Nahodyl, „Im Roulette gewinnen - Mit welcher Strategie man im Roulette und Lotto gewinnen kann", Kersken-Canbaz-Verlag 2013, 75 Seiten, 21 farbige Abbildungen, ISBN 978-389423-135-4, 12,80 €

Baron Árpád v. Nahodyl, „Adeliges Bewußtsein - Welches Selbstverständnis man als Adeliger in der modernen bürgerlichen Welt hat und wie man es lebt", Verlag Books on Demand 2013, 236 Seiten, 20 Abbildungen, ISBN 978-3-7322-8898-4, 14,90 €.

Baron Árpád v. Nahodyl, „Zukunftsschau mit Runen", Sigrid Kersken-Canbaz Verlag 2015, 66 Seiten 9 Abbildungen, ISBN 978-389423-138-5, 9,95 €

Baron Árpád v. Nahodyl, „Zukunftsschau mit Spielkarten" Sigrid Kersken-Canbaz Verlag 2015, 70 Seiten, 17 Abbildungen, ISBN 978-389423-139-2, 9,95 €

Baron Árpád v. Nahodyl, „Zukunftsschau mit Tarotkarten" Sigrid Kersken-Canbaz Verlag 2015, 73 Seiten, 12 teils farbige Abbildungen, ISBN 978-389423-140-8, 9,95 €

Baron Árpád v. Nahodyl, „Zukunftsschau aus dem Namen" Sigrid Kersken-Canbaz Verlag 2015, 91 Seiten, viele Figuren im Text, ISBN 978-389423-141-5, 9,95 €

Géza v. Neményi, „Götter, Mythen, Jahresfeste - Heidnische Naturreligion", Reihe Altheidnische Schriften, Kersken-Canbaz-Verlag 2004, 284 Seiten, 40 Abbildungen, ISBN 3-89423-125-4, 23,90 €.

Géza v. Neményi, „Heilige Runen - Zauberzeichen des Nordens", Heyne 2003, 2. Auflage, Ullstein 2004, 460 Seiten, 99 Abbildungen, ISBN 3-453-86457-3, 11,95 €. (Russische Übersetzung bei Veligor).

Géza v. Neményi, „Die Wurzeln von Weihnacht und Ostern – Heidnische Feste und Bräuche", Kersken-Canbaz-Verlag, Holdenstedt 2006, 275 Seiten, 62 Abbildungen, ISBN 3-89423-132-7, 24,80 €.

Géza v. Neményi, „Lieder der Vorzeit – Götterlieder, Heldenlieder und alte Volkslieder", Reihe Altheidnische Schriften, Verlag Books on Demand, Noderstedt 2013, 392 Seiten, fest gebunden, ISBN 978-3-8482-6853-5, 39,80 €.

Géza v. Neményi, „Die Sprache der Vögel - Deutung von Angang, Flug und Stimme der Vögel", Kersken-Canbaz-Verlag 2015, 161 Seiten, 60 Abbildungen, ISBN 978-3-89423-137-8, 13,80 €.

Géza v. Neményi, „Kommentar zu den Götterliedern der Edda – Teil 1, Die Odinslieder", Reihe Altheidnische Schriften, Kersken-Canbaz-Verlag, Holdenstedt 2008, 250 Seiten, 20 Abbildungen, davon 13 in Farbe, ISBN 978-3-89423-133-0, 29,80 €.

Géza v. Neményi, „Kommentar zu den Götterliedern der Edda – Teil 2, Die Thorslieder", Reihe Altheidnische Schriften, Kersken-Canbaz-Verlag 2012, 151 Seiten, 26 teils farbige Abbildungen, ISBN 978-3-89423-133-0, 22,90 €.

Géza v. Neményi, „Kommentar zu den Götterliedern der Edda – Teil 3, Die Vanenlieder", Reihe Altheidnische Schriften, Kersken-Canbaz-Verlag, Holdenstedt 2014, 221 Seiten, 11 Abbildungen, davon 7 in Farbe, ISBN 978-3-89423-136-1, 27,80 €.

Weitere Informationen finden Sie im Internet auf der Autorenseite: http://baron-nahodyl.npage.de/